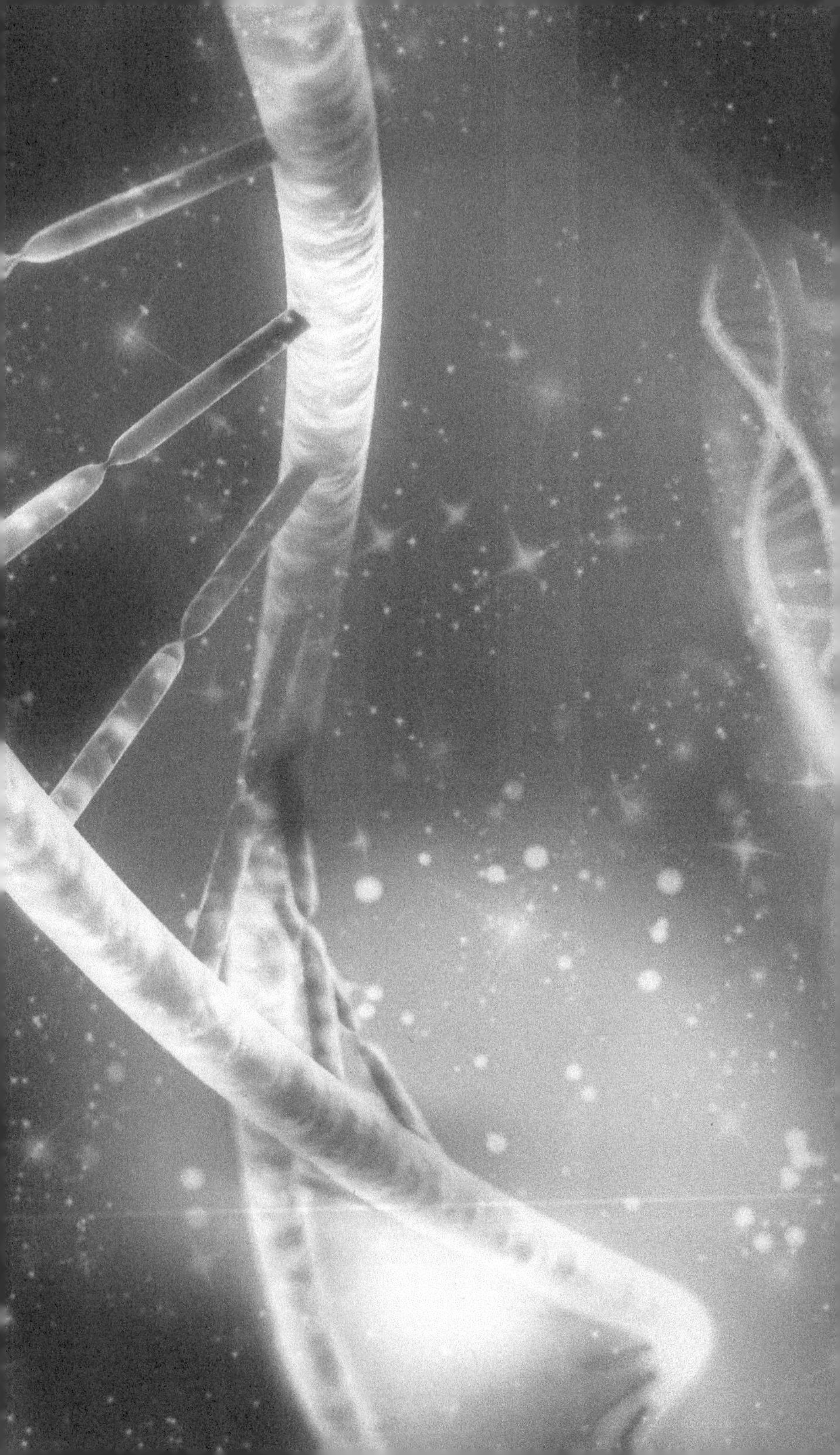

Nick Redfern

DER SCHLÜSSEL ZUM EWIGEN LEBEN

Gold, Manna, Klone
und die Geheimnisse der Aliens

Aus dem Amerikanischen von
Dr. Baal Müller

Besuchen Sie unseren Shop:
www.AmraVerlag.de

Ihre 80-Minuten-Gratis-CD erwartet Sie.
Unser Geschenk an Sie … einfach anfordern!

Amerikanische Originalausgabe:
Immortality of the Gods. Legends, Mysteries and the Alien Connection to Eternal Life

Deutscher Erstdruck im AMRA Verlag
Auf der Reitbahn 8, D-63452 Hanau
Hotline: + 49 (0) 61 81 – 18 93 92
Service: Info@AmraVerlag.de

Herausgeber & Lektor	Michael Nagula
Textredaktion	Silvia Neumeier
Einbandgestaltung	Guter Punkt
Covermotiv	peterschreiber.media
Layout & Satz	Birgit Letsch
Druck	CPI books GmbH

ISBN Printausgabe 978-3-95447-310-6
ISBN eBook 978-3-95447-311-3

Inhalt

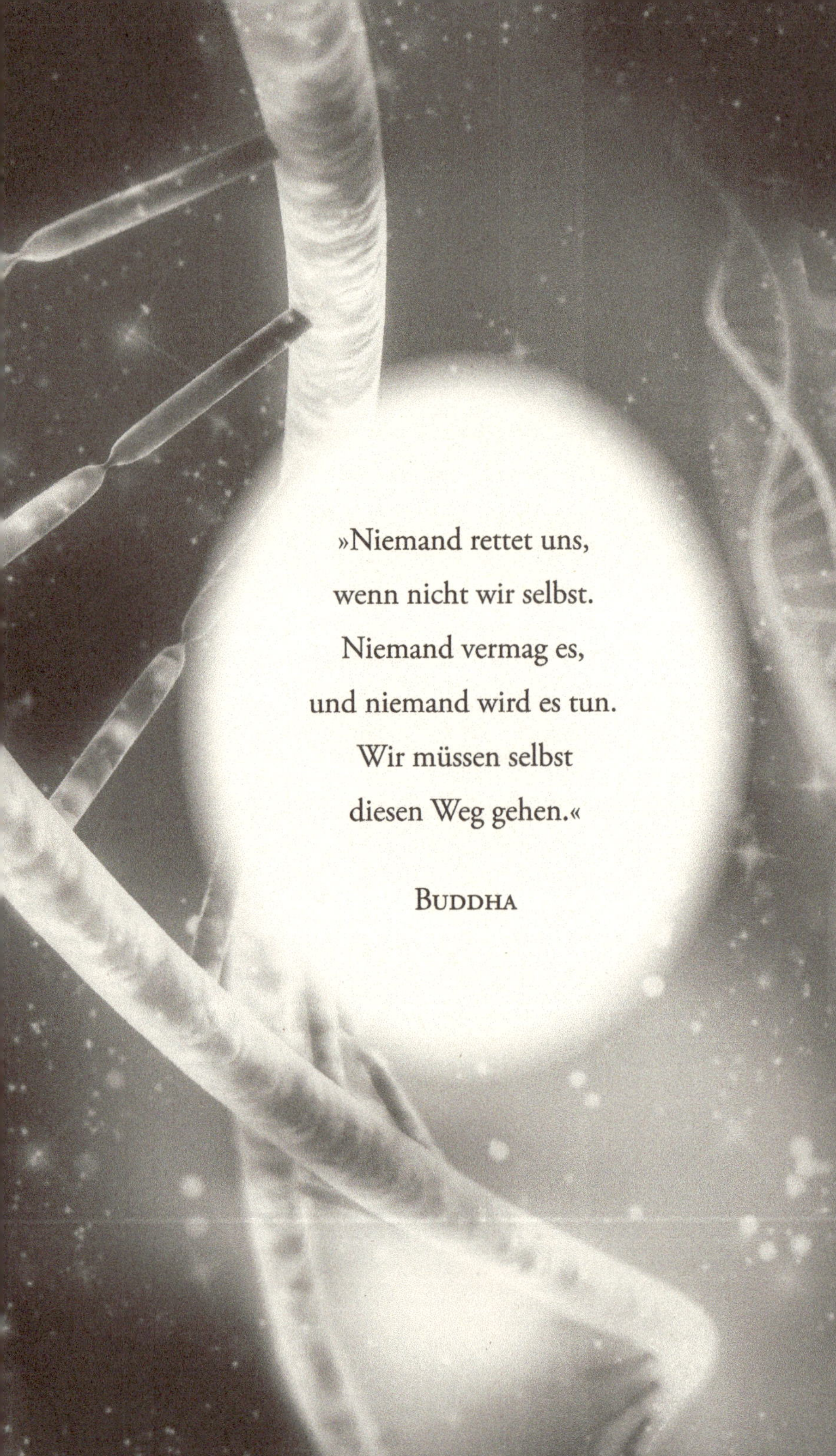

»Niemand rettet uns,
wenn nicht wir selbst.
Niemand vermag es,
und niemand wird es tun.
Wir müssen selbst
diesen Weg gehen.«

Buddha

Einführung

Unsterblichkeit ist vielleicht das, wonach wir uns mehr sehnen als nach irgendetwas anderem. Jeder von uns hat ein Zeitlimit, und dessen sind wir uns auch nur allzu bewusst. Heute beträgt die durchschnittliche Lebenserwartung in den Vereinigten Staaten 78,7 Jahre. Im Vereinigten Königreich sind es 81 Jahre. Japans Bürger können ein Lebensalter von 83 Jahren erwarten. Im Januar 2015 berichtete die britische Zeitung *Telegraph* Folgendes: »Laut Schätzungen des National Office of Statistics wird die durchschnittliche Lebenserwartung neugeborener Mädchen in Großbritannien in etwas mehr als zwei Jahrzehnten auf knapp unter 97 Jahre und vier Monate ansteigen« (Bingham, 2015). In Anbetracht all dessen wird es wahrscheinlich nicht allzu lange dauern, bis es für Menschen völlig normal sein wird, eine Lebensdauer von einem Jahrhundert und vielleicht sogar noch mehr zu erreichen.

So eindrucksvoll dies klingen mag – was ist mit der Möglichkeit, nicht nur ein Jahrhundert, sondern mehr als einige Jahrtausende lang zu leben? Noch unglaublicher: Versuchen Sie sich vorzustellen, wie es sein würde, niemals zu sterben, und zwar *für immer!* Ist solch eine scheinbar unglaubliche Sache wirklich möglich? Es könnte tatsächlich sein, dass dies nicht nur machbar, sondern in ferner Vergangenheit bereits erreicht worden ist. Wir sprechen hier über die Entdeckung prähistorischer Außerirdischer, die die Geheimnisse der Verlangsamung des Alterungsprozesses aufgedeckt und ihn schließlich vollständig gestoppt haben.

Zweifellos gibt es unzählige Berichte über fantastische Wesen, legendäre Götter und halb menschliche, halb fremdartige Wesen wie Halbgötter, die angeblich eine außergewöhnlich lange Lebensdauer hatten. Heute werden solche Geschichten weitgehend als Legenden, volkstümliche Überlieferungen und Mythen abgetan. Doch was, wenn diese Interpretation nicht korrekt ist? Was, wenn die Berichte echt sind? Wenn dem so wäre, wer waren dann die allmächtigen Außerirdischen, die für sich die Geheimnisse der Unsterblichkeit nutzbar machten? Haben sie vielleicht vor Tausenden von Jahren beschlossen, diese Geheimnisse mit bestimmten ausgewählten Menschen zu teilen, denen es dadurch gelang, dem Sensenmann für ungewöhnlich lange Zeiträume zu entgehen?

Diese Fragen und viele mehr werden im vorliegenden Buch gestellt. Zu den besonderen Höhepunkten zählen:

- Die kontroverse Geschichte der Anunnaki, der legendären raumfahrenden Wesenheiten, die die Erde erstmals vor Hunderttausenden von Jahren besucht und – unter Verwendung fortgeschrittener Technologie auf der Grundlage der Gentechnik – die Menschheit erschaffen haben. Gen-Splicing, artübergreifende Vermehrung und Zellmanipulation sorgten für die Erschaffung früher Menschen, die schließlich zu Sklaven ihrer außerirdischen Herren wurden. Während die Anunnaki über Lebensspannen von Hunderttausenden von Jahren verfügten, wurden die frühen Menschen, die als Adamu bekannt waren, absichtlich mit einer extrem kurzen Lebensdauer entwickelt – nämlich deprimierend dürftigen siebzig Jahren. Tatsächlich erklärt uns die Bibel: »Die Zeit unseres

Lebens währt siebzig Jahre, wenn es hochkommt, achtzig. Das Beste daran ist nur Mühsal und Verhängnis, schnell geht es vorbei, wir fliegen dahin.« (Psalm 90). Gelegentlich jedoch, wie sich zeigen wird, beschenkten die Anunnaki bestimmte Menschen mit den Geheimnissen einer langen Lebensdauer, darunter einige der berühmtesten Gestalten der Bibel. Zecharia Sitchin, der sehr tief in die Geschichte der Anunnaki vorgedrungen ist, kam zu der Annahme, dass die Anunnaki in ihrer ursprünglichen Form eine der unseren vergleichbare Lebensdauer gehabt haben könnten. Daraus schloss er, dass sie irgendwann das Geheimnis entdeckten, wie man den Zellabbau verhindert, den Alterungsprozess verlangsamt und ihn schließlich fast vollständig stoppt. Vielleicht werden wir ihrem Weg eines Tages folgen.

- Die Bibel teilt uns auch mit, dass Adam im beeindruckenden Alter von 130 Jahren ein Kind zeugte, einen Sohn, den er Seth nannte. Außerdem hatte Adam nicht vor, gleich das Zeitliche zu segnen, nachdem Seth auf der Bildfläche erschienen war. Tatsächlich heißt es, er habe noch 800 Jahre lang gelebt und noch weitere Kinder gezeugt. Seth war ebenfalls für seine Langlebigkeit bekannt. Dem Vorbild seines Vaters gemäß wurde er im Alter von 105 Jahren Vater von Enosch und lebte ebenfalls mehr als 800 Jahre lang. Sein Sohn lebte sogar noch länger und erreichte ein Alter von 912 Jahren. Dann gibt es noch den Fall des Methusalem, der erstaunliche 969 Jahre alt wurde – fast ein Jahrtausend –, was für uns heutige Menschen ziemlich atemberaubend ist. All dies wirft eine wichtige Frage auf, die für die Geschichte, die dieses Buch erzählt, höchst bedeutsam ist: Wie kommt es, dass so viele alttestamentarische Gestalten fast tausend Jahre alt wurden? Dieses Buch enthüllt die Fakten rund um die Geschichten von Methusalem, Noah und Seth und zeigt ihre tiefe Verbindung zu den Göttern auf. In Wahrheit waren diese Götter äußerst weit fortgeschrittene Außerirdische – die bereits erwähnten Anunnaki –, deren Wissenschaft, Medizin und Technologie dafür sorgten, dass diese berühmten biblischen Figuren so gut wie alle anderen Menschen überlebten. Wir sprechen auch über die Nephilim, die in der Bibel als Sprösslinge der Söhne Gottes (eigentlich der Anunnaki) und der Töchter von Menschen beschrieben werden.

- Das *Gilgamesch-Epos*, eine berühmte Sage, die um 4000 v. Chr. niedergeschrieben wurde, behandelt die Lebensgeschichte eines gewissen Gilgamesch, ein mächtiger Herrscher, der über Uruk, eine Stadt im alten Sumer, gebot. Gilgamesch war mit ziemlicher Sicherheit zu einem Teil Mensch und zum anderen Teil Anunnaki, also einer der oben erwähnten Halbgötter; jemand, der menschlich war, aber genetisch auch mit den Göttern von den Sternen verbunden. Wie die Anunnaki selbst, war Gilgamesch von gewaltiger und beeindruckender Gestalt. Möglicherweise war er fast fünf Meter groß – also einer der legendären Riesen, wie sie auch auf den Seiten der Bibel beschrieben werden. Was seine Lebensspanne betrifft, so war diese sicher sehr lang: Wir wissen, dass Gilgamesch fast 130 Jahre lang über das Volk von Uruk herrschte. Da er kein reiner Anunnaki war, sondern einen menschlichen Anteil hatte, war Gilgamesch jedoch nicht für ein unendliches Leben bestimmt. Das hinderte ihn aber nicht daran, die Geheimnisse der Unsterblichkeit zu erforschen. Er begab sich auf die Suche nach dem sagenumwobenen Utnapischtim, der Gilgameschs ultimatives Ziel erreicht hatte: das ewige Leben. Das Geheimnis lag angeblich in einer mysteriösen Pflanze, die unfassbare Verjüngungskräfte besaß. Gilgamesch blieben diese Geheimnisse leider versagt. Dass er rund 130 Jahre lang regierte, ist aber ein gutes Indiz dafür, dass er vom Blut der Anunnaki war und eine relativ lange Lebensdauer hatte.

- Der faszinierende Fall des biblischen Manna, das vom Himmel fiel, sowie der zahlreichen und vielfältigen weltweiten Entsprechungen, wie weißes Pulvergold, indisches Amrita oder magische chinesische Tränke von ausgesprochen mysteriöser Natur. Sie alle wurden mit dem unglaublichen Ziel entwickelt, das Altern zu besiegen – und zwar für immer. Bei Johannes 6:50-51 heißt es, dass Manna im Wesentlichen eine Art Brot war, das vom Himmel herabkam. Und es zu sich zu nehmen garantierte angeblich nicht nur eine außerordentlich lange Lebensdauer, sondern sogar Unsterblichkeit.
- Eine Untersuchung der Behauptungen, dass die Invasion im Irak im Jahr 2003 unter anderem unternommen wurde, um die Geheimnisse des weißen Pulvergoldes aufzudecken, eine mysteriöse Substanz, die eine ständige Verjüngung der menschlichen Zellen garantiert. Die Geschichte rund um das weiße Pulvergold nimmt ihren Ursprung im Reich der Anunnaki und des alten Irak, hat aber eine Fortsetzung in unserer heutigen Zeit. Jim Marrs, einer der versiertesten Experten auf dem Gebiet des weißen Pulvergoldes, sagt zu diesem Thema: »Die kürzliche Entdeckung exotischer monoatomarer Elemente, die langwierige Suche nach Gold und seinen alchemistischen Geheimnissen, alte Texte, die von lebenspendendem Pulver sprechen und die Nähe des Irak zur Quelle des Wissens darüber liefern sicherlich ein mögliches Motiv für die Invasion und Plünderung des Irak« (Marrs, 2004). Marrs' Theorien zum weißen Pulvergold sowie die Verbindung zwischen dieser mysteriösen Substanz, der Unsterblichkeit und den Anunnaki werden hier vorgestellt.
- Die Sage von einem legendären keltischen Gott namens Manannán mac Lir. Bemerkenswerterweise lebte er in einer Region, die als das Land der Jugend bekannt war. Er war unsterblich, wurde niemals krank, und sein Transportmittel war ein großes Hochseefahrzeug, das sehr nach einem modernen

U-Boot klingt. Was seinen Zustand endloser Jugend betrifft, so geht dieser auf den sogenannten Kessel der Erneuerung zurück. Interessanterweise war Manannán mac Lirs Frau eine Feenkönigin. Ihr Name war Fand, und wie alle Feen war sie praktisch unsterblich. Der UFO-Forscher Jacques Vallée fand starke Parallelen zwischen heutigen Berichten über Entführungen durch Außerirdische und jahrhundertealten europäischen Erzählungen über das Feenvolk, das sogenannte »kleine Volk«, das unachtsame Seelen in dunklen Nächten entführte. Zwischen unsterblichen Feen und Außerirdischen mit unglaublich langer Lebensspanne mag es keinen großen Unterschied geben. In der Tat könnten sie – wie wir sehen werden – wirklich ein und dasselbe Phänomen sein.

- In den 1950er Jahren gab es eine Reihe von sogenannten »Kontaktierten«, die Begegnungen mit fremden Wesen hatten, von denen man annehmen kann, dass sie unsterblich sind. Eine dieser Geschichten dreht sich um einen Mann namens Frank Stranges, den Gründer des National Investigations Committee on Unidentified Flying Objects. Auf dem Höhepunkt seiner UFO-Forschung in den 1950er und 1960er Jahren behauptete Stranges, einen ausgesprochen menschlich aussehenden Außerirdischen namens Valiant Thor getroffen zu haben. Laut Stranges hatte Thor eine unheimliche Ähnlichkeit mit Klaatu, dem Außerirdischen in dem ursprünglichen Film *Der Tag, an dem die Erde stillstand* (1951) unter der Regie von Robert Wise. Er wurde dort von dem Schauspieler Michael Rennie verkörpert. Stranges erfuhr, dass zahlreiche menschlich erscheinende Außerirdische das Pentagon und sogar das Weiße Haus unterwandert hatten, im Rahmen einer gemeinsamen Unternehmung mit dem Ziel, die Menschheit vor der drohenden atomaren Zerstörung zu bewahren. Von Thor existiert nur ein einziges Foto. Besonders faszinierend ist jedoch, dass nicht weniger als sieben Personen behaupten, Thor zwischen den Jahren 2000 und 2010 begegnet zu sein, und dass sie alle übereinstimmend erklären, dass er in dem mehr als einem halben Jahrhundert, seit Stranges das Foto von ihm aufgenommen hat, nicht gealtert zu sein scheint.

- Auf einer nahezu identischen Schiene bewegt sich die Geschichte von William Mills Tompkins, die er in seinem Buch *Auserwählt von Außerirdischen* (Band 1) niedergelegt hat. Tompkins, der erst kürzlich verstarb, zwar weit in den Neunzigern, aber dennoch auf Misstrauen erweckende Weise überraschend, arbeitete in der geheimen Welt der Navy-Aufklärung, der Douglas Aircraft Company und der NASA; seine Karriere begann in den 1950er Jahren und erstreckte sich über mehrere Jahrzehnte. Wie Stranges sagt Tompkins, dass er in den 1950er Jahren in streng geheimen, gesicherten Einrichtungen und Anlagen zahlreichen menschlich aussehenden Aliens – vor allem Frauen – begegnet sei. Bemerkenswerterweise gab es in den 2000er Jahren erneut Begegnungen mit genau diesen Frauen. Wie Valiant Thor waren sie nicht im Geringsten gealtert.
- Das faszinierende Rätsel um den Grafen von Saint Germain. Er war eine bekannte Persönlichkeit auf dem Gebiet der Alchemie. Im siebzehnten Jahrhundert gelangte er zu Berühmtheit und stand im Mittelpunkt zahlloser Debatten. Es heißt, dass er schon zu Lebzeiten Jesu auf Erden gewandelt sei, ja Jesus sogar verspottet habe, als er gekreuzigt werden sollte. Es wird auch behauptet, dass der Graf Jahrhunderte später die Identität des Sohnes eines siebenbürgischen Prinzen, Franz II. Rákóczi, angenommen habe. Voltaire beschrieb ihn als einen Mann, der über ein enormes Wissen verfügte und einen Zustand der Unsterblichkeit erlangt hatte. Micah Hanks sagt über den geheimnisvollen Grafen, dass er »von einer mystischen Aura umgeben« war, wie er sie in seinem ganzen Leben noch nie bei jemand anderem wahrgenommen hatte, »nicht einmal annähernd.

Manche Menschen sagen, dass Saint Germain ein Unsterblicher gewesen sei und dass er irgendwie die Geheimnisse der ewigen Jugend entdeckt« habe (Hanks, 2013). Und Guy W. Ballard, der die höchst umstrittene I-AM-Bewegung ins Leben gerufen hat, behauptete, dem Grafen 1930 an den Hängen des Mount Shasta in Kalifornien begegnet zu sein – eines Berges, der für umfangreiche UFO-Aktivitäten wie auch für Gerüchte bekannt ist, nach denen er der letzte Zufluchtsort des alten Volkes von Lemurien war, das von einigen Forschern als Volk von Außerirdischen angesehen wird.

- 1988 arbeitete ein Physiker namens Robert Scott Lazar mehrere Monate in der berüchtigten Area 51 am Groom Lake in Nevada. Laut Lazar wurde ihm, während er sich in der streng geheimen Basis befand, eine Reihe wiederhergestellter UFOs gezeigt, die in einer anderen Welt gebaut worden waren. Doch damit nicht genug: Lazar wurden auch zahlreiche Akten und Dokumente einer langjährigen Alien-Präsenz auf der Erde offengelegt. Zwei Dinge fielen ihm besonders auf: Er erfuhr erstens, dass in Area 51 ein außerordentlich dickes und streng geheimes Buch gehütet wird, das die wahre Geschichte von den Ursprüngen der Menschheit und der Rolle der Religion in der menschlichen Entwicklung erzählt; und zweitens, dass die Außerirdischen uns als Behälter bezeichnen. Behälter wovon? Von Seelen. Die Aliens haben angeblich die Fähigkeit, die menschliche Seele im Augenblick des Todes aus dem physischen Körper zu extrahieren und auf ein neugeborenes Baby zu übertragen, ja sogar auf einen heranwachsenden, noch ungeborenen Fötus. Im Grunde genommen verschaffen die Außerirdischen uns Unsterblichkeit, indem sie uns ständig mit neuen Körpern versorgen. Interessanterweise glaubte bereits Johannes Philoponus, ein im Jahr 490 in Alexandria geborener Theologe, dass die Seele sich nicht an ihre früheren Leben erinnert.

Auf eine solche Überzeugung wurde auch in dem geheimen Material der Area 51 hingewiesen: darauf nämlich, dass wir bereits Unsterblichkeit besitzen, dies jedoch nicht bemerken, da wir (zumindest zum größten Teil) ohne Erinnerungen an unsere früheren Existenzen reinkarnieren.

- Berichte darüber, dass die Außerirdischen auf ihre Art möglicherweise genau das Gleiche tun: Die Alien-Seele lebt für immer, doch der Körper der legendären Greys oder »Grauen« ist eigentlich so etwas wie ein biologischer Roboter, in den die Seele des Aliens eingepflanzt werden kann. Wenn dann der genetisch geschaffene Körper nach Jahrhunderten schließlich zu verfallen beginnt, wird die Alien-Seele in eine neue Hülle übertragen. Dieser Prozess – eine besondere Art von Unsterblichkeit – setzt sich dann *ad infinitum* fort.
- Whitley Strieber, einer der bekanntesten von Außerirdischen Entführten, fragte seine Entführer einmal, was ihre Aufgabe auf der Erde sei. Daraufhin wurde ihm gesagt, dass Seelenrecycling während ihrer Anwesenheit an erster Stelle stünde. Der verstorbene Entführungsexperte Professor John E. Mack erstellte ein vollständiges Dossier über Entführte, die behaupteten, ihre Seelen seien ihnen in früheren Leben im Augenblick des Todes entzogen und in ungeborene menschliche Föten eingesetzt worden – was wiederum die unsterbliche Natur der Seele und das tiefe Wissen der Außerirdischen über solche Zusammenhänge demonstriert.
- Eine Untersuchung, warum wir altern. Im Jahr 2013 sagte Dr. Michael D. West über dieses wachsende Forschungsgebiet: »Wenn diese Technologie perfektioniert wird, bietet sie theoretisch das Potenzial, den gesamten menschlichen Körper wieder in einen jugendlichen Zustand zu versetzen« (West, 2013).
- Die sogenannte Methusalem-Stiftung erklärte im Jahr 2015, dass der menschliche Körper »eine Struktur hat, die alle Aspekte sei-

ner Funktion bestimmt, einschließlich seiner Möglichkeit, bald zu zerfallen; wenn wir diese Struktur also – auf der molekularen und zellulären Ebene – wiederherstellen können, dann können wir auch die Funktion erneuern, so dass wir den Körper umfassend verjüngt haben« (Isaacson, 2015).

- Und abschließend ein Blick auf die Frage, wer davon profitiert würde, wenn wir als Menschheit Unsterblichkeit erreichen. Wäre diese Errungenschaft uns allen zugänglich? Oder würde nur eine globale Elite davon profitieren? Wurde das Geheimnis des ewigen Lebens vielleicht bereits entdeckt oder perfektioniert? Wird es von mächtigen Personen in Regierung, Militär und Geheimdiensten eifersüchtig bewacht?

EINS

Die langlebigsten Aliens überhaupt

Wenn man sich mit den frühen Außerirdischen, ihren Interaktionen mit der menschlichen Spezies vor Zehntausenden von Jahren und mit der Frage nach dem unsterblichen Leben beschäftigt, sollte man unbedingt mit der Sage von den Anunnaki beginnen. Warum? Weil es belastbare Argumente dafür gibt, dass die Anunnaki diejenigen waren, die den frühen Menschen auf unserem Planeten das Konzept der Unsterblichkeit vermittelten, auch wenn sie sorgsam darauf achteten, nicht alle Geheimnisse mit zu vielen Vertretern unserer Spezies zu teilen. Auch wenn für die Anunnaki Unsterblichkeit ein gewöhnlicher Zustand des Körpers und des Geistes gewesen sein mag, so waren, wie wir bald sehen werden, nur ein paar glückliche auserwählte Menschen genetisch so stark verändert, dass sie dem Tod für lange, möglicherweise fast unendliche Zeiträume, entgehen konnten. Diese wenigen Auserwählten waren einige der bekanntesten Gestalten der Bibel – eine Geschichte, auf die wir sehr bald zurückkommen werden.

Von den Anunnaki, diesen unsterblichen Wesen aus einer anderen, fernen Welt, wird erzählt, dass sie in der Geschichte der sumerischen Kultur »gute und böse Götter und Göttinnen (Dualität) waren, die zur Erde kamen, um die menschliche Spezies zu erschaffen. Nach denselben Quellen stammten diese Götter vom Nibiru – dem ›Planeten des Übergangs‹« (»Sumerian Gods and Goddesses«, 2016).

Über die humanoiden, möglicherweise riesenhaften Anunnaki wurde bereits so einiges gesagt und geschrieben. Vieles davon stammt aus der Feder des inzwischen verstorbenen Zecharia Sitchin, der an der Universität von London studiert und viele Jahre als Journalist in Israel gearbeitet hat. Sitchin war der Autor mehrerer Bücher über die Anunnaki, die mysteriösen Ursprünge der menschlichen Spezies und die Beziehungen zwischen Außerirdischen und Menschen zu Beginn der menschlichen Zivilisation und vielleicht sogar noch davor. Er wusste jedenfalls, wovon er schrieb.

Die Anunnaki waren furchtlose Götter; sie waren manchmal unbarmherzig und stets Achtung gebietend. Gelegentlich glichen sie auch rücksichtslosen Gören, denen es nichts ausmachte, unseren Planeten zu verwüsten, wenn ihnen gerade danach war. Die Anunnaki beherrschten das Leben und die Glaubenssysteme der Menschen jener Region, die einst Mesopotamien genannt wurde und heute als das Flusssystem von Euphrat und Tigris bezeichnet wird. Waren sie furchtlos? Daran besteht kein Zweifel. Waren sie erbarmungslos? Ja. Imposant? Immer. Aber waren sie in der Tat Götter? Das ist die umstrittenste aller Fragen in dieser besonderen Geschichte.

Zecharia Sitchin war der Ansicht, dass sie keine Götter waren, auch wenn sie allgemein als solche wahrgenommen wurden. Seine Forschungen führten ihn nicht zu übernatürlichen Gottheiten, die in einem jenseitigen Reich herrschen, sondern in eine vollkommen andere Richtung. Nachdem Sitchin alte Keilschrifttafeln, die von der Anwesenheit und den Taten der Anunnaki in Mesopotamien berichten, sorgfältig studiert und analysiert hatte, kam er zu einem erstaunlichen und unbestreitbar kontroversen

Schluss: Die Anunnaki waren letzten Endes keine Götter, und auch nicht ein einziger Gott. Sie waren vielmehr eine für damalige Verhältnisse praktisch allmächtige außerirdische Macht und stammten aus einer fernen Welt namens Nibiru. Dies ist ein Planet, der sich, so schloss Sitchin, an den äußersten Rändern unseres Sonnensystems verbirgt und dessen Umlaufbahn ihn alle 3.500 Jahre gefährlich nahe an die Erde heranbringt. Die Anziehungskraft dieses massereichen Planeten hat alle paar Jahrtausende weltweit für Verwüstungen und Zerstörungen gesorgt – deshalb gibt es so viele antike Texte, die weltweite Katastrophen beschreiben, die sich vor Tausenden von Jahren ereigneten.

Genmanipulation, Atomkrieg und Gold

In meinem Buch *Das Blut von Aliens* schildere ich, wie die Anunnaki vor Hunderttausenden von Jahren eine regelrechte Armada von Raumschiffen zur Erde entsandten, hauptsächlich mit einem Ziel vor Augen. Dieses Ziel bestand darin, die wertvollen Ressourcen der Erde auszubeuten, insbesondere den reichlich vorhandenen, sehr ergiebigen Vorrat an Gold. Die Anunnaki hatten jedoch nicht vor, ihre schmutzige Arbeit selbst zu verrichten, solange es jemand anderen gab, der das für sie erledigen konnte. Unter Einsatz hochentwickelter medizinischer und wissenschaftlicher Technologien gelang es ihnen, die primitiven Urmenschen genetisch zu verändern und sie in eine unterwürfige und unfruchtbare Sklavenrasse zu verwandeln. Sie waren mit ziemlicher Sicherheit für die Anomalie des negativen Rhesus-Faktors verantwortlich, der heute noch bei einem kleinen Teil der Menschheit auftaucht. Viele dieser Menschen sind, wie ich in meinem Buch gezeigt habe, eng mit dem UFO-Phänomen, Begegnungen mit Außerirdischen und Entführungen durch sie verbunden.

Später habe ich aufgezeigt, wie sich die Anunnaki in den frühen Jahren der menschlichen Kultur in Teilen Afrikas und des Nahen Ostens so stark zersplitterten, dass sich an einem gewissen Punkt einzelne Interessengruppen gegeneinander wandten – mit einem katastrophalen Ergebnis sowohl für sie selbst als auch für uns. Das Ergebnis dieses Zerwürfnisses war, dass Anunnaki auf unserem Planeten mit taktischen Atomwaffen gewaltsam gegen andere Anunnaki kämpften – was zur Auslöschung Sumers und der Städte Sodom und Gomorrha führte und außerdem massive Zerstörungen in Nordindien verursachte, die in dem indischen Epos *Mahabharata* anschaulich erzählt und beschrieben werden.

Es gibt aber noch einen dritten Aspekt in der Geschichte der Anunnaki, einen sehr wichtigen Aspekt, der uns zum Thema Unsterblichkeit führt. Bevor wir zu der bedeutsamen Frage kommen, *wie* genau die Anunnaki Unsterblichkeit erlangten, ist es zunächst einmal entscheidend, einen handfesten Beweis dafür zu erbringen, dass sie es tatsächlich geschafft haben, den Tod zu besiegen – so erstaunlich das auch klingen mag.

Willkommen bei der Erschaffung der Menschheit

Laut den alten Keilschriften wie auch Sitchins Interpretation waren dieselben Anunnaki, die vor Hunderttausenden von Jahren auf unserem Planeten angekommen waren – angeführt von Enki und Enlil, den Söhnen des Anunnaki-Herrschers Anu – bis einige Jahrtausende vor der Geburt Jesu Christi immer noch sehr lebendig und aktiv. Wenn das stimmt, hatten sie eindeutig eine Lebenserwartung von einer Dauer, die wir uns kaum vorstellen können. Uns wurde gesagt, dass die Anunnaki menschenähnlich waren, so dass sie sich schließlich erfolgreich mit Menschen paaren konnten. Dadurch brachten sie halbgötterartige Nachkommen hervor. Das ist ein sicheres Zeichen dafür, dass die Anunnaki, genau wie wir, geboren wurden, lebten und starben – zumindest bis zu dem Zeitpunkt, als es ihnen gelang, das letzte Stadium des Lebens – den Tod – weitgehend zu vermeiden.

Dass die Anunnaki Experten auf dem Gebiet der Genmanipulation mit all ihren komplexen Möglichkeiten waren, wurde auf fachkundige Weise von der Schriftstellerin Joan d'Arc aufgezeigt. Sie beschreibt, was geschah, *nachdem* die Anunnaki die ersten Anpassungen bei den frühen Urmenschen vorgenommen hatten: »Die biblische Schöpfungsgeschichte erzählt, dass Mann und Frau nicht zur selben Zeit erschaffen wurden, sondern dass die Frau aus dem Mann erschaffen (oder, wie Sitchin übersetzt, ›geklont‹) wurde. Während dieser Operation wurde, wie uns die Bibel sagt, eine ›Rippe‹ aus dem Körper von Adam entfernt« (d'Arc, 2000). Adam war natürlich, gemäß den biblischen Texten, der erste wirkliche Mensch.

Laut Joan d'Arc nahm Sitchin an, dass die Rippe aus einem bestimmten Grund gewählt wurde. Beziehungsweise, dass es vielleicht gar keine Rippe war, die Adam entnommen wurde. Sie erklärt, dass der Prozess des Klonens die Verwendung von Zellen erfordert, die »wenig differenziert« sind. Interessanterweise kann man solche Zellen im menschlichen Magen finden – und der Magen befindet sich natürlich sehr nahe am Brustkorb. So wurde die Geschichte vielleicht im Laufe der Zeit so weit verzerrt, dass aus dem Zellmaterial eine Rippe wurde – eine Geschichte, die bis heute von Millionen von Menschen treu und brav geglaubt wird. Nicht aber von Sitchin, der absolut sicher war, dass diese alten Geschichten verfälschte Berichte über frühe, jedoch hochentwickelte genetische Techniken darstellen, die von unsterblichen Außerirdischen benutzt wurden (d'Arc, 2000).

Aus Sitchins Sicht musste die wahre Natur der Extraktion eines Teils von Adam – etwas, das direkt oder indirekt zur Erschaffung von Eva führte – mit dem Fortpflanzungssystem verbunden sein. Dies würde natürlich eine Menge Sinn ergeben. Wir sprechen über die Kompatibilität von Eizelle und Sperma. Da die Anunnaki in früheren Zeiten ihre erste Sklavenrasse offensichtlich ganz bewusst unfruchtbar erschaffen hatten, ist anzunehmen, dass es für sie keine schwierige Aufgabe gewesen sein dürfte, den Prozess später wieder umzukehren, um sicherzustellen, dass die Nachkommen der gleichen Sklavenrasse letztlich in der Lage waren, sich fortzupflanzen und zu vermehren. Und genau das ist geschehen.

Das Paradox: Warum selbst Unsterbliche sterben können

Auch wenn die Anunnaki eine Lebensdauer von mehr als 400.000 Jahren erreicht haben sollen – was sie aus unserer heutigen Sicht fast unsterblich erscheinen lässt –, heißt das nicht, dass sie nicht doch irgendwann starben. Mit ziemlicher Sicherheit war dem so. Die unglaubliche Lebensspanne der Anunnaki wurde durch dieselben Dinge erreicht, die auch uns eines Tages eine unglaublich lange Lebensdauer ermöglichen könnten: Wissenschaft, Medizin und Technologie.

So sagt der Anunnaki-Experte Michael Sokolov: »Die Menschen des Altertums hielten ihre Götter für unsterblich. Sie waren jedoch nicht im übernatürlichen Sinne unsterblich. Sie konnten durch Unfälle oder im Krieg getötet werden, und radioaktive Strahlung war für sie genauso tödlich wie für uns« (Sokolov, 2016). Wenn die Anunnaki vorsichtig gewesen wären und den Tod durch Unfälle oder durch Krieg vermieden hätten, dann wäre ihr Leben, so Sokolov, sehr wahrscheinlich von unbegrenzter Dauer gewesen. Sokolov stellt fest, dass die Anunnaki, als sie gegeneinander Krieg führten und Ägyptens Halbinsel Sinai durch eine Reihe taktischer

Atomangriffe verwüstet wurde, wie ich in meinem Buch *Weapons of the Gods* (»Die Waffen der Götter«) beschrieben habe, sehr wohl um ihr Leben liefen. Der Grund dafür waren die riesigen, unheilvollen und unaufhaltsamen radioaktiven Todeswolken, die direkt auf sie zuschwebten. Sokolov fügt hinzu, dass Enki – der vor fast einer halben Million Jahren zum ersten Mal auf die Erde reiste und vor rund 4.000 Jahren immer noch auf unserem Planeten aktiv war – sein Bestes gab und versuchte, so viele Anunnaki (und Menschen) wie möglich vor den tödlichen Geschossen und dem sie begleitenden radioaktiven Fallout zu retten.

Neil Freer hat ebenfalls Denkanstöße zu diesem Thema gegeben. Er sagt über die Anunnaki und ihre fast unglaubliche Langlebigkeit, dass sie »uns absichtlich und bewusst nicht die vergleichsweise extreme Langlebigkeit oder beinahe Unsterblichkeit gaben, die sie selbst besaßen. Es passte nicht zu ihren Absichten: Wir wurden als Sklavenarbeiter erschaffen. Die Aufzeichnungen zeigen jedoch auch, dass im Laufe der Zeit einer Handvoll Menschen Unsterblichkeit gegeben wurde« (Freer, 2012). Diese glücklichen Seelen waren im Allgemeinen diejenigen, die hart für die Anunnaki arbeiteten und ihnen dabei halfen, die menschliche Bevölkerung in einem zivilisierten Zustand zu halten, womit die Anunnaki höchst einverstanden waren.

Nun ist es an der Zeit, die wichtigste Frage von allen zu beantworten: Wie genau ist es den Anunnaki eigentlich gelungen, ihre viel beneidete Unsterblichkeit zu erreichen? Dies ist ein Thema von unglaublichen Dimensionen.

ZWEI

Gold – der Schlüssel zum ewigen Leben

Zur Beantwortung der Frage, wie und unter welchen besonderen Umständen die Anunnaki so etwas wie echte, vollkommen verwirklichte Unsterblichkeit erreicht haben, müssen wir unsere Aufmerksamkeit vor allem auf eine Sache richten, die anscheinend das Denken und das Leben aller Anunnaki beherrschte: Gold. Zecharia Sitchin gelangte zu der Überzeugung, dass hinter dem Anunnaki-Programm, die Goldvorräte der Erde massiv abzubauen, äußerst eigennützige Ziele standen.

Er hatte recht: Es ging um Leben und Tod – wie bei allen anderen Lebewesen auch.

Interessanterweise kam der 2013 verstorbene Lloyd Pye, ein Erforscher der zahlreichen und mannigfaltigen Mysterien, die mit den Ursprüngen der menschlichen Spezies verbunden sind, unabhängig von Sitchin zu einer fast identischen Schlussfolgerung. Pye sagte, dass die Sumerer »detaillierte schriftliche Berichte darüber hinterlassen haben, wie diese außerweltlichen Wesen, die sie ›Anunnaki‹ nannten, vom Himmel herabkamen, um unter ihnen als Herrscher zu leben … Die Sumerer behaupten, diese Informationen seien ihnen von ihren zahlreichen

›Göttern‹, den Anunnaki, gegeben worden, was die Wahrheit ihrer Darstellung stützt« (Pye, 2011).

Es gibt aber noch ein anderes Thema in Bezug auf die Anunnaki. Im Wesentlichen glaubten sowohl Sitchin als auch Pye, dass der Abbau von Gold nicht nur unternommen wurde, um die Anunnaki selbst zu retten, sondern auch ihre mutmaßliche Heimatwelt, Nibiru.

Wettlauf um die Rettung eines Planeten

Sitchin und Pye kamen zu dem Schluss, dass die Anunnaki trotz der unglaublich fortgeschrittenen Wissenschaft und Technologie, über die sie verfügten, bei weitem nicht unfehlbar waren. Sie hatten große Angst vor etwas, das ihre gesamte Existenz bedrohte: nämlich vor der Zerstörung ihrer riesigen fernen Heimatwelt. Nicht in dem Sinne, dass Nibiru physisch zerstört würde, sondern dass seine Atmosphäre – die bereits zu einem gefährlichen Grad abgebaut war – zusammenbrechen könnte, und zwar in einem Ausmaß, dass ihr Planet weitgehend unbewohnbar würde. Stellen Sie sich eine Situation vor, die unseren eigenen Sorgen bezüglich der Löcher in der Ozonschicht nicht unähnlich, aber um ein Vielfaches dramatischer ist. Wie also konnte eine derart katastrophale Situation dauerhaft abgewendet werden? Offenbar durch den Einsatz von Gold.

Es ist bemerkenswert, dass sowohl Pye als auch Sitchin durch die Interpretation alter Texte und Legenden sowie die Glaubensvorstellungen der Sumerer zu der Annahme gelangten, dass die Anunnaki riesige Mengen Gold auf der Erde zu Tage förderten, dieses zu feinem Pulver zermahlten und dann in die Atmosphäre von Nibiru einbrachten, um die Löcher zu schließen, die die gesamte Anunnaki-Zivilisation bedrohten. Das mag nach ziemlich übertriebener Science-fiction klingen, ist es aber nicht. Es handelt sich um genau recherchierte Fakten.

In den frühen 1970er Jahren, als die Sorgen hinsichtlich unserer eigenen Ozonschicht zunahmen, errechnete Dr. Edward Teller, ein brillanter Physiker, der über fundierte Einblicke in diverse Staatsgeheimnisse verfügte, dass Millionen Tonnen irdischen Goldstaubs, von zahlreichen Frachtschiffen aus ins Weltall geschossen, effektiv genutzt werden könnten, um die Probleme der Ozonschicht zu beheben. Es war eine geniale Theorie. Sie wurde niemals in die Tat umgesetzt, zumindest nicht auf der Erde. Aber vielleicht haben die Anunnaki genau dies versucht und es sogar geschafft, solch einen Plan zu verwirklichen, wenn auch vor Hunderttausenden von Jahren. Hoffen wir, dass unsere Rücksichtslosigkeit in Bezug auf unsere Umwelt uns nicht irgendwann dazu zwingen wird, denselben Weg einzuschlagen.

Solche Theorien über die Nutzung bestimmter Elemente zur Rettung unserer Atmosphäre – und möglicherweise aller Lebewesen auf dem Planeten – waren gegen Ende des Jahres 2009 Gegenstand zahlreicher Diskussionen. Das war der Zeitpunkt, zu dem sich ein Sonderausschuss der Vereinigten Staaten, nämlich das House Select Committee on Energy Independence and Global Warming, in die Debatte einschaltete. Dr. John P. Holdren, ein wissenschaftlicher Berater des Weißen Hauses, entwickelte einen Plan, der fast identisch war mit dem von Dr. Edward Teller und damit auch mit dem Programm der Anunnaki.

Die große Frage, die dabei auftaucht, lautet: Was hat all das mit der Unsterblichkeit der Außerirdischen zu tun?

Die Antwort ist faszinierend, denn sie beruht auf einem weiteren auf Gold basierenden Programm, das jeder einzelne Anunnaki für seine fortwährende Existenz und seine unendliche Lebensdauer nutzte. In diesem Sinne spielte Gold in der Welt der Anunnaki tatsächlich sogar eine doppelte Rolle: Es rettete ihren

Planeten vor der Zerstörung, und es bewahrte die Anunnaki selbst vor dem physischen Tod.

Die Antwort auf die Frage nach der Unsterblichkeit

Unter den vielen mysteriösen Themen, die im vorliegenden Buch präsentiert werden, steht das, was als weißes Pulvergold oder auch als monoatomares Gold bekannt ist, sicher ganz oben auf der Liste. Es handelt sich um eine angeblich lebensverlängernde Substanz von fast magischer Natur, nach der die Anunnaki überall suchten, weil sie für ihre Lebensweise essenziell war. Die Mysterien und Möglichkeiten dieser Substanz führen uns zur geheimnisvollen Kunst der Alchemie – die sich vor allem dem Versuch widmet, die Rätsel des sogenannten Steins der Weisen zu entschlüsseln. Es handelt sich dabei um eine seltsame und rätselhafte Substanz, die im Wesentlichen ein Katalysator ist, der es ermöglicht, unedle Metalle in Gold umzuwandeln. Der Stein der Weisen vermag aber angeblich noch viel mehr als das. Er wird auch als Lebenselixier bezeichnet, das in Form flüssigen Goldes dem, der es sich einverleibt, ein ewiges Dasein schenkt – wie es bei den Anunnaki der Fall war.

Dr. Kitty Bishop sagt, dass diese lebenspendende Substanz »sich wie ein roter Faden durch die Lebensgeschichten des Propheten Henoch [der, wie wir bald sehen werden, ein beneidenswertes Alter von 365 Jahren erreicht haben soll] sowie von Thoth (der ägyptische Gott des Mondes, der Magie und des Schreibens) und Hermes Trismegistos zieht. Von ihnen wird berichtet, dass sie ›die weißen Tropfen‹ oder das ›weiße Pulvergold‹, wie das Elixier auch genannt wurde, eingenommen und dadurch Unsterblichkeit erlangt haben« (Bishop, 2010).

Hermes Trismegistos – für diejenigen, die noch nie von ihm gehört haben – ist der Verfasser des *Corpus Hermeticum*, einer

Sammlung unschätzbar wertvoller Texte, die zwischen dem zweiten und dritten Jahrhundert unserer Zeitrechnung niedergeschrieben wurden. Bemerkenswert dabei ist, dass Henoch und Hermes Trismegistos von den alten Griechen als ein und dieselbe Person betrachtet wurden. Hermes Trismegistos verfasste auch die *Smaragdtafeln von Thoth*. Dies ist ein Teil der alten griechischen Texte, die als *Corpus Hermeticum* bekannt sind, und er handelt von der Alchemie und dem Elixier des Lebens (Bishop, 2010). So sehen wir, wie sich hier ein bemerkenswerter und erhellender Faden entwickelt.

In Bezug auf Thoth schrieb Manly P. Hall, ein überaus produktiver Autor und Mystiker, im Jahre 1928 das Folgende:

> »Während Hermes noch mit den Menschen auf Erden wandelte, vertraute er seinen auserwählten Nachfolgern das heilige *Buch Thoth* an. Dieses Werk schilderte die geheimen Vorgänge, durch die die Erneuerung der Menschheit erreicht werden sollte, und diente auch als Schlüssel zu seinen anderen Schriften. Über den Inhalt des *Buches Thoth* ist nichts Bestimmtes bekannt, außer dass seine Seiten mit seltsamen Hieroglyphen und Symbolen bedeckt waren, die jenen, die mit ihrem Gebrauch vertraut waren, unbegrenzte Macht über die Geister der Luft und die unterirdischen Gottheiten verliehen. Wenn bestimmte Bereiche des Gehirns durch die geheimen Prozesse der Mysterien angeregt werden, wird das Bewusstsein des Menschen erweitert und erlaubt es ihm, die Unsterblichen zu sehen und in die Gegenwart der höheren Götter einzutreten. Das *Buch Thoth* schilderte die Methode, mit der diese Stimulation durchgeführt wurde. *In Wahrheit war es daher der ›Schlüssel zur Unsterblichkeit‹* [Hervorhebung von mir].«
>
> (Hall, 2010)

Wir erkennen also mehrere Schlüsselthemen in der Geschichte, die sich hier entfaltet. Diese Themen umfassen die Alchemie, geheimnisvolle weiße Tröpfchen, Pulvergold, einen Mann – Henoch –, der Hunderte von Jahren lebte, und die Antwort auf die Frage nach der Unsterblichkeit. Nun wollen wir eruieren, was diese Fäden bedeuten und uns Heutigen zu sagen haben.

Vom Nibiru zu Marrs

Jim Marrs, dessen Buch *Crossfire* (»Kreuzfeuer«) dem Film *JFK – Tatort Dallas* von Oliver Stone als wesentliches Quellenmaterial diente, hatte definitiv recht mit seiner Aussage, dass das weiße Pulvergold, die Geheimnisse der Alchemie und das Thema der erweiterten Lebensspannen in den letzten Jahren einige der besten Köpfe und Experten auf diesen Gebieten fasziniert haben. Marrs deutete an, dass es eine Verbindung gibt zwischen diesem seltsamen Pulvergold und dem Manna der Bibel sowie zu den mysteriösen Präsenzbroten oder Schaubroten, die in der biblischen Geschichte und Überlieferung eine so große Rolle spielten.

Ebenso wichtig sind die Werke des ebenfalls verstorbenen Laurence Gardner. Auch er war jemand, der die Mysterien rund um die Anunnaki und ihr unsterbliches Leben ausgiebig untersucht hat. Gardners umfangreiches Werk entsprach, besonders in Bezug auf die Anunnaki, sehr dem von Sitchin.

Zugegebenermaßen gab es bei Gardner jedoch in einigen Punkten Unterschiede; einer davon betrifft das Alter, das die Anunnaki typischerweise erreichten. Während Sitchin von mehr als 400.000 Jahren ausging, war Gardner eher geneigt, ein Alter von rund 50.000 Jahren anzunehmen – was aus unserer Perspektive immer noch eine unglaubliche, äußerst beneidenswerte Lebensdauer wäre und praktisch Unsterblichkeit bedeutet.

In Bezug auf das Alter der Anunnaki macht die Bibliothek von Alexandria eine sehr interessante Aussage. Unabhängig von der genauen Lebensdauer der Anunnaki bemerkt die Bibliothek, dass »die menschliche Lebensspanne, obwohl enorm kurz im Vergleich zu der der Anunnaki, nichtsdestotrotz durch die Fähigkeit der Menschen kompensiert werden könnte, in relativ kurzer Zeit viel zu erreichen« (»Anunnaki«, 2009).

Laurence Gardner stellte fest, dass die Menschen des Altertums ein viel größeres Bewusstsein für diese lebensverlängernde Substanz hatten als wir heute: »Sie wussten, dass es Supraleiter im menschlichen Körper gibt. Sie wussten, dass sowohl der physische Körper als auch der Lichtkörper genährt werden müssen, um die Hormonproduktion zu steigern. Die ultimative Nahrung für den Lichtkörper wurde von den Babyloniern *Shem-an-na*, von den Ägyptern MFKZT und von den Israeliten Manna genannt« (Gardner, 2016).

Gardner wies außerdem darauf hin, dass die Geschichte von der Suche der alten Griechen nach dem schwer fassbaren und legendären Goldenen Vlies auf den Versuch zurückgehen könnte, »das Geheimnis dieser Substanz« zu verstehen. Ähnliche Beobachtungen stellte Gardner über die mysteriöse Bundeslade an, eine innen wie außen mit Gold überzogene Truhe aus Akazienholz. Bei allen damit verbundenen Suchen und Wanderungen standen laut Gardner die Geheimnisse des Goldes im Vordergrund, und zwar einzig und allein, um dem Tod langfristig zu entgehen (Gardner, 2016).

Die bemerkenswerteste Beobachtung, die Gardner zu dieser Frage gemacht hat, bezieht sich zweifellos auf einen Bericht, der im Buch Exodus des Alten Testaments (»Exodus 32:1-6«) wiedergegeben ist. Diese Geschichte handelt davon, wie die Israeliten, während Moses auf dem Berg weilte und Gott zu ihm sprach, all ihre goldenen Schmuckstücke einschmolzen und daraus einen Abgott schufen: ein Goldenes Kalb. Das erzürnte nicht nur Gott und Moses, es führte auch dazu, dass Letzterer etwas ziemlich Ungewöhnliches, jedoch sehr Faszinierendes tat, wie das Buch Exodus berichtet. Sein Vorgehen spiegelt das wider, was wir heute über die Anunnaki und die Unsterblichkeit wissen.

Die Einnahme von Goldpulver im Alten Testament

Gemäß dem Text in Exodus 32 war es so, dass Moses in ein tiefes Gespräch mit Gott – oder vielleicht mit einem wichtigen Vertreter der Anunnaki – versunken war, während Aaron, Moses' älterer Bruder, dies als einen Mangel an Aktivität wahrnahm, der ihn sehr frustrierte, vor allem aufgrund der Tatsache, dass sich Moses für eine so lange Zeit entfernt und keine Hinweise in Bezug auf sein Vorhaben gegeben hatte. Das Ergebnis war, dass die Israeliten zunehmend über die Situation verärgert waren und beschlossen, die Dinge selbst in die Hand zu nehmen. Das bedeutete im Grunde, den Vertrag mit Gott zu kündigen und völlig neue Gottheiten zu erschaffen. Den Anunnaki gefiel dies natürlich, wie wir bald sehen werden, überhaupt nicht.

Aaron befahl also den Israeliten, ihm alles Gold, das sie besaßen, zu übergeben. Unverzüglich taten sie, was er von ihnen verlangt hatte. Das Gold wurde von Aaron eingeschmolzen und in die Form eines Kalbes gegossen, das den Israeliten nun als neuer Gott dienen sollte. Doch das war nicht alles. Aaron ging noch einen Schritt weiter. Nachdem das Goldene Kalb als neuer Gott installiert war, errichtete Aaron vor ihm einen Altar, zu dessen Füßen die Israeliten beten sollten. Das war jedoch kein ruhiges, stilles, kirchliches Gebetstreffen, sondern ein großes Fest. Dem Goldenen Kalb wurden Opfergaben dargebracht, große Mengen an Speisen wurden verzehrt, Alkohol wurde getrunken und anschließend endete das Ganze mit sexuellen Ausschweifungen. Sozusagen die antike Variante des »Sex, Drugs & Rock 'n' Roll« unserer Tage.

Offenbar beobachtete eine Gruppe von Anunnaki dieses absonderliche Treiben aus der Ferne und war nicht gerade besonders glücklich über die Situation – um nicht zu sagen, ziemlich empört. Moses, der immer noch mit seinem Gott in den Bergen sprach, erfuhr schon bald davon, dass im Lager der Israeliten ungute Dinge vor sich gingen. Ihm wurde strengstens befohlen, in das Lager zurückzukehren und seine Leute umgehend unter Kontrolle zu bringen, sonst …

Gott – oder ein Vertreter der Anunnaki – reagierte aber nicht nur mit heftigem Zorn, sondern legte auch eine leicht irrationale Eifersucht an den Tag. Er setzte Moses nämlich nicht nur von der Erschaffung des Goldenen Kalbs in Kenntnis sowie von der Tatsache, dass die Menschen dieses nun als ihren Gott anbeteten, vielmehr drohte die Stimme vom Himmel, die Israeliten vom Angesicht des Planeten zu tilgen.

Moses, zutiefst besorgt angesichts dieser mörderischen Drohung, flehte Gott an, seinen Entschluss zu überdenken. Schließlich war es das Werk Gottes gewesen, das es den Israeliten ermöglicht hatte, Ägypten hinter sich zu lassen und an einem neuen Ort ein neues Leben zu beginnen. Für Moses ergab es keinen Sinn, dass sie so weit gekommen waren, nur um nun in einem vernichtenden Feuersturm zu enden – selbst wenn die Israeliten sich in seiner Abwesenheit leichtfertigerweise vor einem neuen Gott verneigt hatten.

Offensichtlich hörte Gott auf Moses und war dementsprechend bereit, den Israeliten eine zweite Chance zu geben – vorausgesetzt, Moses bekam sein Volk umgehend in den Griff. Und natürlich war da die Sache mit dem Goldenen Kalb, das unbedingt verschwinden musste – in dieser Beziehung blieb Gott unnachgiebig.

Das Ergebnis war, dass Moses den Berg hinabstieg und sich mit den berühmten Steintafeln, auf denen das stand, was allgemein als die Zehn Gebote bezeichnet wird, zum israelitischen Lager begab.

Der Tanz um das Goldene Kalb, aus dem Hortus »Deliciarum«, einer Enzyklopädie der Herrad von Landsberg (1180, Wikimedia Commons)

Die Inschriften, so wird uns gesagt, waren das Werk Gottes selbst. Erleichtert, dass Gott sich die Vernichtung der Israeliten noch einmal überlegt hatte, war Moses sehr frustriert und wütend, als er sah, wie seine Leute sich an Orgien beteiligten und sich betranken – und das alles vor dem falschen Gott, dem Goldenen Kalb. Moses war so wütend, dass er die Tafeln auf den Boden warf und sie dabei zertrümmerte. Dann tat er etwas sehr Ungewöhnliches, aber auch Faszinierendes, das einen direkten Bezug zur Unsterblichkeit hat. Moses nahm nämlich, wie erzählt wird, das Goldene Kalb, schmolz es in einem mächtigen Feuer und zermalmte es zu einem feinen Pulver. Dieses Pulver wurde dann in Wasser gestreut und von allen Israeliten getrunken (»Exodus 32:20«).

Der scharfsinnige Laurence Gardner wies auf die Bedeutung dieser seltsamen Handlungsweise hin, die Theologen seit Jahren Rätsel aufgegeben hat. »Denn das Erhitzen oder Verbrennen von Gold erzeugt natürlich kein Pulver, es produziert geschmolzenes Gold. Später in der Geschichte wird jedoch erklärt, dass das feine Pulver mit Weihrauch aufgewischt und zu Broten verarbeitet werden konnte, die in der Bibel als ›Schaubrote‹ bezeichnet werden« (»Monatomic Gold«, 2006).

Auch Jim Marrs war diese Schilderung aufgefallen, und er bezweifelte, dass die Israeliten einen flüssigen Cocktail mit Gold als primärem Inhaltsstoff tranken, denn das hätte sich für alle und jeden als absolut tödlich erwiesen. Marrs ist jedoch nicht der Ansicht, dass wir diese Geschichte vollständig in das Reich der Mythologie verweisen sollten. Stattdessen ist er der Meinung, dass das, was da beschrieben wurde, in Wahrheit eine verzerrte Geschichte von der Herstellung des Unsterblichkeit schenkenden weißen Pulvergoldes ist, das auch als monoatomares Goldpulver bezeichnet wird.

Und was genau könnte das sein? Es ist sehr wahrscheinlich der Schlüssel und die begehrte Antwort auf die Frage, wie man ewiges Leben erlangen kann. Die Anunnaki machten offensichtlich massiv Gebrauch davon. Und auch Moses schien sich der unglaublichen Kräfte dieser Substanz bewusst zu sein, auch wenn seine Kenntnisse in der Überlieferung verzerrt dargestellt wurden. All das lässt uns nun in die geheimnisvolle Welt eines Mannes namens David Hudson eintreten.

Die seltsame Geschichte rund um »ORME«

Vor mehr als vier Jahrzehnten entwickelte David Hudson, ein in Arizona ansässiger Baumwollfarmer, ein reges Interesse an dem, was heute als monoatomares Goldpulver oder das bereits erwähnte weiße Pulvergold bekannt ist. Einen großen Teil seiner Freizeit verbrachte er nämlich mit der Suche nach dem Element, das für die Unsterblichkeit der Außerirdischen von zentraler Bedeutung war. Als seine Forschungen voranschritten, gab Hudson dem Geheimnis, das er aufgedeckt und schließlich verstanden hatte, einen Namen. Er sprach von »Orbitally Rearranged Mono-atomic Elements«, also Orbital Reorganisierten Monoatomaren Elementen (ORME), was zufällig dem alten hebräischen Begriff für den Baum des Lebens entspricht und daher wohl die am besten geeignete und bedeutsamste Bezeichnung überhaupt ist.

Hudsons Untersuchungen führten ihn zu den Geheimnissen des Atoms und zu sehr überraschenden Erkenntnissen bezüglich der sogenannten Kerndeformation. In einfachen Begriffen ausgedrückt, funktionieren während einer solchen Deformation die Kerne der einatomigen Materie auf eine ausgesprochen seltsame Weise, und ihre Konfiguration verändert sich. Hudson fand heraus, dass dieses Phänomen besonders bei den sogenannten Edelmetallen auftritt. Zu dieser besonderen Gruppe zählen Silber, Palladium, Rhodium, Ruthenium, Osmium, Iridium, Platin … und *Gold.*

Dan Sewell Ward sagt zu diesem Thema Folgendes: »Innerhalb der neuen Konfiguration interagieren die Atome in zwei Dimensionen, wobei die extrem verformten Kerne einen hohen Spin und niedrige Energiezustände aufweisen. In diesem Zustand werden die Elemente zu perfekten Supraleitern, deren Elektronen sich zu ›Cooper-Paaren‹ vereinigen und so zu Photonen [Lichtteilchen] werden« (Ward, 2003).

Jim Marrs erwähnt den aufschlussreichsten Aspekt dabei: »Wenn dieser Zustand erreicht ist, wandeln sich die Elektronen in reines weißes Licht um, und die einzelnen Atome trennen sich, wodurch ein *weißes einatomiges Pulver* entsteht« (Marrs, 2013 – Hervorhebung von mir].

Ward behauptet, dass ein sorgfältiges Studium aller Daten, von den wissenschaftlichen bis zu den traditionell überlieferten, darauf hindeutet, dass Hudson hier auf etwas gestoßen ist, das den menschlichen Körper vollständig transformieren könnte, indem es erstaunliche positive Veränderungen an der DNA bewirkt. Es könnte die durch Krebs und ähnliche potenziell tödliche Krankheiten verursachten Schäden reparieren und uns sogar zum Tor zur *Unsterblichkeit* führen.

Ward liegt absolut richtig. Es wurde bereits viel Forschung betrieben – mit großem Erfolg, wie man betonen muss –, die gezeigt hat, dass eine Heilung des Körpers durch Gold nicht so unwahrscheinlich ist, wie es zweifellos im ersten Moment klingen mag. Tatsächlich funktioniert diese Therapie ausgezeichnet. Ein Artikel im Smithsonian Magazine berichtet, dass Wissenschaftler möglicherweise einen Weg gefunden haben, Gold und Nanotechnologie zusammen einzusetzen, um Krebs ohne schwere Nebenwirkungen zu behandeln« (Fessenden, 2016).

Gold und Krebs

Pioniere dieser unbestreitbar bahnbrechenden Arbeit sind die Mitarbeiter der Rice University in Texas. Das Personal der Universität hat große und erstaunliche Erfolge errungen, indem sie Krebskranken kleine, mit Gold umhüllte Kügelchen injizieren. Diese Nanopartikel verlassen den Blutkreislauf und konzentrieren sich anschließend vollständig im Bereich der Krebszellen. Der Tumor wird sodann mit Infrarotlicht bestrahlt, wobei die Gold-Nanopartikel die Lichtenergie in Wärme umwandeln und den Tumor dadurch wirksam vernichten.

In einer Pressemitteilung vom 1. Juni 2014 erklärte die Rice University, dass ihre Arbeit gezeigt habe, dass dieser Prozess Krebszellen abtötet, gleichzeitig aber keine gesunden Zellen oder Organe schädigt – eine der unglücklichen Nebenwirkungen konventionellerer Methoden, mit denen versucht wird, den Krebs zu bekämpfen. Tatsächlich wurde berichtet, dass die Methoden der Rice University erwiesenermaßen etwa siebzehnmal erfolgreicher waren als die aktuell noch üblichen Verfahren, bei denen schwerpunktmäßig eine reguläre Chemotherapie eingesetzt wird – insbesondere bei Krebserkrankungen im Bereich von Kopf und Hals.

Die Mitarbeiter der Rice University, die zu den besten des Landes zählt, stellten fest, dass »eine injizierbare Lösung von ungiftigen Goldkolloiden – winzigen Goldkügelchen, die tausendmal kleiner sind als eine lebende Zelle« – eine entscheidende Komponente bei der Bekämpfung von Krebs sein könnte. »Die als *Quadrapeutics* bezeichnete Therapie eröffnet neue Verwendungsmöglichkeiten für kolloidales Gold« (Boyd, 2014).

Die Bedeutung von ORME

Die Dinge werden aber noch kontroverser: Hudsons Schlussfolgerung lautete nämlich, dass jemand, der das pulverisierte Gold in Form von Orbital Reorganisierten Monoatomaren Elementen (ORME) einnimmt, in ein vollkommen neues Wesen verwandelt wird und damit die Befähigung zur Biolokation (Wünschelrutengehen), zur Levitation und zur Telepathie bekommt, außerdem die Gedanken anderer beeinflussen und sogar kürzlich Verstorbene zu neuem Leben erwecken kann. Letzteres hatten die Anunnaki angeblich dank ihrer immensen Fähigkeiten schon erreicht.

Es sollte hier angemerkt werden, dass es auch noch andere, etwas abweichende Ansichten bezüglich des weißen Pulvergoldes gibt. Das bringt uns zur Arbeit von Anna Hayes. Sie sagt, dass diese lebenspendende Substanz kurzzeitig »die schlafenden Codes in den höherdimensionalen DNA-Strang-Matrizen anheizt und damit Ausbrüche höherer Frequenz in den DNA-Matrizen ermöglicht, temporäre ›Fenster‹ zu höheren Dimensionen eröffnet und dem physischen Körper einen vorübergehenden Schub gibt« (Hayes, 2000).

Offensichtlich gibt es viele Fragen und Geheimnisse rund um das monoatomare High-Spin-Goldpulver. Könnten eines Tages die Geheimnisse des Goldes uns, der Menschheit, erlauben, die Tür zur Unsterblichkeit zu öffnen, in ähnlicher Weise, wie sie es vor wer weiß wie langer Zeit bei den Anunnaki getan haben? Sehr wahrscheinlich ja. Wie wir in einem späteren Kapitel sehen werden, gab es möglicherweise bereits einen streng geheimen Versuch, die Geheimnisse der Unsterblichkeit aufzudecken, als im Jahr 2003 die Invasion im Irak begann. Saddam Hussein und seine Kumpane auszuschalten war vielleicht nicht das einzige Motiv dafür, in den Krieg zu ziehen. Es könnte buchstäblich eine Frage von Leben und Tod gewesen sein. Denn dem Sieger würde unendliches Leben ohne Tod winken.

DREI

Methusalem, der älteste Mensch auf Erden

Von allen Gestalten der Bibel und besonders des Alten Testaments ist Methusalem eine der faszinierendsten und geheimnisvollsten. Er war der Großvater von keinem Geringeren als Noah, der durch die Flut wie auch durch die Arche zu Berühmtheit gelangte. Methusalem war nicht nur Teil einer Linie, die von Adam und Eva über Noah letztlich zu Jesus Christus führte – er zeichnet sich auch dadurch aus, dass er der Mensch mit der höchsten Lebensspanne in der schriftlich belegten Geschichte war. Methusalem hat angeblich das unglaubliche Alter von 969 Jahren erreicht – also *fast ein volles Jahrtausend*. Doch nicht nur das: Die Geschichte, die Methusalem umgibt, ist voll von Erzählungen, die leicht in einen außerirdischen Kontext gestellt werden können. Es gibt in diesem Zusammenhang zahlreiche Berichte über seltsame, möglicherweise nicht irdische Nachkommen, über Reisen in Bereiche, die sich eindeutig nach Weltraum anhören, und über zahlreiche Personen von enormer Langlebigkeit.

Um zu verstehen, wer genau Methusalem war, müssen wir unsere Aufmerksamkeit auf das Alte Testament richten, genauer gesagt, auf das fünfte Kapitel des Buches Genesis. Auf diesen Seiten erfahren wir, dass Gott, als er das Menschengeschlecht schuf, sie nach seinem eigenen Bilde erschuf und ihnen den Namen »Mensch« gab. Anschließend bekommen wir dann einen Überblick über die Abstammungslinie, die manche Menschen vielleicht für die wichtigste der Geschichte halten.

»Die gesamte Lebenszeit Methusalems betrug neunhundertneunundsechzig Jahre, dann starb er«

Genesis 5 berichtet, dass Adam im reifen Alter von 130 Jahren einen Sohn zeugte, dessen Name Seth war. Nach Seths Geburt soll er noch weitere 800 Jahre gelebt haben und somit zum Zeitpunkt seines Todes 930 Jahre alt gewesen sein. Auch Seth hatte ein außerordentlich langes Leben. Mit 105 Jahren wurde er Vater von Enosch, doch danach hatte er noch viele weitere Jahre vor sich und erreichte das beeindruckende Alter von 912 Jahren. Enosch folgte direkt in den Fußstapfen seines Vaters; mit 90 zeugte er Kenan und lebte anschließend bis zum Alter von 905 Jahren. Ähnliches tat auch Kenan: Er wurde mit 70 Jahren Vater von Mahalalel und starb mit 910 Jahren. Mahalalel lebte 895 Jahre lang, während sein Sohn Jered unglaubliche 962 Jahre erreichte. Jered war der Vater von Henoch und weiteren Söhnen.

Nun ist es an der Zeit, einen Blick auf das Leben von Methusalem zu werfen, dessen Name in der aktuellen Bibelübersetzung übrigens mit Metuschelach wiedergegeben wird.

Profil des Ältesten aller Menschen

Genesis 5 sagt uns sodann, dass Henoch im Alter von 65 Jahren – wenn die meisten Menschen heutzutage bereit sind, in Rente zu gehen und die Dinge leichter zu nehmen – Methusalem zeugte. Für Henoch gab es jedoch noch keinen Ruhestand. Das Alte Testament berichtet, dass er noch drei weitere Jahrhunderte gelebt hat, so dass seine gesamte Lebensspanne 365 Jahre betrug.

Noch später dran als alle anderen war Methusalem, der erst mit 187 Jahren einen Sohn zeugte. Sein Name war Lamech. Was Methusalem betrifft, brachte er es insgesamt auf ein Alter von 969 Jahren – nur etwa drei Jahrzehnte fehlten zu einem Jahrtausend –, so dass Methusalem die älteste Gestalt in der Bibel wie auch in der gesamten Menschheitsgeschichte ist.

Lamech war ebenfalls schon ziemlich betagt, als er seinen ersten Sohn zeugte. Er wurde im Alter von 182 Jahren der Vater von Noah (oder Noach), einer der berühmtesten unter den so vielfältigen biblischen Gestalten. Lamech war jedoch kein ganz so langes Leben beschieden wie seinem legendären Vater: Er erreichte »nur« 777 Jahre – ein Alter, für das sich die meisten von uns immer noch mehr als glücklich schätzen würden. Noah setzte die Familientradition der Langlebigkeit fort: Er schaffte es bis auf 950 Jahre. Seine Kinder waren Sem, Ham und Jafet.

Auch wenn die Hintergrunddaten zu Methusalem sehr begrenzt sind, liefert uns das Alte Testament zumindest einige Informationen. Nach allen Berichten war er ein gesetzestreuer, tief religiöser Mensch, ein Mann, dessen Leben vom Wort Gottes diktiert wurde. Er achtete auch darauf, dass alle, mit denen er in Kontakt kam, von seinen Überzeugungen wussten. Methusalem war außerdem jemand, der die Menschen lehrte, dem Wort Gottes zu folgen und sich nicht von falschen Göttern blenden zu lassen. Gottesfurcht stand bei Methusalem stark im Vordergrund.

Dazu muss gesagt werden, dass die Handlungen Gottes – beziehungsweise der Anunnaki –, die im Alten Testament ausführlich geschildert werden, tatsächlich oft ziemlich furchteinflößend waren. Wie das Alte Testament außerdem berichtet, begann damals eine Zeit, in der das Volk vom rechten Weg abkam und sich gegen Gott und sein Wort wandte. Methusalem, der über diese potenziell gefährliche Situation tief besorgt war, tat sein Möglichstes, um die Dinge wieder ins Lot zu bringen, und flehte die Menschen an, auf den Pfad des Schöpfers zurückzukehren. Das nützte jedoch wenig. Und als das Volk sich sogar gegen Methusalem wandte, sorgte Gott für Missernten bei denjenigen, die sich von ihm abgewandt hatten, was zu Hunger und Tod führte.

Unter Bibelexperten herrscht die allgemein akzeptierte Auffassung, dass Methusalem durch die Flutkatastrophe starb, die die Geschichte Noahs beherrscht – dies könnte zu der Annahme führen, dass Methusalem, wäre er *nicht* infolge der massiven Flut verstorben, die damals einen Großteil der Menschheit vernichtete, möglicherweise ein noch höheres Alter erreicht hätte, vielleicht sogar weit über tausend Jahre hinaus. Immerhin fehlten ihm nur noch 31 Jahre zu einem Jahrtausend, als die Flut ihm das Leben genommen haben soll.

Es sollte hier auch angemerkt werden, dass das Lukas-Evangelium im Neuen Testament eine direkte Linie von Adam über Enosch, Henoch, Methusalem und den Rest der Familie bis hin zu Jesus zieht. Was wir hier also haben, ist eine auserwählte Gruppe historischer Menschen, die mit etwas beschenkt wurden, was wir heute, angesichts unserer kümmerlichen 80 Jahre, nahezu als Unsterblichkeit interpretieren können.

Doch waren sie wirklich nur Menschen mit einer unglaublichen Lebensdauer? Oder war da noch etwas anderes im Gange?

Auf dem Weg in den Himmel

Es ist sehr wichtig zu beachten, dass Henoch Methusalems Vater war. Warum? Ganz einfach: Das Buch Henoch – ein jüdischer

Text aus der Zeit um 300 v. Chr., der jedoch Ereignisse beschreibt, die sehr viel früher spielten, und der es ausdrücklich *nicht* in die Seiten der Bibel geschafft hat –, beschreibt eine unglaubliche Geschichte. Sie klingt wie die Erzählung von einer fantastischen Reise in den Weltraum. Wessen Reise? Die von niemand Geringerem als Henoch selbst – dem Vater Methusalems, des angeblich ältesten Menschen, der je auf diesem Planeten gelebt hat. Der erste Teil des Buches Henoch beschreibt in Henochs Worten eine Flucht mit einer Gruppe von Engeln. In einer von R. H. Charles im Jahre 1912 vorgelegten Übersetzung heißt es:

> »Sie nahmen [und] brachten mich zu einem Ort, an dem diejenigen, die dort waren, wie flammendes Feuer waren, und wenn sie wollten, erschienen sie als Menschen. Und sie brachten mich an den Ort der Finsternis und zu einem Berg, dessen Spitze bis zum Himmel reicht. Ich sah die Schätze aller Winde. Ich sah, wie Er die ganze Schöpfung und die Grundfesten der Erde mit ihnen ausgestattet hatte. Und ich sah den Grundstein der Erde: Ich sah die vier Winde, die das Firmament des Himmels tragen. Und ich sah, wie die Winde die Gewölbe des Himmels aufspannen und ihren Platz zwischen Himmel und Erde haben: Das sind die Säulen des Himmels. Ich sah die Winde des Himmels, die sich drehen und die Scheibe der Sonne in ihre Umlaufbahn bringen und alle Sterne an ihren Ort setzen.« (Charles, 1912)

Henoch fährt fort:

> »Ich ging weiter dorthin, wo das Chaos herrschte. Und ich sah dort etwas Schreckliches: Ich sah weder einen Himmel oben noch eine Erde mit festem Grund, sondern einen Ort des Schreckens und des Chaos. Und dort sah ich sieben Sterne des Himmels, die darin wie große brennende Berge anein-

> andergebunden waren. Dann fragte ich: ›Um welcher Sünde willen sind sie gebunden, und warum sind sie hierher geworfen worden?‹ Da antwortete Uriel, einer der heiligen Engel, der bei mir war und der der höchste unter ihnen war, und sagte: ›Henoch, warum fragst du, und warum suchst du nach der Wahrheit? Diese gehören zu der Zahl der Sterne, die das Gebot des Herrn übertreten haben, und sind hier gebunden, bis die zehntausend Jahre, die ihre Sünden nach sich ziehen, vollendet sind.‹« (CHARLES, 1912)

Henoch fügt hinzu, dass er danach an einen Ort gebracht wurde, den er als ein weiteres Reich beschreibt, und zwar eines, das weitaus schrecklicher war als irgendein anderes, dem er bis dahin ausgesetzt gewesen war. Es war eine feurige, flammende Welt, voller dunkler und beunruhigender Bilder, die an die Hölle denken lassen. Daraufhin wurde Henoch von demselben Engel namens Uriel erklärt, dass dieser Ort, der ihn in einen tiefen Schreckenszustand versetzt hatte, nichts anderes war als ein Gefängnis für Engel – ein Ort der Einkerkerung, den niemand jemals wieder verlassen würde.

Bemerkenswerterweise haben schon die frühesten Erforscher außerirdischer Lebensformen angedeutet, dass in diesem Kerker möglicherweise keine Engel hinter Schloss und Riegel gehalten wurden, sondern diejenigen Anunnaki, die Verkehr mit menschlichen Frauen gehabt hatten, was von der herrschenden Elite der Anunnaki als schwere Verfehlung angesehen wurde.

»Die Menschheit hat die Wächter als Götter verehrt«

Peter R. Farley, der eine sehr sorgfältige Untersuchung des Buches Henoch vorgelegt hat – die, wie ich betonen möchte, weitaus mehr als die eben erwähnten Auszüge enthält –, legt nahe, dass Henoch einen Flug in den Weltraum beschreibt, mit Wesen, die wir heute höchstwahrscheinlich als Außerirdische bezeichnen würden. An einem bestimmten Punkt der Geschichte teilt Henoch Methusalem mit, dass die Engel ihn zu einem »Ersten Himmel« mitnahmen, wo er ein riesiges Gewässer erblickte. Farley interpretiert dieses Gewässer als den Persischen Golf, den ein verblüffter Henoch zu sehen bekam, als er am Himmel reiste und auf die Welt weit unter sich hinabblickte. Ein »Zweiter Himmel«, den Henoch beschreibt, war, so Farley, möglicherweise eine vollkommen zerstörte irdische Landschaft – sehr wahrscheinlich verursacht durch die Atomkriege der Anunnaki, die auch zur Zerstörung von Sodom und Gomorrha geführt hatten. Hinter einem Verweis Henochs auf das Paradies und den Baum des Lebens vermutet Farley eine Sichtung des afrikanischen Dschungels aus der Vogelperspektive.

Im Hinblick auf die Beschreibung des »Vierten Himmels« vermutet Farley, dass Henoch hier ein Ausblick auf die Himmelskörper gezeigt wurde, zu denen auch unsere Sonne und unser Mond zählten. Natürlich konnte Henoch damals das Gesehene nur aus einer religiös-mythischen und nicht aus einer wissenschaftlichen Sichtweise heraus beschreiben. Nach Farley verkörperte der »Fünfte Himmel« das Ende von Himmel und Erde und entsprach dem Verbannungsort »der Engel, die sich mit Frauen verbunden hatten«, wo Henoch »sieben Sterne des Himmels aneinandergebunden« sehen konnte. Interessanterweise schlägt Farley vor, dass diese sieben miteinander verbundenen Sterne tatsächlich eine riesige, von den Anunnaki geschaffene Weltraumstation gewesen sein könnten (Farley, 2016).

Man sollte in diesem Zusammenhang bedenken, dass Farley nicht der Einzige ist, der eine Verbindung von Methusalems Vater zu Außerirdischen annimmt. Der verstorbene Philip Coppens glaubte, dass das Buch Henoch uns sehr deutlich Besuche von Außerirdischen in ferner Vergangenheit schildert, unter der Voraussetzung natürlich, dass wir seine Inhalte in einer bestimmten Art und Weise interpretieren. Ein Großteil von Coppens' Arbeit auf diesem Gebiet drehte sich um die sogenannten »Wächter«.

Er sagte, dass diese Wächter erstmals in Sumer auftraten – an einem Ort, der untrennbar mit den Anunnaki und ihrer Anwesenheit auf der Erde sowie deren bewusster Veränderung durch sie verbunden war. Laut Coppens lässt sich Sumer (oder Shumer) als »Land der Wächter« übersetzen. Seine Inspiration zur Thematik der Wächter bezog er aus den Schlussfolgerungen Zecharia Sitchins über die Anunnaki. Coppens erklärt, dass die Wächter keine übernatürlichen Gottheiten gewesen seien; sie waren vielmehr Aliens. Er bot folgende Deutung an: »Diejenigen, die landeten, paarten sich mit den Menschen oder veränderten sie gentechnisch zu ihrer jetzigen Form. Infolgedessen verehrte die Menschheit die Wächter als Götter« (Coppens, 2016).

Von Henoch zu Entführungen durch Außerirdische

Betty Andreasson, die zu den bekanntesten aller in heutiger Zeit von Außerirdischen entführten Menschen zählt, bezeichnete die kleinen, grauen, glubschäugigen Kreaturen, denen sie bei vielen Gelegenheiten begegnete, nicht als Außerirdische, sondern als »Wächter«. Im Jahr 1990 erschien daher (auf Deutsch ein Jahr später) Raymond Fowlers Buch, in dem Andreassons Erfahrungen festgehalten werden, unter dem Titel *Die Wächter, wie Außerirdische die Erde retten wollen*. Die mögliche Verbindung zwischen den Wächtern der Vergangenheit und denen der Gegenwart veranlasste den Forscher Gregory Little dazu, sich weiter mit Andreassons Begegnungen zu beschäftigen. Nachdem er Fowlers Buch sorgfältig studiert hatte, bemerkte Little etwas Bedeutsames. Im Zusammenhang mit dem Scheol – einem finsteren, bedrohlichen Totenreich, das in der hebräischen Bibel geschildert wird – heißt es, dass seine Herrscher Engelwesen von sehr kleiner Statur und mit grauer Haut seien. Sie ähneln zweifellos den grauen Außerirdischen in Berichten von Entführungen durch Aliens allgemein und insbesondere im Fall Andreasson.

Was Zecharia Sitchin selbst betrifft, so ließ er uns wissen, dass das Buch Henoch »nicht nur eine, sondern zwei Himmelsreisen« ausführlich beschreibt: Die erste erfolgte, um die himmlischen Geheimnisse zu erlernen und das erworbene Wissen nach der Rückkehr an seine Söhne [zu denen auch Methusalem zählte] weiterzugeben. Die zweite Reise war nur ein Hinweg: Henoch kehrte nicht von ihr zurück, und die biblische Aussage lautet, dass Henoch gegangen war, da die Elohim [ein hebräischer Begriff, der ›Gottheit‹ bedeutet] ihn mitgenommen hatten« (Sitchin, 1998).

Vielleicht wäre heute, aus unserer Perspektive betrachtet, »entführt« ein viel passenderes Wort als »mitgenommen«.

Noah – nicht von dieser Welt?

Kommen wir nun zu dem mit ziemlicher Sicherheit düstersten Teil des Buches Henoch. Und »düster« ist keine Übertreibung; der Begriff trifft es genau. Das Buch erzählt nämlich eine fast albtraumhafte Geschichte von einem sehr seltsam aussehenden Säugling, der, wie sich herausstellt, niemand anderes als Noah selbst ist. Laut Henoch »nahm mein Sohn Methusalem eine Frau für seinen Sohn Lamech, und sie wurde schwanger von ihm und gebar einen Sohn« (Charles, 1912).

Dieser Sohn, Noah, war jedoch kein normales Neugeborenes. Tatsächlich kann man sagen, dass der junge Noah definitiv *nicht* menschlich, vielleicht sogar *unmenschlich* wirkte. Henoch berichtet von dem Kind, sein Körper sei vollständig weiß gewesen – und zwar buchstäblich *weiß* –, während sein Sohn eine normale menschliche Hautfarbe hatte. Darin besteht natürlich ein Widerspruch. Aber was auch immer der Grund für Henochs seltsame Worte sein mag, es scheint wenig Zweifel zu geben, dass Noah wegen seiner Hautfarbe nicht wie ein normales, gewöhnliches Kind aussah. Außerdem werden im Buch Henoch auch Noahs Haare als vollkommen weiß beschrieben. Und noch seltsamer: Noah hatte ein Augenpaar, das leuchtete, ja geradezu glühte. In Anbetracht von Henochs Worten ist es kaum verwunderlich, dass Lamech durch das seltsame körperliche Erscheinungsbild seines neugeborenen Sohnes, das irgendwie an einen Albino mit einer großzügigen Menge außerirdischer Gene denken lässt, in einen Zustand des Schreckens versetzt wurde. In der Tat war Lamech vom Aussehen Noahs so verängstigt, dass er den Verdacht äußerte, Noah sei gar nicht sein Kind, sondern das eines Engels.

Bevor wir zum nächsten Punkt dieser atemberaubenden Geschichte kommen, wollen wir einen kurzen Abstecher zum Thema Albinismus machen sowie zu der Frage, wie die Anunnaki wirklich ausgesehen haben könnten.

Waren die Anunnaki Albinos?

Das ist eine sehr wichtige und provokante Frage. Es ist auch eine sehr kontroverse Frage. Wir wollen versuchen, sie hier zu beantworten. MedlinePlus, ein Online-Informationsdienst der United States National Library of Medicine, erklärt, dass Albinismus entsteht, wenn »der Körper aufgrund eines von mehreren genetischen Defekten unfähig ist, Melanin zu produzieren oder zu transportieren. Diese Defekte werden genetisch weitergegeben (vererbt). Die schwerste Form des Albinismus wird als okulokutaner Albinismus bezeichnet. Bei Menschen mit dieser Art von Albinismus sind Haare, Haut und Iris weiß oder rosa.« (»Albinismus«, 2016).

Im April 2014 sagte Mark Sanderson, der Vorsitzende der Albinism Fellowship Group des Vereinigten Königreichs, zu der Frage, ob Noah ein Albino gewesen sei: »Man kann durchaus sagen, dass einige Leute glauben, dass er wegen seiner äußeren Merkmale ein Albino war, aber wer weiß das schon genau. Ich denke, die Hinweise sind ziemlich dürftig, auch wenn manche Menschen vielleicht anderer Ansicht sind« (Rose, 2014).

Sehen wir uns nun an, was Personen, die sich mit der Erforschung von Außerirdischen beschäftigt haben, über das Aussehen der Anunnaki zu sagen haben. Die Webseite »Enki Speaks« erklärt zum Beispiel, dass die Anunnaki knapp zweieinhalb Meter groß waren, Albinos ähnelten und eine ausgesprochen blasse Haut hatten. Die Seite zitiert einen A. Bordon mit der Aussage, dass die Anunnaki »eine Art Schweiß wie einen Film auf ihrer Haut haben und schneeweiße Haare, die wie krause weiße Wolle aussehen. Sie sind die Großen Weißen, die unsere hauptsächlichen Vorfahren sind. Manche tragen ihre Haare schulterlang, andere kurz geschnitten. Ihre Augen sind rot, wenn sie nicht schwarze Kontaktlinsen tragen« (Lessin, 2015).

Angesichts all dessen ist das Argument vertretbar, dass Noah nicht von dem betroffen war, was heute als Albinismus bezeichnet wird. Stattdessen war er zum Teil ein Anunnaki, dessen natürliches Aussehen zufällig genau dem eines menschlichen Albinos entspricht. Und nun zurück zur vorliegenden Geschichte.

Panik in der Familie

Laut Henoch unternahm Methusalem, als ihn die Nachricht von diesen Vorgängen endlich erreicht hatte, eine lange und weite

Reise, um zu seinem Sohn zu gelangen und nach seinem Enkel zu sehen. Als er bei Lamech ankam, verlangte Methusalem zu wissen, was eigentlich los war. Lamech erzählte ihm also die ganze merkwürdige Geschichte, insbesondere von Noahs seltsamer Hautfarbe, seinem strahlend weißen Haar und, nicht zu vergessen, seinen nahezu glühenden Augen. Und Lamech verschwieg seinem sehr alten Vater auch nicht, dass er den jungen Noah für einen Nachkommen der Engel hielt. Als Methusalem all dies gehört hatte, verschwendete er keine Zeit und ging sofort zu seinem eigenen Vater Henoch. Man kann sich gut vorstellen, wie Methusalem geradezu panikartig zu Henoch läuft, um ihm davon zu erzählen. Methusalem wiederholt, was Lamech ihm über Noahs einzigartige physische Erscheinung berichtet hat. Er erwähnt außerdem gewisse beunruhigende Ahnungen innerhalb der Familie, dass bald ein schreckliches Ereignis die Erde verschlingen würde. Henoch hat darauf sofort eine Antwort parat. Es ist allerdings nicht die Antwort, die Methusalem sich erhofft hatte, denn Henoch enthüllt sein Wissen über eine drohende weltweite Katastrophe – nämlich die große Flut, die den ganzen Planeten überschwemmen würde und während der Noah eine so wesentliche Rolle spielen sollte.

Laut Henoch begannen überall auf dem Planeten seltsame und überirdische Sprösslinge von teils menschlicher und teils außerirdischer Art aufzutauchen, nachdem die Engel – beziehungsweise die Anunnaki – auf die Erde gekommen waren und Verkehr mit menschlichen Frauen gehabt hatten. Dies waren die legendären Riesen, von denen in der Bibel die Rede ist. Als Konsequenz dieser Übertretung, die alle anderen Verfehlungen in den Schatten stellte, beabsichtigte Gott, wie Henoch berichtet, den Planeten zu reinigen. Er plante, dies auf eine äußerst drastische Art und Weise zu tun: nämlich die große Mehrheit der Menschheit auszulöschen, den Planeten zu säubern und wieder von vorne zu beginnen – mit einer Welt, in der Frauen und Engel (oder Frauen und Anunnaki) sich nie wieder miteinander paaren würden. Es sollte, so Henoch, für ein ganzes Jahr eine große Flut kommen, die beinahe die gesamte Welt verschlingen würde. Doch es ging um noch mehr: Der eigenartig aussehende Noah war mit der Bestimmung gezeugt worden, diese Flut zu überleben – zusammen mit seiner Familie – und das Menschengeschlecht gleichsam neu zu begründen und eine neue Welt zu schaffen. Es war Henoch, der Noahs Namen ausgewählt hatte, und Henoch machte Methusalem nun klar, wie viel auf dem Spiel stand. Der Herr, sagte Henoch, hatte ihm von dem Chaos erzählt, das da kommen sollte. Und tatsächlich folgte bald darauf die große Flut.

»Entsprungen … von den Engeln«

All das lässt darauf schließen, dass es seit der Zeit Adams – und nach dem Lukas-Evangelium sogar bis in die Zeit Jesu – eine Familie mit zahlreichen Generationen gab, die eine besondere und fast einzigartige Eigenschaft aufwiesen. Diese Eigenschaft war ihre unglaubliche Langlebigkeit. Das offensichtlichste Beispiel dafür war natürlich Methusalem. Doch Enosch, Kenan, Mahalalel und all die anderen waren in Bezug auf das erstaunliche Alter, das sie erreichten, bevor sie schließlich starben, nicht weit davon entfernt.

Außerdem haben wir mit Henoch ein Mitglied dieser Familie, das höchstwahrscheinlich Ausflüge in den Weltraum unternommen hat, zusammen mit Wesen, die wohl Vertreter einer Elite innerhalb der Anunnaki gewesen sein müssen. Und wir haben Noah, der äußerlich offenbar ganz und gar nicht so aussah, wie ihn die Kirche zu präsentieren beliebt.

Inmitten all dieser Gestalten steht Methusalem, der Henochs Sohn, Lamechs Vater und Noahs Großvater war. Und mit einem

Alter von fast tausend Jahren war Methusalem nach unseren heutigen Maßstäben praktisch unsterblich. Die Beziehungen all dieser Persönlichkeiten – ganz zu schweigen von ihren Lebensgeschichten und ihrer physischen Erscheinung – deuten auf eine Verbindung zu uralten außerirdischen Wesen hin, zu Wesen von den Sternen, die Unsterblichkeit erlangt hatten. Und die möglicherweise die Geheimnisse des ewigen Lebens mit diesen prägenden Gestalten aus den frühen Jahren der jüdischen Religion, der Bibel und der aufgezeichneten Menschheitsgeschichte teilten.

Und schließlich lebt der Name Methusalem aus dieser Geschichte bis heute als Sinnbild für Langlebigkeit weiter. Willkommen bei der Methusalem-Stiftung, deren Mitarbeiter sagen: »Für uns geht es bei der Bewältigung des Alterns in erster Linie darum, unsere Annahmen darüber zu ändern, was in Bezug auf das menschliche Leben und unsere Gesundheit möglich ist und was nicht. Wir glauben, dass das Altern, wie wir es derzeit kennen, nicht unumgänglich ist« (»Methuselah Foundation«, 2016).

Vielleicht wird die Wissenschaft es uns eines Tages erlauben, wie Methusalem das unglaubliche Alter von 969 Jahren zu erreichen. Möglicherweise sind wir dafür auch auf die Rückkehr der Anunnaki angewiesen.

VIER

Gilgamesch und die Suche nach dem ewigen Leben

Der im Jahre 2010 verstorbene Zecharia Sitchin, der in Bezug auf die Anunnaki und die Frage, wer oder was sie tatsächlich waren, zweifellos über das meiste Wissen verfügte, sagt:

> »Vor langer Zeit lebte die Menschheit im Paradies – sie war gesättigt von der Frucht der Erkenntnis, die sie gegessen hatte, doch es war ihr verboten, nach der Frucht des Lebensbaumes zu greifen. Da sagte Gott, der seinen eigenen Geschöpfen misstraute, zu namentlich nicht genannten Kollegen: ›Dieser Adam, der vom Baum der Erkenntnis gegessen hat, ist einer von uns geworden; was, wenn er seine Hand ausstreckte und auch vom Baum des Lebens äße und ewig lebte?‹ Und um das zu verhindern, hat Gott Adam und Eva aus dem Garten Eden vertrieben. Seit dieser Zeit strebt der Mensch nach der ihm von Gott vorenthaltenen Unsterblichkeit.« (SITCHIN, 2010)

Dann fährt Sitchin folgendermaßen fort:

> »Doch in all den Jahrtausenden ist unbemerkt geblieben, dass Jahwe zwar in Bezug auf den Baum der Erkenntnis verkündet

hat, ›dieser Adam ist einer von uns geworden‹, dass das aber nicht in Bezug auf das ewige Leben galt, das durch die Frucht vom Baum des Lebens vermittelt wird. Lag das daran, dass die ›Unsterblichkeit‹, die der Menschheit als ein unverwechselbares Attribut der Götter dargestellt wurde, nicht mehr war als eine große Illusion? Wenn jemals einer versucht hat, das herauszufinden, dann war es Gilgamesch, der König von Uruk, Sohn von Ninsun und Lugalbanda.« (Sitchin, 2010)

Ein Epos entfaltet sich

Anfang 2003 wurde im Herzen des vom Krieg erschütterten Irak eine erstaunliche historische Entdeckung gemacht. Es handelte sich dabei, wie viele glaubten, um nichts Geringeres als die letzte Ruhestätte eines legendären, längst verstorbenen Königs, der über die Stadt Uruk herrschte, die dem Land seinen Namen gegeben hatte: das Grab des eben erwähnten Gilgamesch. Er war eine starke Persönlichkeit gewesen und spielte eine wichtige Rolle in der seltsamen Geschichte, von der dieses Buch berichtet, nämlich der vom ewigen Leben und dessen Verbindung zu mächtigen und manipulativen Außerirdischen, die vor Jahrtausenden viel Zeit auf unserem Planeten verbracht haben. Fast alles, was wir über diesen alten Herrscher wissen, stammt aus dem *Gilgamesch-Epos*. Es wird oft als Buch bezeichnet, was aber nicht ganz korrekt ist. In Wahrheit wurde die Geschichte von Gilgamesch vor mehr als 4.000 Jahren auf einer Reihe von Tontafeln festgehalten.

Professor Dr. Jörg Faßbinder vom Bayerischen Landesamt für Denkmalpflege in München war einer der Forscher, die direkt an dieser bahnbrechenden Entdeckung beteiligt waren, an einem Ort, durch den einst der Euphrat floss. Faßbinder war überzeugt, dass sein Team nicht nur das Grab Gilgameschs gefunden hatte, sondern auch Überreste von Teilen der Stadt Uruk selbst. In einem Interview mit der BBC erklärte er zwar damals, als sich die Geschichte rasch im Internet verbreitete, dass er nicht definitiv sagen könne, ob es sich um das Grab des alten Königs handle, doch fügte er hinzu, dass es »dem im Epos beschriebenen Grab sehr ähnlich ist. Wir fanden unmittelbar außerhalb der Stadt in einem Bereich inmitten des ehemaligen Flussbettes des Euphrat die Überreste eines Baus, der als Grabmal gedeutet werden könnte« (»Gilgamesh tomb believed found«, 2003). Das *Gilgamesch-Epos* berichtet, dass der mächtige König in einem Grab »unter dem Euphrat« bestattet wurde, da der Fluss sich nach dessen Tod teilte und das zuvor mit Wasser gefüllte Bett freigab.

Es gibt bis heute eine große Kontroverse darüber, ob das fragliche Grab wirklich das von Gilgamesch ist oder nicht. Tatsache ist jedoch, dass der Ort im Großen und Ganzen passend ist, ebenso wie der Zeitraum, in dem das Grabmal errichtet wurde. Und natürlich weisen die entdeckten Überreste einer längst untergangenen Stadt stark in Richtung Uruk selbst.

All das bringt uns zu der Frage, wie und warum Gilgamesch so untrennbar mit der Thematik von Außerirdischen und Unsterblichkeit verbunden ist.

Gilgamesch – teils Mensch, teils »Gott«

Die Geschichte Gilgameschs, seines Lebens, seiner Abenteuer, seiner Suche nach Unsterblichkeit und letztlich seines Todes wird ausführlich in einem umfangreichen Epos beschrieben, das vor Jahrtausenden in Mesopotamien verfasst wurde.

Dem Anschein nach war Gilgamesch ebenso gefürchtet wie verehrt. Dafür gab es einen sehr guten Grund: Er war nicht vollständig menschlicher Natur. Wie wir bereits gesehen haben, entstammen einige legendäre Gestalten aus biblischen Zeiten – wie Noah und Methusalem – einer von den Anunnaki abstammenden Linie. Oder zumindest waren ihnen die Geheimnisse des weißen Pulvergoldes bekannt, das ihnen eine unglaubliche Langlebigkeit bescherte. Genau das war, wie Zecharia Sitchin bemerkte, auch bei Gilgamesch der Fall:

> »Als Sohn der Göttin Ninsun und des Hohepriesters von Uruk galt Gilgamesch nicht nur als Halbgott, sondern als ›zu zwei Dritteln göttlich‹. Dies, so behauptete er, berechtige ihn, den Tod gewöhnlicher Sterblicher zu vermeiden. Ja, sagte seine Mutter zu ihm – doch um Langlebigkeit zu erreichen, müsse er zum Planeten Nibiru kommen (wo ein Jahr 3.600 Erdenjahren entspricht). So reiste Gilgamesch von Sumer (im heutigen Süden des Irak) zum ›Landeplatz‹ in den Zedernbergen, wo die Raketen der Götter aufstiegen.«
>
> (Sitchin, 2006)

Der sogenannte Landeplatz, so glaubte Sitchin, war in Baalbek, einer Stadt in der Bekaa-Ebene im Libanon.

Bei Historikern und Archäologen ist Baalbek vor allem für seinen »Stein der schwangeren Frau« bekannt. Dabei handelt es sich um eine gigantische Steinplatte mit einem Gewicht von mehr als 1.000 Tonnen. Bemerkenswerterweise gibt es hier zwei weitere Steinplatten von beeindruckender Größe: Einer davon wiegt rund 1.250 Tonnen, der andere beinahe 1.700 Tonnen.

Sitchin stellte seine Vermutungen in Bezug auf Baalbek ganz klar dar: »Die große Steinplattform war tatsächlich der erste Landeplatz der Anunnaki auf der Erde und wurde von ihnen errichtet, bevor sie einen richtigen Raumhafen bauten. Sie war die einzige Struktur, die die Flut überdauert hatte, und wurde von Enki und Enlil als Hauptquartier für den Wiederaufbau der verwüsteten Erde nach der Sintflut benutzt« (Sitchin, 2006).

Baalbek, der »Landeplatz« der Anunnaki. Quelle: Library of Congress (Datum unbekannt, Wikimedia Commons)

Aber was suchte Gilgamesch in Baalbek? Das ist eine sehr gute Frage. Die Antwort darauf bezieht sich nämlich unmittelbar auf das, was wir über die Anwesenheit der Anunnaki auf der Erde vor Tausenden von Jahren wissen.

Die Welt des hünenhaften Königs

Laut den alten Schrifttafeln sorgte Gilgamesch dafür, dass Uruk zu einer echten Metropole wurde: Die Stadt war von einer mächtigen Mauer umgeben, die jeden Herrscher vor Neid hätte erblassen lassen. Große, abgestufte Türme, Tempel und Paläste wurden überall in der Stadt errichtet. Dieser Luxus hatte aber einen hohen Preis. Uruk wurde nur deshalb zu einer berühmten Stadt, weil Gilgamesch definitiv ein Tyrann war. Tausende von Männern wurden unter das Joch der Sklaverei gezwungen, und zusammen mussten sie mit Seilen die gewaltigen Steinblöcke ziehen, die man für den Bau der expandierenden Stadt verwendete. Zahllose Frauen wurden zu Gilgameschs Sexsklavinnen. Und alle verneigten sich vor ihm und waren voller Angst vor seiner Kraft und Stärke. Dafür gab es einen ganz besonderen Grund.

Gilgamesch war nicht nur zum Teil Mensch und zum Teil Anunnaki, er soll auch etwa elf Ellen groß gewesen sein. In unserer heutigen Welt entspräche dies der erstaunlichen Größe von ungefähr fünf Metern. Gilgamesch war also einer jener sagenhaften Riesen, die in so vielen alten religiösen Schriften auftauchen – der berühmteste von allen war vermutlich Goliath, der Philisterkrieger, der von David, dem späteren König Israels, erschlagen wurde und dessen Geschichte im Buch Samuel im Alten Testament erzählt wird. Es verwundert daher nicht, dass Gilgamesch so gefürchtet war: Einer so ungeheuren, hoch aufragenden Gestalt ins Antlitz zu sehen würde wahrscheinlich jeden normalen Menschen ziemlich überwältigen.

Die Dinge begannen sich jedoch zu verändern, als die Bewohner Uruks – die Freien ebenso wie die Sklaven – Anstalten machten, sich gegen Gilgamesch aufzulehnen. Irgendwann hatten sie einfach genug von seiner Tyrannei. Das *Gilgamesch-Epos* erzählt, dass die Bürger von Uruk die Götter – von denen wir mit einiger Sicherheit annehmen können, dass es sich um Anunnaki handelte – darum baten, etwas gegen diesen grausamen, machtbesessenen Riesen zu unternehmen. Und genau das taten sie. Dem Epos zufolge schufen sie einen großen, haarigen, wilden Mann, der den Kampf gegen den König aufnehmen sollte. Der Name dieses Monsters war Enkidu. Interessanterweise wird uns erzählt, dass Enkidu zum Teil aus menschlichem Speichel erschaffen wurde. Dies ist möglicherweise die verzerrte Darstellung einer realen Prozedur, bei der fortgeschrittene Genmanipulation und Kloning im Spiel waren.

Enkidu – der Gegenspieler für Gilgamesch

Das *Gilgamesch-Epos* beschreibt Enkidu als stark behaarten Humanoiden. Im Gegensatz zu den modernen Sagengestalten wie Bigfoot oder Yeti hatte Enkidu jedoch langes Haupthaar. Er wird als eine Kreatur beschrieben, die eine Affinität zu Tieren hatte und gemeinsam mit Rindern oder Gazellen gegessen und getrunken habe (George, 2003).

Enkidu war also ein Wesen der Wildnis und mehr Tier als Mensch; wilde Tiere waren seine Freunde, und ihre Höhlen- und Waldbehausungen waren auch die seinen. All dies änderte sich jedoch, als eine Tempelprostituierte namens Schamchat – die möglicherweise vom Blut der Anunnaki war – Enkidu verführte und ihn in die Welt der Sexualität einführte. Schamchat war keine gewöhnliche Prostituierte, die für Geld arbeitet. Sie betrachtete den Sexualakt vielmehr als einen heiligen Fruchtbarkeitsritus.

Darüber lesen wir im *Gilgamesch-Epos:*

> »Schamchat löste ihre Kleider, spreizte ihre Beine, und er betrachtete ihre Reize. Sie entzog sich ihm nicht, und er legte sich auf sie.
>
> Sie tat für ihn, den primitiven Mann, was Frauen tun. Er überwältigte sie mit seinem Liebesspiel. Sechs Tage und sieben Nächte lang war Enkidu erregt und ergoss sich in Schamchat. Als er von ihren Reizen gesättigt war, richtete er sich auf und wollte zu seinen Herden zurückkehren. Doch die Gazellen zerstreuten sich, als sie Enkidu erblickten. Das Vieh des offenen Landes hielt sich von ihm fern. Denn En-

kidu hatte sich verändert; sein Körper war zu sauber. Seine Beine, die mit den Tieren bisher immer Schritt halten konnten, standen still. Enkidu war schwächer geworden, er konnte nicht mehr laufen wie zuvor. Doch er hatte Urteilsvermögen erlangt und war weiser geworden. Er wandte sich um und ließ sich zu Füßen der Hure nieder. Die Hure betrachtete seinen Gesichtsausdruck, und er hörte aufmerksam zu, als die Hure zu ihm sprach.

Schamchat sagte zu Enkidu: »Du bist weise geworden, Enkidu, du bist wie ein Gott geworden. Warum solltest du mit wilden Tieren durch das offene Land streifen? Komm, lass mich dich nach Uruk mitnehmen, in das reine Haus, die Wohnung von Anu und Ishtar. Wo Gilgamesch voller Kraft und Stärke herrscht und wie ein wilder Stier ist, mächtiger als irgendein anderer aus dem Volk.« (George, 2003)

Riese gegen Tiermensch

Es überrascht nicht, dass Enkidu von Schamchat und seiner ersten sexuellen Erfahrung schnell hingerissen war. Seine alten Freunde, die Tiere des Waldes, betrachteten sein Handeln jedoch als unverzeihlich und verstießen ihn umgehend aus ihrer Mitte. Durch Schamchat hörte Enkidu zum ersten Mal etwas von Gilgamesch, der mit eiserner Faust über das Volk von Uruk herrschte. Schnell beschloss er, etwas dagegen zu unternehmen. Enkidu begab sich also auf den Weg in die Stadt, und innerhalb kürzester Zeit befanden sich er und Gilgamesch in einem heftigen Nahkampf. Denn als Enkidu Gilgamesch zum ersten Mal begegnete, war dieser gerade drauf und dran, eine frisch verheiratete Frau zu vergewaltigen. Enkidu ist entschlossen, Gilgamesch daran zu hindern, und so beginnt der Kampf. Der Anblick dieser beiden mächtigen Titanen, die mit aller Kraft miteinander rangen, muss ein furchterregender Anblick gewesen sein. Das Ergebnis war jedoch nicht wie erwartet – nämlich, dass ein Gigant erschlagen wurde und der andere siegte.

Nach stundenlangem Kampf auf Leben und Tod trug Gilgamesch endlich den Sieg davon. Aber anstatt Enkidu zu töten, ließ er ihn am Leben, denn der König hatte inzwischen großen Respekt vor dem wilden Mann entwickelt. Und infolgedessen wurden die beiden schnell zu Freunden und beschlossen, sich gemeinsam zu einem wilden Abenteuer aufzumachen. Ihre Wanderung führte sie zu den bereits erwähnten Zedernbergen, wo sich, wie Zecharia Sitchin feststellte, der wichtigste irdische Weltraumflughafen der Anunnaki befand. Dort enthaupteten sie den Hüter der Stätte, einen gewissen Humbaba. Auch er war ein Riese, und zwar von unglaublich fortgeschrittenem Alter – was in diesem Zusammenhang von besonderer Bedeutung ist. Es stellt sich heraus, dass Humbaba seine Rolle als Wächter des Landeplatzes der Außerirdischen von Enlil zugewiesen bekommen hatte. Wie wir in Kapitel 1 gesehen haben, war Enlil eine der Hauptfiguren in der Geschichte der Anunnaki auf Erden, und ebenso spielte er eine wichtige Rolle bei der Fähigkeit der Außerirdischen, die menschliche Lebensspanne zu verlängern, wenn sie es für angebracht hielten.

Doch als die beiden dem Leben einer weiteren legendären Gestalt – nämlich des Himmelsstieres – ein Ende setzen, spitzen sich die Dinge zu. Der Himmelsstier war ein mesopotamischer Gott, von dem angenommen wird, dass er seinen Ursprung im Sternbild Stier hatte – definitiv ein Außerirdischer, könnte man sagen. Er war außerdem der Gefährte der Königin der Unterwelt, deren Name Ereschkigal lautete und die Anu, dem Herrn des Himmels, unterstand. Dieser Stier wird von Ishtar ausgesandt, um Gilgamesch zu töten, nachdem dieser ihr Angebot abgelehnt hatte, sich mit ihm zu vereinigen. Doch der Angriff schlägt fehl, und der Stier wird von Gilgamesch mit Enkidus Hilfe erschlagen.

Infolge dieser beiden Morde beschließen die empörten Götter/Anunnaki, an Enkidu ein Exempel zu statuieren. Sie infizieren ihn mit einem tödlichen Virus, was natürlich gleich an moderne biologische Kriegsführung denken lässt – und seinem Leben rasch ein Ende setzt.

Gilgamesch ist durch den Tod seines neuen Freundes am Boden zerstört. Doch Enkidus Tod hat noch eine weitere Wirkung auf den König. Er fürchtet sich nun vor seiner eigenen Sterblichkeit und grübelt tief darüber nach, bis hin zur Besessenheit. Gilgamesch war zwar halb Mensch und halb Gott – ein Halbgott, wie solche Wesen damals genannt wurden. Doch die Tatsache, dass Gilgamesch kein *reiner* Anunnaki war, bedeutete, dass er nicht unsterblich war, obwohl seine Lebensdauer zugegebenermaßen bedeutend länger war als bei normalen Menschen. Nach dem Tod Enkidus erkennt Gilgamesch jedenfalls, dass die Zeit nicht auf seiner Seite ist, und macht sich auf die Suche nach dem Schlüssel zum ewigen Leben, bevor es zu spät ist.

Auf der Suche nach den Geheimnissen der Unsterblichkeit

Die wohl wichtigste Figur, die Gilgamesch aufspürte, während er nach einer Möglichkeit suchte, sich den Tod vom Leib zu halten, war Utnapischtim. Utnapischtim aus dem *Gilgamesch-Epos* ist eine Entsprechung zu der biblischen Figur des Noah und gleichzeitig ein Vorfahre von Gilgamesch. Der Anunnaki Enki – dessen Verwicklung in die Frage der Unsterblichkeit bereits hervorgehoben wurde – warnte Utnapischtim, dass eine verheerende Flut den Planeten verschlingen und die menschliche Zivilisation auf katastrophale Weise enden würde. Es gebe nur einen Weg, die tödliche Flut zu überleben, sagte Enki, und das sei der

Bau eines massiven Schiffes – *einer Arche.* Dieses Schiff galt als »Bewahrerin des Lebens« und wurde mit dem »Samen« eines jeden Tieres gefüllt. Und nicht zu vergessen mit Utnapischtims Familie, deren Mitglieder alle an Bord gingen und die Katastrophe überlebten. Anschließend – und dank der Götter – werden Utnapischtim und seine Frau unsterblich.

Geschah dies vielleicht durch die Einnahme reichlicher Mengen weißen Pulvergoldes? Ja, höchstwahrscheinlich. Aufgrund dieses unglaublich großzügigen Geschenks an Utnapischtim – möglicherweise auch eines Elixiers von den Sternen – fasst Gilgamesch den Entschluss, Utnapischtim aufzusuchen, in der Hoffnung, auch für sich selbst unendliches Leben zu erlangen.

Inzwischen – unzählige Jahre, nachdem die Flut wieder zurückgegangen ist – lebt Utnapischtim mit seiner Frau auf einer abgelegenen Insel. Dank des Rates von Urschanabi kann Gilgamesch diese Insel schließlich erreichen, denn Urschanabi kennt die Geheimnisse, welche die Überfahrt über die Wasser des Todes ermöglichen. Als er schließlich auf der Insel ankommt, begegnet Gilgamesch Utnapischtim und erzählt ihm von seiner tief verwurzelten Angst vor dem Tod. Obwohl Utnapischtim sicherlich Verständnis für Gilgameschs Ängste hat, erklärt er ihm deutlich, dass nur die Götter den Menschen unsterblich machen können. Der Mensch selbst hat nicht die Fähigkeit oder das Recht, sich zu einem Wesen zu machen, das den Tod für alle Zeiten fernhalten kann.

Einen kleinen Hoffnungsschimmer gibt es für Gilgamesch dennoch. Denn als er sich anschickt, die Insel wieder zu verlassen, erfährt er auf Drängen von Utnapischtims Frau von einer einzigartigen Pflanze mit nahezu magischen Eigenschaften, die den menschlichen Körper verjüngen können. Utnapischtim macht jedoch deutlich, dass die Pflanze keine Unsterblichkeit schenkt, sondern nur eine zweite Jugend. Immerhin. Das einzige Problem: Die Pflanze findet sich ausschließlich auf dem Meeresboden in der näheren Umgebung der Insel. Doch Gilgamesch kann tatsächlich solch eine Pflanze finden, indem er sich schwere Steine an die Füße bindet und so auf den Meeresboden hinabgelangt. So berichtet es jedenfalls die alte Legende.

Aufgeregt und überglücklich verkündet Gilgamesch nach seiner Rückkehr an die Oberfläche, dass er nun zurück nach Uruk gehen und etwas von der Pflanze einem »Alten« geben wolle, um damit »die Pflanze auf die Probe zu stellen«.

Doch daraus wird nichts, denn während Gilgamesch sich in den Fluten wäscht, schnellt eine riesige Schlange hervor und stiehlt ihm die Pflanze. Niedergeschlagen und am Boden zerstört, kehrt Gilgamesch in seine Stadt zurück und findet sich schließlich mit einem relativ kurzen Leben ab.

Allerdings war sein Leben nur relativ kurz. Gemäß den alten Texten regierte Gilgamesch fast 130 Jahre lang. In welchem Alter er den Rang eines Königs erlangte, bleibt ein Geheimnis. Doch selbst wenn wir annehmen, dass er zu der Zeit, als er an die Macht kam, erst zwanzig Jahre alt war, würde dies bedeuten, dass er etwa 150 Jahre lang gelebt hätte – fast doppelt so lange wie ein heutiger Durchschnittsmensch. Es scheint also so zu sein, dass sich die Gene des Halbgottes Gilgamesch signifikant von denen der übrigen Bevölkerung – sowohl um 2500 v. Chr. als auch heute, im einundzwanzigsten Jahrhundert – unterschieden.

Zu beachten ist natürlich, dass es sich beim *Gilgamesch-Epos* um eine uralte Überlieferung handelt, die vermutlich fantasievoll ausgeschmückt wurde. Doch wenn wir von den Übertreibungen und Verzerrungen absehen und die Geschichte aus einer nüchternen Perspektive betrachten, sehen wir Folgendes: Vor etlichen Jahrtausenden wusste König Gilgamesch aus Uruk, dass die unsterblichen Götter (beziehungsweise die praktisch ewig lebenden Anunnaki) bestimmten Menschen ihrer Wahl ein fast unendlich langes Leben bescheren konnten. Die Geschichte zeigt, dass Gilgamesch trotz all seiner Bemühungen nicht dazu bestimmt war, einer von ihnen zu werden, doch er kam diesem Ziel sicher näher als die meisten Menschen seiner Zeit.

2015: Neue Informationen tauchen auf

Im Oktober 2015 wurde im Irak eine sensationelle Entdeckung gemacht, die für das *Gilgamesch-Epos* unmittelbar relevant ist. Wie Ted Mills auf der Website Open Culture berichtet, hatte »eine der ältesten Erzählungen der Welt im letzten Monat ein überraschendes Update erfahren, als das Sulaimaniyah-Museum in der kurdischen Region des Irak bekanntgab, dass man zwanzig neue Zeilen des babylonischen Gedichts von Göttern, Sterblichen und Monstern entdeckt hatte« (Mills, 2015).

Mills merkt dazu an, es sei angesichts der Tatsache, dass dieses epische Gedicht seit mindestens dem achtzehnten Jahrhundert v. Chr. im Umlauf ist und bisher verschiedene Fragmente davon gefunden wurden, nicht überraschend, dass zusätzliches Material im einundzwanzigsten Jahrhundert auftaucht. Ironischerweise waren es, wie Mills ebenfalls berichtet, kriegerische Auseinandersetzungen – nämlich der Irakkrieg von 2003 –, die zum Fund dieses neuen Materials führten, und zwar aufgrund der »intensiven Plünderungen, die im Zuge dessen erfolgten« (Mills, 2015).

Wenn heute, zu Beginn des einundzwanzigsten Jahrhunderts, völlig neues Material über das *Gilgamesch-Epos* und die darin beschriebenen Charaktere auftauchen konnte, dann ist es nicht ausgeschlossen, dass wir eines Tages doch noch mehr über diesen mächtigen und rätselhaften König erfahren werden.

Vielleicht kommen auch Informationen ans Licht, die uns neue Einblicke in die Welt der Unsterblichkeit und ihrer außerirdischen Ursprünge ermöglichen.

FÜNF

Manna vom Himmel

Nun ist es an der Zeit, sich mit einer weiteren mysteriösen Substanz zu befassen, die die biblischen Urväter ernährt hat und von der interessanterweise gesagt wird, dass sie vom Himmel zu ihnen herabfiel. Sie regnete im wahrsten Sinne des Wortes auf die von Gott Auserwählten, die diese Speise empfangen sollten, hernieder. Sie ist unter dem Namen Manna bekannt und ernährte die Israeliten für insgesamt nicht weniger als vierzig Jahre. Die Geschichte wird im Alten Testament im Buch Exodus (»Exodus 16«) erzählt. Das Buch Exodus beschreibt, unter welchen besonderen Umständen die Israeliten die Sklaverei und Knechtschaft in Ägypten hinter sich ließen, und wie es dazu kam, dass sie von Moses zum Berg Sinai geführt wurden. Dies war nur eine Zwischenstation auf dem Weg zum endgültigen Ziel ihrer Reise, dem Land Kanaan, das auch als das Land der Verheißung bezeichnet wurde, da Gott es Abraham, einem der drei Patriarchen des Alten Testaments, zugesagt hatte.

Das Buch Exodus berichtet, dass die Israeliten Elim – das vermutlich nahe beim Ostufer des Roten Meeres gelegen war – hinter sich ließen und von dort aus in die Wüste oder Wildnis von Sin zogen. Diese Bezeichnung geht auf den antiken mesopotamischen Mondgott Sin zurück. Bemerkenswert ist, dass Sin ein

Nachfahre von zwei der mächtigsten Gestalten in der Geschichte der Anunnaki war: von Ninlil und Enlil. Hier sehen wir wiederum, wie untrennbar die Welt der Anunnaki mit Moses und den Israeliten verbunden war.

Das Buch Exodus erzählt, dass sich viele aus der israelitischen Gemeinschaft, die darauf vertraut hatten, dass Moses sie sicher behüten würde, rasch von ihm abwandten, als die Nahrungsvorräte auf ihrem Weg von Elim zur Wüste Sin immer knapper wurden. Nach anfänglich nur leichten Einschränkungen wurde die Situation bald immer kritischer. Etwas musste geschehen, und zwar sofort, sonst war den meisten unter ihnen der Hungertod gewiss. Doch auch wenn es in diesem Moment so aussah, als seien eine überwältigende Hungersnot und ein grausiger Tod für die Israeliten nahezu unvermeidlich, kam es dann doch anders. Denn Gott schaltete sich ein – oder vielleicht auch die Anunnaki.

Speise aus Götterhand

Offenbar im Wissen darum, dass die Vorräte der Israeliten schnell schwanden und sie keinen wesentlichen Nachschub mehr hatten, verkündete der Allmächtige Moses im Donnergrollen, dass er die Situation in die Hand nehmen und sicherstellen würde, dass sie nicht vor Hunger starben. Die allgewaltige Stimme von oben sagte zu Moses, dass Brot von Gottes himmlischer Wohnstätte herabfallen und letztlich alles gut werden würde. Moses wurde angewiesen, seinen Leuten zu sagen, dass sie die nahrhafte Speise aufsammeln sollten, doch immer nur eine für den jeweiligen Tag ausreichende Menge.

Voller Erleichterung über den neuen Überfluss an Nahrung, der sich jetzt glücklicherweise am Horizont abzeichnete, erklärten Moses und Aaron den Israeliten, sie sollten wissen, dass es Gott selbst gewesen war, der sie aus ihrem Leben in der Sklaverei unter den gnadenlosen Ägyptern errettet hatte, dass es Gott gewesen war, der sie bisher durch die Wüste geführt hatte, und dass es nun wiederum Gott war, der sie – aufgrund der prekären Lage, in der sie sich befanden – vor dem Verhungern und dem Tode bewahren würde. Moses befahl Aaron, vor den Israeliten zu sprechen, und gebot diesen, sich vor Gott zu erheben, der nun ihre Bitten um Hilfe erhören werde. Als sie dies taten, so erzählt das Buch Exodus, erschien Gott plötzlich vor der von Erstaunen gepackten Menschenmenge. Während Aaron noch sprach, geschah etwas Unglaubliches: Über den Ebenen der Wüste erblickten alle eine geheimnisvolle Wolke; eine Wolke, die angeblich die Herrlichkeit Gottes selbst in sich trug. Natürlich könnte man hier argumentieren, dass die Wolke eine Art Anunnaki-Raumfahrzeug war, das über der schroffen Umgebung der Wüste schwebte.

Die Stimme Gottes dröhnte aus der Wolke. Oder – viel wahrscheinlicher – sie erklang aus der hochentwickelten Anunnaki-Entsprechung eines kraftvollen Lautsprechers. Die Stimme verkündete den Israeliten, dass sie nicht im Stich gelassen worden seien, um zu verhungern und zu sterben. Im Gegenteil, ihnen wurde mitgeteilt, dass sie bei Sonnenuntergang reichlich Fleisch bekämen, und bei Tagesanbruch würde es reichlich Brot geben. Die Stimme fügte noch hinzu, dass die Israeliten wissen sollten, dass er der einzig wahre Gott sei und sie sich vor ihm verneigen und allen falschen Göttern abschwören sollten.

Es zeigte sich, dass Gott Wort hielt. Am nächsten Morgen, als die Israeliten aus ihrem Schlaf erwachten, stellten sie fest, dass sich ein dünner Film von Tau auf ihr Lager gelegt hatte. Nachdem dieser abgetrocknet war, fand sich etwas anderes an seiner Stelle. Es war eine riesige Menge ungewöhnlich aussehender Flocken, die an Schnee erinnerten. Alle waren völlig verblüfft, denn sie hatten noch nie etwas Ähnliches gesehen. Moses wusste jedoch, um was es sich handelte: Es war nichts anderes als die Speise Gottes, das verheißene Brot, das dazu bestimmt war, die Israeliten vor dem langsamen und qualvollen Hungertod zu bewahren.

Moses forderte das Volk auf, so viel davon zu sammeln, wie für jede Familie oder jeden Einzelnen nötig war. Gott hatte sein Versprechen eingelöst, und in kürzester Zeit waren die niedergeschlagenen Gemüter der Israeliten wie verwandelt. Endlich war Licht am Ende des dunklen Tunnels zu sehen.

Das Manna-Mysterium

Das Buch Exodus erzählt, dass die Menschenmenge, nun im Bewusstsein, gerettet zu sein, gehorsam Moses' Worte befolgte. Es wurde nicht wild nach der seltsamen Speise gegriffen; alle taten, wie ihnen gesagt worden war, und sammelten das ein, was sie brauchten, ob in großen oder kleinen Mengen. Daher gab es für jeden etwas zu tun. Es gab jedoch eine besondere und wichtige Bedingung: Gott hatte Moses erklärt, dass nichts über Nacht aufgehoben und am nächsten Tag verzehrt werden durfte; alles musste an demselben Tag gegessen werden, an dem es gesammelt worden war. Doch obwohl Moses diese Weisung weitergab, wie sie ihm von Gott übermittelt worden waren, ignorierten einige der Israeliten seine Worte und entschieden sich dafür, die seltsame Speise in ihren Zelten zu horten. Als sie aber am nächsten Tag erwachten, stellten sie fest, dass das aufbewahrte Essen inzwischen stank und von Maden befallen war. Nun hatten sie ihre Lektion gelernt.

Das Buch Exodus berichtet, dass die Israeliten von nun an jeden folgenden Morgen nur so viel von der geheimnisvollen Speise einsammelten, wie sie benötigten, und sie auch am selben Tag noch verzehrten.

Der Geschichte zufolge sammelten die Israeliten jeweils am sechsten Tag das Doppelte der üblichen Menge ein. Dafür gab es einen guten Grund, denn der darauffolgende Tag war der Sabbat. Also bewahrten sie die zusätzliche Speise für den Ruhetag auf und lagerten sie ein, um am Sabbat nicht arbeiten zu müssen. Interessanterweise verrottete das Essen bei dieser Gelegenheit nicht wie sonst, wenn es für einen weiteren Tag aufbewahrt wurde. Wahrscheinlich war dies nichts anderes als eine sorgfältig konstruierte Geschichte, die die Bedeutung des Sabbats als Ruhetag und seine Verbindung zu Gott unterstreichen sollte.

Obwohl ihnen gesagt worden war, dass der Sabbat ein Ruhetag sein sollte, gab es im Lager der Israeliten einige, die diese Botschaft ignorierten und sich auch an diesem Tag auf den Weg machten, um mehr von der mysteriösen Speise Gottes einzusammeln. Jedoch war nichts zu finden, und Moses hatte für diejenigen, die seine Botschaft missachtet hatten, strenge Worte. Gott schaltete sich ebenfalls ein und beklagte sich in unheilvollen Tönen über das rebellische Wesen der Israeliten und ihren Versuch, den Befehl, am Sabbat auszuruhen, zu ignorieren. Es überrascht nicht, dass die Donnerstimme schnell dafür sorgte, dass alle gehorchten.

An diesem Punkt der Geschichte erhalten wir endlich eine genauere Beschreibung dieser geheimnisvollen brotartigen Speise, die von den Israeliten als Manna bezeichnet wurde. Nach dem Bericht der Bibel war die Substanz weißlich und schmeckte wie eine Waffel mit dem Aroma von Honig.

Außerdem hatte Gott Moses angewiesen, einen Krug mit Manna zu füllen und diesen aufzubewahren, damit alle nachfolgenden Generationen sich daran erinnern würden, dass Gott die Israeliten vor dem fast sicheren Tod bewahrt hatte. Moses gab diesen Auftrag an Aaron weiter, und Aaron tat, wie ihm geheißen worden war, sammelte einen Krug voll Manna ein und stellte ihn vor die Bundeslade, was Gott offensichtlich gefiel, denn er ließ den Israeliten ausreichend Manna zukommen, um damit volle vier Jahrzehnte zu überleben, bis sie schließlich das Land Kanaan erreichten.

All dies wirft eine Reihe wichtiger Fragen auf: Was genau war Manna? Wie konnte es die Israeliten vierzig Jahre lang ernähren? Und wie und warum regnete es vom Himmel herab?

Manna: Was genau war diese Substanz?

Dass das Manna vom Himmel fiel – oder möglicherweise sorgsam und mit Absicht vom Himmel herab verstreut wurde – zeigt, dass es sich um keine gewöhnliche Art von Speise handelte. Da es nicht wie gewöhnliche Nahrung im oder auf dem Boden wuchs oder auf Bäumen reifte, ist die Wahrscheinlichkeit groß, dass es sich nicht um ein Naturprodukt handelte, sondern dass es hergestellt worden war – aber von wem?

Es ist faszinierend, dass Gott eingriff, damit die Israeliten nicht verhungerten, während sie die Wüste durchquerten, und dass die Herrlichkeit des Herrn im Herzen von etwas erschien, das als Wolke beschrieben wird. Aber war es tatsächlich eine Wolke? Könnte es nicht in Wahrheit etwas anderes gewesen sein, wie zum Beispiel ein hochentwickeltes Luftfahrzeug der Anunnaki? Eines auf einer Notfallmission, um sicherzustellen, dass die Israeliten nicht verhungerten? Wir werden vielleicht niemals eine eindeutige Antwort auf diese Frage erhalten, doch alles an dieser Geschichte klingt nach einer Intervention von Außerirdischen, die auf ähnliche Weise erfolgte wie heutzutage die Hilfsmaßnahmen der Vereinten Nationen in jenen Teilen der Welt, in denen Mangel an Nahrung und Wasser zum Alltag gehört.

Die Catholic Encyclopedia schreibt unter dem Stichwort Manna: »Der Name ist mit dem Ausruf ›Man hu‹ verbunden,

den die Israeliten von sich gegeben haben sollen, als sie es zum ersten Mal sahen. Diese Äußerung wird seit der Zeit der Septuaginta allgemein übersetzt mit ›Was ist das?‹, obwohl sie wahrscheinlich eher mit ›Ist das Manna?‹ oder ›Es ist Manna‹ wiedergegeben werden sollte« (Knight, 2012). Nicht ohne Bedeutung – und sicher kein Zufall – ist die Tatsache, dass es im alten Ägypten ein Nahrungsmittel namens Mannu gab. Die große Ähnlichkeit zwischen den Wörtern Manna und Mannu weist jedenfalls auf eine mögliche Verbindung hin. Vielleicht war es ein und dieselbe Substanz.

Die Catholic Encyclopedia stellt außerdem fest, dass verschiedene Bibelexperten, die die Thematik des Manna erforscht haben, den Gedanken nahelegen, es könnte sich in Wahrheit um eine Art Saft gehandelt haben, der von *Tamarix mannifera* produziert wird, einem Strauch, der in manchen Gegenden auf der Halbinsel Sinai und in Saudi-Arabien vorkommt. Er erreicht eine Höhe von etwa viereinhalb Metern. Der Saft, der austritt, wenn der Strauch von bestimmten Insekten angestochen wird, wurde von den dort ansässigen Nomaden als *Mann Es-Sama* bezeichnet, was übersetzt »himmlisches Geschenk« bedeutet. Die Annahme, dass Manna und *Mann Es-Sama* identisch waren, verwundert also nicht. Allerdings gibt es bei diesem Szenario ein Problem: Wie wir gesehen haben, faulte das biblische Manna sehr rasch und wurde von Maden befallen. *Mann Es-Sama* dagegen fault nicht und behält seinen ursprünglichen Zustand über längere Zeiträume bei. Auch kann es nicht – wie das biblische Manna – zu einer Art Brot oder Kuchen verarbeitet werden. Außerdem besteht der Saft, der tatsächlich aus dem Strauch *Tamarix mannifera* gewonnen werden kann, fast zu einhundert Prozent aus Zucker, was natürlich ziemlich problematisch ist, wenn es um die Behauptung geht, die Israeliten hätten sich vierzig Jahre lang davon ernährt. Niemand kann vierzig Jahre lang nur von einer zuckrigen Substanz leben, auch wenn diese gelegentlich mit Fleisch und anderen Nahrungsmitteln ergänzt wird. Und dann wäre da noch die Tatsache, dass das Manna in unglaublichen Mengen entstanden sein muss, um die stattliche Anzahl an Israeliten vier Jahrzehnte lang zu ernähren. Auch dies deutet eher auf eine länger andauernde Hilfsaktion hin, bei der das Manna regelmäßig durch die mysteriöse Wolke am Himmel an Moses und sein Volk geliefert wurde.

Eine andere Möglichkeit, die als Quelle des Manna vorgeschlagen wurde, ist eine bestimmte Flechte (*Lenora esculenta*), die in Nordafrika vorkommt. Sie wird oft von starken Winden weitergetragen und fällt dann zur Erde. Die Menschen in Nordafrika haben *Lenora esculenta* lange in Zeiten des Mangels als Nahrungsquelle genutzt, indem sie die Flechte zerstießen und zu einer Art Brot verarbeiteten. Das Problem ist jedoch, dass dieses Brot zwar in Notzeiten den Hunger stillt, langfristig aber nicht das Überleben sichert, da es kaum Nährstoffe enthält. Mit anderen Worten, es füllt den Magen, bietet aber praktisch nichts, was der Gesundheit zuträglich ist. Natürlich ist das keine Substanz, die die Israeliten für einen Zeitraum von etwa vier Jahrzehnten fit, robust und gesund erhalten hätte.

Das Rätsel des Manna scheint also ungelöst zu sein. Aber ist es das wirklich?

Jim Marrs hat eine Verbindung zwischen Manna und der Speise der Anunnaki, dem weißen Pulvergold, vorgeschlagen. Marrs verweist darauf, dass der verstorbene Laurence Gardner – eine Autorität auf dem Gebiet der Anunnaki – festgestellt hat, dass das *Ägyptische Totenbuch*, das als die älteste vollständig erhaltene Handschrift der Welt gilt, davon spricht, dass die ägyptischen Könige und Königinnen »während ihrer rituellen Reise ins Jenseits« etwas aßen, was als Schaubrote bezeichnet wird (Marrs, 2013). Wir finden also eine dem Manna ähnliche Substanz auch in Ägypten, verbunden mit der Unsterblichkeit im Jenseits.

Marrs merkt außerdem an, dass Gardner auf den wichtigen Punkt hingewiesen hat, dass der Zusammenhang zwischen diesen verschiedenen mysteriösen Substanzen, die Auswirkungen auf das Leben und die Lebensdauer hatten und vor Jahrtausenden mit den Göttern verbunden waren, sich uns erst heute allmählich erschließt.

Gardner selbst sagte von den Altvorderen, sie »wussten, dass sowohl der physische Körper als auch der Lichtkörper [das, was wir als den Geist oder die Seele bezeichnen würden] genährt werden müssen, um die Hormonproduktion zu erhöhen, und die ultimative Nahrung für letzteren wurde von den Babyloniern *Shem-anna*, von den Ägyptern MFKZT und von den Israeliten Manna genannt« (Gardner, 2016).

SECHS

Die Unsterblichen in Indien

Wir wollen unsere Aufmerksamkeit nun der geheimnisvollen Welt des alten Indien und einer weiteren rätselhaften Substanz zuwenden. Auch diese hat eine direkte Verbindung zum Thema des ewigen Lebens, da die indischen Götter aller Wahrscheinlichkeit nach ebenfalls mächtige Außerirdische waren. Wie wir sehen werden, könnten sie sehr wohl Anunnaki gewesen sein, wenn sie dort auch unter anderem Namen auftraten.

Willkommen also in der Welt von Amrita! Der Name dieses rätselhaften Getränks bedeutet nichts anderes als »Unsterblichkeit«. Amrita, auch als Amrit oder Soma bezeichnet, ist eine geheimnisvolle Flüssigkeit, die, wie uns hinduistische Texte versichern, den Devas und Devis Unsterblichkeit verlieh, jenen männlichen und weiblichen Gottheiten, die für die Anhänger hinduistischer Lehren und ihrer Geschichte eine wichtige Rolle spielen.

Genau wie Amrita ist das Wort »Deva« von großer Bedeutsamkeit für das Thema dieses Buches. Deva bedeutet im Wesentlichen »göttlich« und »himmlisch«. Es verweist auf eine übernatürliche, überirdische, kosmische Welt, könnte man sagen. Gemäß den hinduistischen Schriften und Texten ist die unglaubliche, verjüngende Kraft von Amrita so gewaltig, dass schon die kleinste Menge davon unter Garantie den Alterungsprozess zu einem plötzlichen und sogar *unumkehrbaren* Stillstand bringt.

Doch wie begann die Geschichte dieser unglaublichen, lebensverändernden Substanz? Um diese Frage zu beantworten, müssen wir uns in die frühesten Zeiten der Hindu-Kultur zurückversetzen.

Devas gegen Asuras

Wie so ziemlich alle großen und alten Religionen kennt auch der Hinduismus zahlreiche fantastische Geschichten – sowohl von wohlwollenden übernatürlichen Wesen als auch von solchen, die übelwollend und geradezu bösartig sind. Solche Berichte sind in den Veden, alten, in Sanskrit verfassten Texten, reichlich vorhanden. Die wohlwollenden Wesen waren die Devas und Devis, während die bösartigen, die möglichst gemieden werden sollten, als Asuras bezeichnet wurden. Und wie in vielen anderen alten Religionen, hegten diese beiden entgegengesetzten Seiten einen tiefen Hass aufeinander, so dass jede die Vernichtung der jeweils anderen Seite herbeisehnte. Die hinduistische Geschichte und viele Überlieferungen erzählen davon, wie unmittelbar nach der Erschaffung der Erde die Asuras – die hinduistische Entsprechung zu den Dämonen der christlichen Bibel – den Planeten zu beherrschen suchten. Die Devas, die die Asuras nicht nur hassten, sondern auch fürchteten, beschlossen, Maßnahmen gegen sie zu ergreifen und einen Weg zu finden, sie für immer auszulöschen.

In der *Times of India* hieß es: »Sowohl Devas als auch Asuras sind Kinder von Kashyapa [einem legendären Rishi/Weisen], die aber von verschiedenen Müttern geboren wurden. Devas werden auch Adityas genannt, weil Aditi ihre Mutter ist. Asuras heißen auch Daityas und Danavas, weil sie Kinder von Diti und Danu sind. Die Devas und Asuras bekämpfen einander ständig.« Die *Times of India* enthüllt außerdem, dass die Devas durch Amrita oder, wie die Legenden erzählen, einen geheimnisvollen Nektar, den Zustand der Unsterblichkeit erreicht haben (Pattanaik, 2016). Dieser Nektar könnte aus genau derselben Substanz bestanden haben, die schon den Pharaonen Ägyptens bekannt war und die die Israeliten während ihrer Durchquerung der Wüste vor dem Verhungern rettete.

Es gibt noch weitere Parallelen: In der christlichen Lehre gibt es verschiedene übernatürliche Existenzbereiche wie den Himmel, die Hölle und das Fegefeuer. Im Hinduismus ist es nicht viel anders: Patala, eine schreckliche Unterwelt, gleicht im Grunde der Hölle, Swarga (oder Svarga) ist definitiv ein himmlisches Reich, und natürlich gibt es auch unsere irdische Welt.

Andererseits finden sich auch zahlreiche Unterschiede: »Der Kosmos der Hindus (Brahmanda) wird sozusagen als Hochhaus dargestellt. In der Mitte befindet sich Bhu-Lok, die Erde. Darüber sind Reiche des zunehmenden Glücks, und darunter liegen Reiche des abnehmenden Glücks. Das unterste Stockwerk ist Patal-Lok … Dieses Reich ist voller Gold und Edelsteine, daher heißt die Stadt der Asuras Hiranyapura, die Stadt aus Gold« (Quora 2013).

Man muss sich hier natürlich fragen, ob der Hinweis auf eine Stadt aus Gold im Zusammenhang mit unsterblichem Leben ein Hinweis in Richtung des weißen Pulvergoldes ist.

Im Gegensatz zur christlichen Lehre werden auch die Devas als Götter beschrieben, denn innerhalb des Hinduismus gibt es verschiedene *Stufen* von Göttlichkeit und nicht nur einen einzigen Schöpfergott. Zu den Göttern, die entschlossen waren, die Asuras zu vernichten, zählten die Götter des Feuers, des Windes und des Himmels – beziehungsweise Agni, Vayu und Indra. Über ihnen standen noch Brahma, der Schöpfer, Vishnu, der Bewahrer, und Shiva, der Zerstörer. Wenn die Devas die Asuras besiegen wollten, mussten sie in jedem Fall etwas erlangen, über das sie in jenen frühen Zeiten noch nicht verfügten, nämlich ewiges Leben. Um das zu ermöglichen, teilte die mächtige Dreiheit von Brahma, Vishnu und Shiva – die bereits unsterblich *waren* – mit Agni, Vayu und Indra die unglaublichen Geheimnisse des Amrita.

Unsterblichkeit in Indien

Bemerkenswerterweise heißt es, dass die geheimnisvolle Substanz Amrita auf dem tiefsten Grund der Weltmeere verborgen liegt. Das gleicht, wie man sich erinnern wird, auf unheimliche Art der Geschichte, die im *Gilgamesch-Epos* erzählt wird: dass nämlich Gilgamesch bei seiner verzweifelten Suche nach Unsterblichkeit gezwungen war, tief unter die Wellen zu tauchen, um eine geheimnisvolle Pflanze zu finden, die angeblich ewige Jugend schenken sollte und die nur auf dem Meeresboden zu finden war. Eine ganz ähnliche Geschichte wird auch in den Hindu-Epen erzählt. Das führt uns zu einem Ereignis, das Samudra Manthan genannt wird oder das »Aufwirbeln des Ozeans«.

Was laut den Hindu-Berichten in grauer Vorzeit geschah, ähnelt einer Szene aus einem Godzilla-Film der 1950er Jahre: Vishnu verwandelte sich in eine riesige Schildkröte, auf deren Rücken sich ein Berg erhob, der das Wasser heftig wirbelnd aufschäumen ließ, als die riesige Schildkröte in die Tiefen der Meere hinabtauchte. Parallelen zu Godzilla klingen auch an, wenn es heißt, dass eine riesige, schlangenartige Bestie, Vasuki – König einer schrecklichen Unterwelt, die Nagloka genannt wird, und Herrscher der Schlangenwesen, die als Naga bekannt sind – häufig Katastrophen auf hoher See verursacht. Wir sollten nicht vergessen, dass der König im *Gilga-*

mesch-Epos die Unsterblichkeit nur deshalb nicht erlangte, weil eine mächtige Schlange ihm die geheimnisvolle, lebenspendende Pflanze stahl. Möglicherweise beruht die eine Geschichte auf der anderen. Oder vielleicht wussten an verschiedenen Orten auf dem Planeten nicht nur die Götter, sondern auch gewisse auserwählte Menschen, wo sie Antworten auf die Frage nach der Unsterblichkeit finden konnten: nämlich unter Wasser.

Die bösartigen Asuras waren jedenfalls äußerst gerissene Wesen. Sie erkannten, dass auch sie von der Einnahme von Amrita stark profitieren würden. Und da den Devas klar war, dass unglaubliche Menschenkraft (oder Götterkraft) gebraucht würde, um das Amrita zu heben, schlossen sie, wenn auch widerwillig, einen Waffenstillstand mit den Asuras. Dadurch, dass die Asuras und die Devas nun zusammenarbeiteten, um die Wellen weiter aufzuwirbeln und dafür zu sorgen, dass die gewaltigen Turbulenzen das begehrte Amrita schließlich an die Oberfläche bringen würden, ging es ziemlich schnell voran, und das Amrita tauchte tatsächlich auf, wie in der Geschichte berichtet wird. Die Devas hatten in Wahrheit jedoch niemals die Absicht gehabt, den Asuras auch nur die geringste Menge an Amrita abzugeben. Stattdessen erhielten die dämonenartigen Asuras von ihnen etwas, das sie für Amrita *hielten*, das aber in Wirklichkeit nichts dergleichen war.

Die Sanatan Society verrät, wie diese Geschichte vor sich ging. Der Legende nach versuchten beide Seiten – die dämonische wie auch die engelhafte –, das Amrita »sofort zu ergreifen, doch die Dämonen waren die ersten. Während die beiden Parteien noch darum stritten, wer zuerst davon trinken sollte, nahm Vishnu die Gestalt von Mohini an, einer schönen Frau, und geschickt gab sie den Dämonen Varuni, also Alkohol, zu trinken, während die Götter das Amrita erhielten« (Marchand, 2016).

Die schlauen dämonischen Wesen erkannten jedoch bald, dass sie im großen Stil getäuscht worden waren. Schnell schlugen sie zurück und schafften es zunächst auch, sich den Amrit kumbh, also den Krug mit dem heißbegehrten Elixier, zu schnappen. Doch das heftige Ringen zwischen den beiden Parteien ging weiter, und so geschah es, dass eine kleine Menge Amrita verschüttet wurde und auf den Erdboden tropfte, wo daraus Minen mit kostbaren Edelsteinen entstanden. Schließlich gelang es Jayanta, einem Sohn des Himmelsgottes Indra, inmitten all dieses Chaos den Krug mit Amrita vor den Augen der Götter – sowohl der engelhaften als auch der dämonischen – zu ergreifen und damit von der Bildfläche zu verschwinden. Indra soll, nachdem er selbst aus dem Behälter getrunken hatte, das restliche Amrita an vier bestimmten Orten deponiert haben. Diese wurden für die Menschen in Indien zu heiligen Orten und spielen für die Kumbh Mela, das größte Fest im hinduistischen Glauben, eine zentrale Rolle.

»Dieses Zentrum enthält das Geheimnis ewiger Jugend«

Matt Caron berichtet etwas Faszinierendes über diese lebensverlängernde Substanz – und zwar, dass es sich um etwas Reales zu handeln scheint und nicht bloß um ein mythisches Elixier aus der Welt von Folklore, Mythologie und Legende. Caron sagt: »Dieser kostbare, Unsterblichkeit spendende Nektar soll während sehr tiefer meditativer Zustände von der Hirnanhangdrüse ausgeschieden werden und von dort in den Rachen fließen. Um die Freisetzung von Amrita aus der Hypophyse zu unterstützen, wird ein Mudra praktiziert, das als Kechari (Zungenverschluss) bekannt ist« (Caron, 2016).

Dies wiederum führt uns zu der Arbeit von Wendy Munro, die festgestellt hat, dass die Hirnanhangdrüse im Wesentlichen ein

»spirituelles und intuitives Zentrum« ist. Sie erklärt dazu: »Dieses Zentrum ermöglicht es uns, zu wissen, wann andere Menschen an uns denken. Es schenkt auch die Gabe der Prophetie und ermöglicht die Erinnerung an vergangene Leben. Visionen können in Träumen voller Vorausahnungen erfahren werden«. Nicht zuletzt sagt Munro auch, dass *»dieses Zentrum das Geheimnis ewiger Jugend enthält«* [Hervorhebung von mir] (Munro, 1999).

»Was ist das für ein Nektar?«

Eine alte buddhistische Schrift namens *Milindapanha* (»Die Fragen des Milinda«), die etwa ein Jahrhundert vor Christi Geburt entstand, enthüllt einige interessante Informationen über die Beschaffenheit von Amrita. Die in *Milindapanha* erzählte Geschichte wird im Wesentlichen in Form eines Dialogs zwischen zwei bemerkenswerten Gestalten wiedergegeben: König Menandros I. (auch Milinda genannt), der von 155 bis 130 v. Chr. in Nordindien regierte, und einem weisen Mann namens Nagasena, der aus Kaschmir stammte. An einer Stelle fragt der König Nagasena: »Verehrter Nagasena, was genau ist die Nektarwerkstatt des Buddha, des Erhabenen?« (Die Fragen von König Milinda, 2015). Dieser antwortet:

> »Auf diesen Nektar, Herr, hat der Erhabene hingewiesen. Mit diesem Nektar besprengt der Erhabene die Welt mit allen Devas; sobald die Devas und die Menschen mit diesem Nektar besprengt sind, werden sie befreit sein von Geburt, Altern, Krankheit, Tod, Kummer, Klage, Schmerz, Trauer und Verzweiflung. Was ist das für ein Nektar? Es ist Achtsamkeit, die sich auf den Körper richtet. Und auch das, Herr, wurde von Buddha, dem Gesegneten, gesagt: ›Diejenigen werden am Nektar teilhaben, die sich in Achtsamkeit gegenüber dem

> Körper über.‹ Dies, o Herr, wird als des Erhabenen Nektarwerkstatt bezeichnet.«
>
> (Die Fragen von König Milinda, 2015)

Auch wenn Zecharia Sitchin vor allem durch seine Forschungen über die Welt und die Geschichte der Anunnaki bekannt ist, führten seine Studien ihn auch zum alten Indien, wie er anmerkte, und das ist kaum überraschend. Er erklärte dazu: »Während es bereits bei den alten Griechen zahlreiche erstaunliche Verbindungslinien zwischen ihrer Theogonie und derjenigen der alten Ägypter gab, haben die europäischen Gelehrten des neunzehnten Jahrhunderts noch viel weiter entfernt – in Indien – erstaunliche Parallelen gefunden« (Sitchin, 2007).

Sitchin schrieb weiter:

> »Sobald Sanskrit, die Sprache des alten Indien, gegen Ende des achtzehnten Jahrhunderts für Europäer verständlich geworden war, ließen sie sich von Übersetzungen bisher unbekannter Werke verzaubern … Von zentraler Bedeutung innerhalb dieser Literatur waren die Veden, heilige Schriften, die nach hinduistischer Überlieferung nicht menschlichen Ursprungs waren, sondern von den Göttern selbst in einem früheren Zeitalter verfasst worden waren.
>
> Mit der Zeit wurden die verschiedenen Bestandteile der Veden und die aus ihnen hervorgegangenen Schriften (Mantras, Brahmanas, Aranyakas, Upanischaden) um die nicht-vedischen Puranas (›Alte Schriften‹) erweitert. Zusammen mit den großen epischen Erzählungen des Mahabharata und des Ramayana bilden sie die Quellen der arischen und hinduistischen Erzählungen von Himmel und Erde, Göttern und Helden.« (Sitchin, 2007)

Es ist erwähnenswert, dass das *Mahabharata* und das *Ramayana*, auf die sich Sitchin hier bezieht, von mächtigen Schlachten erzählen, die nicht nur auf dem Land, sondern auch am Himmel über Indien ausgetragen wurden. Dabei ist die Rede von Vimanas – mysteriösen Flugmaschinen, die zu unglaublichen Kunststücken fähig waren und den Kampfflugzeugen unserer eigenen Zivilisation wohl nicht unähnlich waren. Hinzu kommt die Behauptung zahlreicher Erforscher außerirdischer Szenarien, dass die Vimanas mit Atomraketen bestückt waren, die ganze Landschaften dem Erdboden gleichmachen, Städte zerstören und Millionen von Menschen töten konnten. Die Situation gleicht frappierend der Zerstörung, die die Anunnaki bei ihrem Krieg gegen ihresgleichen anrichteten. In diesem Zusammenhang sagte W. Raymond Drake, ein früher Forscher im Bereich der Prä-Astronautik:

> »Dieses wunderbare Epos, das *Ramayana*, das die große klassische Literatur der Welt inspiriert hat, fasziniert uns heute am meisten aufgrund der häufigen Anspielungen auf Luftfahrzeuge und vernichtende Bomben, die wir für Erfindungen unseres eigenen zwanzigsten Jahrhunderts halten, die in der Vergangenheit unmöglich waren. Erforscher der Sanskrit-Literatur bald ihre vorgefassten Ideen und stellten fest, dass die Helden des alten Indien offenbar mit Flugzeugen und Raketen ausgestattet waren, die ausgeklügelter waren als alles, über was wir heute verfügen.« (Drake, 1973)

Dazu schreibt David Hatcher Childress, eine Autorität auf dem Gebiet der Vimanas und ihrer Stellung in der Geschichte Indiens:

> »Gemäß alten indischen Texten hatten die Menschen Flugmaschinen, die ›Vimanas‹ genannt wurden. Das alte indische Epos beschreibt ein Vimana als ein doppelgeschossiges kreisförmiges Flugzeug mit Bullaugen und einer Kuppel, so wie wir uns eine Fliegende Untertasse vorstellen würden.«
>
> (Childress, 2003)

»*Super-Humanoide*«

In Sitchins Version der Ereignisse hatten die Anunnaki Unsterblichkeit erlangt – oder vielleicht auch nur einen Zustand, der dem ziemlich nahekam. Die Devas Indiens besaßen ebenfalls Unsterblichkeit. Devas wie auch Anunnaki werden von UFO-Forschern als Außerirdische betrachtet. Sowohl in Indien als auch in jenen Regionen des Planeten, wo die Anunnaki herrschten, finden wir Berichte und Belege, die auf erschreckende Weise an Atomkriege denken lassen. Das habe ich schon 2016 in meinem Buch *Weapons of the Gods* (»Die Waffen der Götter«) hervorgehoben, und das hat auch W. Raymond Drake vor Jahrzehnten bereits angedeutet. Dies wirft eine offensichtliche Frage auf: Wenn wir all die oben genannten Punkte betrachten, können wir dann davon ausgehen, dass die Anunnaki und die indischen Devas tatsächlich ein und dieselben Wesen waren? Möglicherweise ja.

Solch ein Szenario ergäbe sehr viel Sinn, wie ein Eintrag auf der Plattform www.AboveTopSecret.com zeigt: »Vergleicht man Texte aus den ayurvedischen Schriften mit den Übersetzungen von Zacharia Sitchin, lässt sich eine starke Ähnlichkeit zwischen den sumerischen Göttern und den Hindu-Göttern erkennen … Die alten Hindu sprachen nicht von mythischen Kreaturen oder irgendwelchen fantastischen Gottheiten, sondern von realen Wesen, Super-Humanoiden, die von den Sternen kamen, und von ihrem Zusammenwirken mit der Menschheit.« (»Were the Anunnaki alien race, the same Hindu gods???«, 2010).

Devas, Götter, Anunnaki: Sie könnten wirklich alle dieselben Wesenheiten gewesen sein.

SIEBEN

Ambrosia – die Nahrung der Götter

Wir werden vermutlich niemals sicher wissen, was das geheimnisvolle Manna, das Amrita und das weiße Pulvergold wirklich waren; was wir jedoch sagen können, ist, dass im Laufe der Geschichte viele ähnliche, das Altern verlangsamende oder gar aufhaltende Cocktails überall auf der Welt aufgetaucht sind. Und fast jeder von ihnen war mit allmächtigen, anscheinend übernatürlichen Gottheiten verbunden. Nehmen Sie zum Beispiel die legendäre Ambrosia der alten griechischen Götter. Das ist eine geheimnisumwobene Substanz, die zum ersten Mal in der Geschichte von Zeus auftaucht, dem griechischen Gott des Himmels und des Donners, der auf dem Olymp, dem höchsten Berg Griechenlands, residierte. Von dort aus regierte er über die anderen Götter, als da wären Apollo, Hermes, Poseidon, Hera, Ares, Demeter, Athene, Hephaistos, Dionysos, Artemis und Aphrodite. Da auch sie ihren Sitz auf dem Olymp hatten, wurden sie naheliegenderweise als Olympier bezeichnet. Doch wer genau waren sie?

Soweit aus den alten Mythen nachvollzogen werden kann, hatten die Olympier ihre Ursprünge in der Zeit der Titanen. In der griechischen Mythologie gab es drei Arten von Gottheiten. Die erste nannte man die Urgötter. Die dritte waren die Olympier. Dazwischen standen die Titanen. Den Titanen Rhea und Kronos ist zu verdanken, dass die Olympier geboren wurden. Dieses Paar hatte sechs Kinder, nämlich die Söhne Zeus, Poseidon und Hades sowie die Töchter Hera, Demeter und Hestia – die erste Generation der olympischen Götter.

Die inzwischen aufgegebene Webseite www.GreekGods.org erklärte dazu: »Hades sollte auf dem Olymp leben, und er hatte auch jedes Recht dazu, doch wurde ihm, als die drei Brüder nach dem Sieg über die Titanen den Kosmos unter sich aufteilten, die Herrschaft über das Reich des Todes übergeben« (»The Olympian Gods«, 2016). Und Hestia lebte nur für eine kurze Zeit auf dem Olymp. Angesichts der großen Konkurrenz um die begrenzte Zahl der Plätze entschied sich Hestia, ihren Platz aufzugeben. Deshalb wurden schließlich Zeus, Apollo, Hermes, Poseidon, Hera, Ares, Demeter, Athene, Hephaistos, Dionysos, Artemis und Aphrodite zu den olympischen Göttern.

Schauen wir uns nun die mysteriöse Ambrosia genauer an. Auf www.Loggia.com hieß es dazu noch vor einigen Jahren: »Auch wenn sich die Gelehrten über die tatsächliche Zusammensetzung von Ambrosia (als Speise oder als entsprechendes Getränk) nicht sicher sind, wird allgemein angenommen, dass ihre mythischen Zutaten in irgendeiner Verbindung zu einer süßen Leckerei standen, die Menschen zu allen Zeiten geschätzt haben: dem Honig« (»Ambrosia – Food of the Greek Gods«, 2016).

Es ist eine Tatsache, dass Honig bei den alten Griechen ein sehr beliebtes Nahrungsmittel war. Doch Ambrosia war mehr als nur Honig. Eine Untersuchung der griechischen Mythologie zeigt, dass Ambrosia denjenigen, die sie einnahmen, Unsterblichkeit zu verleihen vermochte. In der Tat soll Aphrodite, die Göttin der Liebe, in Ambrosia gebadet haben, um sich für ihre Verführungskünste ein jugendliches Aussehen zu erhalten.

Die »Raumfahrer« des antiken Griechenland

Im Jahr 1976 sagte W. Raymond Drake, der eine Reihe von Büchern über mutmaßliche Alien-Besuche auf der Erde während der Zeit der Antike geschrieben hat:

> »Die faszinierendsten Erzählungen von Raumfahrern erstrahlen nicht in unserer kalten Science-fiction, sondern in jenen farbenfrohen, leidenschaftlichen Geschichten, die vor langer Zeit im antiken Griechenland erzählt wurden und die klassischen Dichter der Antike zu ihren großartigen Werken inspirierten. Die Griechen, die von der Schönheit und Vollkommenheit der wundersamen Schöpfung beeindruckt waren, beschrieben das Universum als ›Kosmos‹, was auch ›Schmuck‹ bedeutet, und erwiesen der erhabenen Pracht des Himmels und der Erde, die die Götter für sie geschaffen hatten, ihre Ehrfurcht.« (DRAKE, 2011)

Über zwanzig Jahre später wurde die Frage nach Drakes »Raumfahrern« und den alten Griechen noch immer diskutiert. Im Jahr 2000 schrieb Erich von Däniken – wahrscheinlich die bekannteste Person im Bereich der Prä-Astronautik – ein Buch mit dem Titel *Im Namen von Zeus*. In diesem Buch stellt von Däniken die Theorie auf, dass die Götter des antiken Griechenlands Außerirdische waren, die vor Tausenden von Jahren unsere Welt zum ersten Mal betraten. Unter Berufung auf archäologische Daten und die Schriften der antiken Griechen, darunter die des berühmten Philosophen Aristoteles, präsentiert von Däniken eine Theorie, die davon ausgeht, dass die sogenannten Götter Griechenlands sich mit Menschen gepaart, »genetische Experimente durchgeführt und ›mythische‹ Kreaturen wie Zentauren und Zyklopen gezeugt« hätten. Von Däniken stellte außerdem die These auf, dass die Orakelstätte von Delphi eine Tankstelle für Flugzeuge war, dass Jasons berühmte und legendäre Suche nach dem Goldenen Vlies in Wahrheit die Suche nach einem »wichtigen Flugzeugteil« war und dass die Stadt Troja »in einem Krieg zwischen Außerirdischen oder ihren Nachkommen« zerstört wurde (von Däniken, 2000).

Ambrosia, Amalthea und das Atlasgebirge

Die griechische Mythologie ist voll mit Geschichten von Göttern, die Superhelden ähneln. Sie ist auch voller Erzählungen über Götter mit endloser Lebensspanne, die klare und unleugbare Anklänge an Außerirdische aufweisen. Zum Beispiel berichtet die griechische Sage davon, dass es eine Zeit gegeben hat, bevor die Götter der Griechen die Ambrosia kannten. Doch auch in jener Epoche verfügten sie bereits über ewiges Leben. Von der vorambrosischen Zeit heißt es, dass die Götter damals die Seelen – die Lebenskraft oder die Essenz – ihrer erschlagenen Feinde durch die Nase einatmeten und dadurch ewiges Leben erlangten.

Die Frage nach der unsterblichen Seele und ihrer Beziehung zum Atem und zur Nase betrifft nicht nur die griechischen Götter, sondern geht weit darüber hinaus.

Im Jahr 1890 sagte Sir James George Frazer:

> »Die Seele soll gewöhnlich durch die natürlichen Öffnungen des Körpers, insbesondere Mund und Nase, entweichen. Daher befestigen sie auf Celebes [einer indonesischen Insel östlich von Borneo, jetzt Sulawesi genannt] manchmal Angelhaken an der Nase, am Nabel und an den Füßen eines kranken Menschen, so dass seine Seele, wenn sie versuchen sollte zu entkommen, gefangen und festgehalten werden kann. Und ein Turik vom Fluss Baram in Borneo weigerte sich einmal, sich von einigen hakenartigen Steinen zu trennen, weil er glaubte, dass sie seine Seele sozusagen an seinem Körper be-

> festigten und dadurch verhinderten, dass sich sein geistiger Teil von der Materie löste. Wenn bei den Dayak ein Zauberer oder Medizinmann initiiert wird, werden seine Finger mit Angelhaken versehen, mit denen er dann die menschliche Seele beim Entweichen festhalten und dem Körper des Leidenden wieder zuführen kann. Haken können sowohl dafür verwendet werden, die Seelen von Feinden zu fangen, als auch die von Freunden.« (FRAZER, 1890)

Solche Geschichten sollten natürlich nicht wörtlich genommen werden. Wie wir später sehen werden, gibt es jedoch tiefschürfende und zuweilen äußerst verstörende Berichte über die Rolle, die der menschlichen Seele in der Geschichte außerirdischer Unsterblichkeit zukommt.

Die griechischen Götter unterschieden sich jedenfalls deutlich von gewöhnlichen Sterblichen. Abgesehen davon, dass sie unsterblich waren, strömte durch ihren Körper kein Blut. Stattdessen floss etwas in ihren Adern, das sie Ichor nannten. Dies war eine *goldfarbene Flüssigkeit*, die für den Menschen tödlich giftig war, die aber von den verjüngenden Aspekten der Ambrosia beherrscht wurde. Es lohnt sich, die Möglichkeit zu erwägen, dass die Sage von dieser goldfarbenen Flüssigkeit ihren Ursprung in verzerrten Geschichten über weißes Pulvergold hatte.

Was die Ambrosia angeht, so taucht sie bereits in einer Legende rund um den neugeborenen Zeus auf. Zeus hatte nämlich Glück, dass er die Zeit nach seiner Geburt überlebte: Sein Vater Kronos – der Herrscher über jene göttlichen Wesenheiten, die als Titanen bekannt sind – hatte von den Gottheiten Uranus und Gaia erfahren, dass er von einem seiner Söhne vom Thron gestürzt werden würde. Und so verschlang er alle seine männlichen Nachkommen in dem Moment, in dem sie geboren wurden. Nicht gerade ein idealer Vater.

Zeus entging diesem Schicksal nur durch Glück. Seiner Mutter, einer Titanin namens Rhea, gelang es, ihn auf den Berg Ida – den Berg der Göttin – zu schmuggeln, wo er von der Ziege Amalthea mit Milch gesäugt und mit Nektar und Ambrosia gefüttert wurde. In anderen Versionen der Geschichte wurde Zeus entweder von Gaia selbst oder von einer Nymphe namens Amalthea aufgezogen, die von Rhea in eine Ziege verwandelt wurde.

Nymphen altern als Naturgeister niemals und können dem Tod normalerweise aus dem Weg gehen. Ziemlich bemerkenswert ist, dass Ambrosia angeblich in einem magischen Garten, der von einer Gruppe altersloser Nymphen, den Hesperiden, bewacht und gehegt wird, besonders reichlich vorhanden ist. Die Hesperiden wohnen im Atlasgebirge, einer rund 2.500 Kilometer langen Gebirgskette in Nordwestafrika.

Der faszinierende Adler

Der Sage nach ernährte sich auch der erwachsene Zeus von Nektar und Ambrosia, was sicherstellte, dass er niemals sterben würde. Nektar – die Nahrung der Götter – wurde von einem Schwarm weißer Tauben überbracht, während Ambrosia interessanterweise von einem riesigen Adler stammte. Es handelte sich dabei um einen Adler mit glänzenden Flügeln, der mit unglaublicher Geschwindigkeit den Himmel durchmaß.

Aus heutiger Sicht erinnert der »Adler«, der angeblich auf dem göttlichen Olymp landete, um dort die begehrte Ambrosia zu liefern, eher an irgendein hochentwickeltes Fluggerät oder sogar an ein Raumschiff als an einen riesigen Vogel.

Außerdem passen Zeus und der Adler hundertprozentig zusammen: »Der Aetos Dios war ein riesiger goldener Adler, der als persönlicher Botschafter und tierischer Begleiter des Zeus diente. Einigen Darstellungen zufolge war er einst ein sterblicher König namens Periphas gewesen, dessen tugendhafte Herrschaft so gefeiert wurde, dass er wie ein Gott geehrt wurde« (»Aetos Dios«, 2016).

Die Ferse des Achilles und die Welt der Ambrosia

Die Ambrosia verschaffte denen, die sie einnahmen, nicht nur Unsterblichkeit. Ihr wurde auch die erstaunliche Fähigkeit nachgesagt, die Haut zu verjüngen, vernarbtes und beschädigtes Gewebe zu heilen und sicherzustellen, dass der Körper stets frei von Krankheiten und Leiden blieb.

Sie taucht sogar in der bekannten Geschichte vom Tod des Achilles auf, einem Krieger, der eine wichtige Rolle im Trojanischen Krieg von 1260 bis 1180 v. Chr. spielte. Seine Mutter,

»Der Triumph des Achilles«, Gemälde von Franz Matsch (1892, Wikimedia Commons)

Thetis, war eine sagenhafte Meernymphe, während sein Vater, Peleus, über die Myrmidonen herrschte – ein mächtiges Kriegervolk, dessen Heldentaten in Homers klassischer Dichtung, der *Ilias*, aufgezeichnet sind.

Thetis, selbst eine nahezu unsterbliche Nymphe, wollte unbedingt dafür sorgen, dass auch Achilles ein ewiges Leben beschieden sein würde. Zu diesem Zweck goss sie täglich einen großen Krug Ambrosia über ihrem geliebten neugeborenen Baby aus. Die Ambrosia wurde dabei durch die Haut aufgenommen und sollte Achilles Unsterblichkeit verleihen. Allerdings wurde er dadurch nur *fast* unsterblich. Denn Thetis tat etwas, was sich später als verhängnisvoller und irreversibler Fehler herausstellen sollte. Beim regelmäßigen Baden ihres Sohnes goss Thetis nämlich die magische Flüssigkeit mit einer Hand über ihn, während sie ihn mit ihrer anderen Hand an einem seiner Fußgelenke festhielt. Thetis' Griff sorgte dafür, dass dieser eine Teil von Achilles' Körper niemals mit Ambrosia benetzt wurde. Im Trojanischen Krieg erwies sich dies als tödlich für ihn. Paris, der Sohn von Priamos und Hekabe, des Königs und der Königin von Troja, traf, wie es heißt, mit einem giftigen Pfeil Achilles' Fußknöchel – seine einzige Schwachstelle –, was seinen unausweichlichen Tod zur Folge hatte; daher der häufig gebrauchte Ausdruck »Achillesferse«.

Auch hier finden wir also wieder Hinweise auf mächtige Götter im Besitz besonderer Elixiere, die ihnen ewiges Leben schenkten – oder, wie im Fall von Achilles, *beinahe* ewiges Leben. Wie so viele alte Legenden und Mythen erscheinen auch die Geschichten um Zeus und die Ambrosia in ihrer überlieferten Form kaum glaubhaft. Dass hinter diesen Erzählungen so manch bedeutsame Wahrheiten zu finden sein mögen, ist jedoch durchaus denkbar.

»Der Jungbrunnen«, Gemälde von Lucas Cranach (1546, Wikimedia Commons)

Ein Jungbrunnen

In diesem Zusammenhang sollte angemerkt werden, dass die Legenden rund um Ambrosia an die Geschichten erinnern, die sich um den sogenannten Jungbrunnen ranken und dabei mehrere Jahrtausende umspannen.

Eine der berühmtesten dieser Geschichten betrifft das Volk der Makrobier (»Langlebende«), eine legendäre Volksgruppe im östlichen Äthiopien (wobei die Bezeichnung »Äthiopien« in der Antike für das südlich von Ägypten gelegene Land am Nil verwendet wurde). Vielleicht ist es nicht ohne Bedeutung, dass die Quelle dieser Geschichte ein griechischer Historiker aus dem fünften Jahrhundert namens Herodot war. Herodot berichtet also, dass der König der Makrobier und sein Volk »hundertzwanzig Jahre alt wurden, wobei einige dieses Alter sogar noch übertrafen. Sie aßen gekochtes Fleisch und hatten als Getränk nichts als Milch« (Rawlinson, 1875). Ihre Nachbarn in der angrenzenden Küstenregion waren die Ichthyophagen (»Fischesser«).

Einer 1875 erschienenen Ausgabe der *History of Herodotus*, herausgegeben von Sir Henry Creswicke Rawlinson und John Gardner Wilkinson, können wir Folgendes entnehmen:

> »Als die Ichthyophagen sich über die hohe Zahl der Jahre wunderten, führte [der König] sie zu einem Brunnen, und nachdem sie sich darin gewaschen hatten, wurde ihr Fleisch glänzend und geschmeidig, als ob sie in Öl gebadet hätten – und ein Geruch wie von Veilchen ging von dem Brunnen aus. Das Wasser war so weich, sagten sie, dass nichts darin schwimmen würde, weder Holz noch irgendeine leichtere Substanz, sondern alles sänke zu Boden. Wenn der Bericht über diesen Brunnen wahr ist, dann wäre es wohl die andauernde Verwendung seines Wassers, die sie so langlebig macht.«
>
> (Rawlinson, 1875)

Dies klingt ganz ähnlich wie die letztlich tragische Geschichte von Achilles, der als Säugling in Ambrosia gebadet wurde, um den Alterungsprozess abzuwenden.

Geheimnisse des Ostens

Nun ist es an der Zeit, unsere Aufmerksamkeit China zuzuwenden, wo Gottheiten, Götter oder auch Außerirdische ebenfalls einen bedeutenden Einfluss auf die Bevölkerung hatten. Zu diesen besonderen Figuren zählten Shangdi, die höchste Gottheit, sowie Yu Di, der Jadekaiser.

Vom Jadekaiser heißt es: »Gemäß der chinesischen Volksreligion ist der Jadekaiser der oberste Herrscher über den Himmel und den Hades sowie der Beschützer der Menschheit und die höchste Gottheit des taoistischen Pantheons. Seit dem neunten Jahrhundert war er der Schutzgott der chinesischen Kaiserfamilie« (»Taoist Deities/Gods«, 2006).

Gemäß der chinesischen Mythologie regelte der Jadekaiser von seinem Palast im Himmel aus alle himmlischen und irdischen Angelegenheiten. Vor allem aber verfügte er über einen Zustand der Unsterblichkeit.

Von der Alchemie zur Unsterblichkeit

Dass die Götter Chinas Unsterblichkeit erlangten oder als Unsterbliche erschaffen worden waren, führte unweigerlich dazu, dass auch das chinesische Volk danach strebte, ewig zu leben. Daniel Appel sagt zu diesem Thema: »Chinesische Alchemisten haben jahrhundertelang versucht, wirksame Lebenselixiere zu entwickeln. Häufig wurden sie vom Kaiser dazu beauftragt und experimentierten mit Dingen wie Quecksilber, Gold, Schwefel und Pflanzen. Die Formel für Schießpulver – Schwefel, Salpeter und Kohle – entsprang einem solchen Experiment mit einem Unsterblichkeitselixier« (Appel, 2014). Er erklärt außerdem, dass alte chinesische Handschriften auf einen »Pilz der Unsterblichkeit« verweisen, der »ein wichtiger Bestandteil des Lebenselixiers« gewesen sein soll (Appel, 2014).

Diese Versuche, Unsterblichkeit zu erlangen, mögen ihr Ziel vielleicht nicht erreicht haben, doch gab es mit Sicherheit ein Vorbild, das die alten Chinesen auf die Idee der Suche nach Unsterblichkeit brachte. Es ist bemerkenswert und mit ziemlicher Sicherheit kein Zufall, dass das chinesische Volk seit Jahrtausenden von der Idee besessen war, ein entsprechendes Gebräu zu entwickeln, denn sie wussten, dass ihre Götter sich eines Tranks bedienten, der ihnen Unsterblichkeit schenkte. Zu den Zutaten zählten unter anderem: Zinnober, eine giftige Quecksilberverbindung; Jade; und unser alter Bekannter, das Gold.

Man kann in diesem Zusammenhang nicht ignorieren, dass all diese Verweise auf Gold und Unsterblichkeit eindeutig Parallelen zur Geschichte von den Anunnaki und dem weißen Pulvergold sowie zur Geschichte von Moses und dem goldenen Götzen der Israeliten aufweisen. Wieder einmal sehen wir, wie sich die Geschichten, Mythen und Volksüberlieferungen ganz unterschiedlicher Kulturen und Länder auf die Unsterblichkeit von Göttern/Außerirdischen beziehen. Und wieder treffen wir auf die verzweifelten Versuche von Menschen betrifft, ihren Wegen zu folgen und den Code des ewigen Lebens zu knacken.

Das chinesische Streben nach Unsterblichkeit entbehrt jedoch nicht einer gewissen Ironie: »Für die Philosophen Chinas war nichts wertvoller als das Leben. Deshalb suchten chinesische Alchemisten unermüdlich nach einem Trank oder einem Lebenselixier, das Unsterblichkeit gewähren würde. Viele Alchemisten starben jedoch an den oft tödlichen Tränken, die sie gebraut hatten« (»Ancient Chinese Alchemists and their Search for Immortality«, 2016).

Wie wir später noch sehen werden, gibt es einige Belege dafür, dass gewisse Kreise im innersten Zentrum der Regierung auch heute noch heimlich am Experimentieren sind. Und sie suchen noch immer genauso verzweifelt nach Antworten wie die längst entschwundenen Seelen der vergangenen Jahrtausende.

ACHT

Immerwährendes Leben im Alten Ägypten

Wir wollen uns nun den Zusammenhängen zwischen Themen wie Manna, Langlebigkeit, Anunnaki und Überwindung des Todes in der Kultur des Alten Ägypten widmen.

Im *Ägyptischen Totenbuch* taucht immer wieder eine ziemlich rätselhafte Formulierung auf. Es geht um drei einfache Worte: »Was ist es?« Auf ägyptischen Papyri ist zu lesen: »Ich bin gereinigt von allen Unvollkommenheiten. Was ist es? Ich steige auf wie der goldene Falke Horus. Was ist es? Ich gehe an den Unsterblichen vorüber, ohne zu sterben. Was ist es? Ich trete vor meinen Vater im Himmel. Was ist es?« (»ORMUS: The Elixier of Life«, 2016).

Die Antwort lautet, dass dieses »Was ist es?« sich auf nichts anderes als Manna bezieht. Das belegt, dass die Ägypter ebenso wie die Israeliten mit dieser lebenspendenden und vielleicht sogar Unsterblichkeit verleihenden Substanz vertraut waren, einer Substanz, die in der gesamten antiken Welt bekannt war und im Alten Testament wie auch in frühen ägyptischen Texten ihre Spuren hinterlassen hat.

Es lohnt sich auch, den folgenden Text zur Kenntnis zu nehmen, der aus der Bibliothek von Alexandria stammt und eine Verbindung zwischen ägyptischem Manna und weißem Pulvergold herstellt, wobei letzteres in der Frage nach der Unsterblichkeit der Anunnaki eine wichtige Rolle spielt: »Das weiße Pulver aus Gold kann vieles sein … In der Wissenschaft entspricht das weiße Pulvergold dem ORME – Gold (oder irgendein anderes Edelmetall) in einer monoatomaren Form –, das in einem organischen Körper zu Supraleitfähigkeit führen kann« (Ward, 2003).

Wie wir nachfolgend sehen werden, waren die Ägypter definitiv besessen von Themen rund um Leben, Tod, Jenseits und dem Bestreben, sich den Tod so weit wie möglich vom Leibe zu halten.

Die Ägypter und die Seele

Brad Steiger erklärt:

> »Als frühe Religionen zu lehren begannen, dass es in jedem Menschen einen Geist gibt, der möglicherweise eines Tages zu seinem irdischen Wohnsitz zurückkehren möchte, wurde es immer wichtiger, nach dem Tod eines Menschen alle Anstrengungen zu unternehmen, um den Körper zu erhalten. Die Begräbniszeremonien, die ursprünglich nur dazu gedacht waren, sich der Toten zu entledigen, wurden zu Methoden, um den physischen Körper als Heimstatt des Geistes zu bewahren, wenn er für eine Wiedergeburt oder eine Zeit des Gerichts zurückkehrt.« (Steiger, 2010)

Wahrscheinlich gibt es für diese Entwicklung kein besseres Beispiel als den Glauben im Alten Ägypten. Aufgrund seiner gleichbleibend hohen Temperaturen und seiner trockenen Atmosphäre war Ägypten ein idealer Ort für die Einbalsamierung von Leichen. Es waren die Mächtigen, die Könige und die Elite, die zur Mumifizierung auserkoren waren. Der Prozess war kompliziert: Sowohl die Eingeweide als auch das Gehirn wurden dem Körper sorgfältig entnommen. Der leere Schädel und die Bauchhöhle wurden mit duftendem Salböl gewaschen. Die Leiche wurde einen guten Monat lang mit Natron getrocknet. Anschließend füllte man die Körperhöhlen mit unterschiedlichen Stoffen auf und wickelte den Leichnam in Stoffbahnen ein, bevor er in einen speziell dafür angefertigten Sarkophag gelegt wurde.

Alle nur erdenklichen Dinge, die man im Jenseits möglicherweise gebrauchen konnte, wurden in unmittelbarer Nähe der Mumie im Grab deponiert. Dazu zählten unter anderem Speere und Schwerter (um Diebe abzuwehren, die den heiligen Bezirk zu plündern versuchten) sowie Speisen, Teller und Tassen, damit die Toten essen und trinken konnten.

Was die Seele des Toten betrifft, gab es für die Ägypter – wie auch in anderen antiken Religionen – zwei Aspekte, die mit ihr verbunden waren. Da war einerseits der Ba, welcher der Seele der christlichen Lehre am nächsten kommt. Interessanterweise wurde bei der Mumifizierung sorgfältig darauf geachtet, dass Mund, Augen, Nase und Ohren offen und nicht blockiert waren. Dies sollte es dem Ba ermöglichen, zu dem Körper zurückzukehren, in dem er einst gewohnt hatte. Und dann gab es noch den Ka, den Brad Steiger als »eine Art geisterhaften Doppelgänger« beschreibt, »der jedem Einzelnen im Moment der Geburt mitgegeben wurde. Wenn die Person starb, begann der Ka ein von ihr getrenntes Dasein zu führen, auch wenn er immer noch dem Körper ähnelte, den er früher besetzt hatte, und er brauchte immer noch Nahrung für sein leibliches Wohl« (Steiger, 2010).

Dass die Ägypter so viel Zeit aufwandten, um sicherzustellen, dass ihre Könige und Königinnen sowie die Mächtigen, denen sie huldigten, physisch gut erhalten blieben, hat zu der Theorie geführt, dass sie damit ihre Götter ehrten, die niemals alterten und sich niemals wandelten – und dass sie ihr Bestes taten, um diesen nachzueifern. Das erinnert an die Anunnaki, deren physische Erscheinung für Hunderttausende von Jahren unveränderlich blieb. Wie wir bald sehen werden, gibt es tatsächlich etliche Hinweise auf direkte Verbindungen zwischen den Anunnaki und dem ägyptischen Volk.

Künstliche Befruchtung im alten Ägypten?

Zecharia Sitchin bemerkte, dass sowohl das *Ägyptische Totenbuch* als auch die sogenannten Pyramidentexte – letztere wurden an den Wänden der Sakkara-Pyramiden aus der Zeit um 2400 v. Chr. gefunden – »beschreiben, wie der tote, einbalsamierte und mumifizierte Pharao darauf vorbereitet wurde, sein Grab (das nur als vorübergehender Ruheplatz galt) durch eine Scheintür auf der Ostseite zu verlassen und seine Reise ins Jenseits anzutreten. Es wurde angenommen, dass diese Reise derjenigen des auferstandenen Osiris zu seinem himmlischen Thron in der Ewigen Heimat folgte« (Sitchin, 1998).

Osiris, auf den sich Sitchin hier bezieht, war nicht nur der ägyptische Gott des Jenseits, sondern auch der Gott der Regeneration, was eine faszinierende Zuordnung für diese legendäre Gottheit ist. Dieser Titel deutet stark darauf hin, dass den Ägyptern mehr oder weniger (und vielleicht sogar umfassend) bewusst war, dass der Tod vermieden werden kann und die Geheimnisse der Unsterblichkeit in den Händen der allmächtigen Götter ruhen – oder, genauer gesagt, in den Händen einer alten außerirdischen Rasse von einem Planeten namens Nibiru, die über eine weit fortgeschrittene regenerative Technologie verfügte.

Sitchin stellte fest, dass Osiris' Auferstehung »mit einem weiteren Wunder verbunden war«, nämlich der Geburt von Horus, dem Sohn des Osiris. Sitchin merkte außerdem an, dass Isis, die

Gemahlin des toten Pharaos, die besondere Unterstützung einer Gottheit namens Thoth erhielt. Diese Unterstützung bezog sich speziell auf den Prozess, »den zerstückelten Osiris zusammenzufügen und sodann die ›Essenz‹ des Osiris aus seinem zerstückelten, toten Körper zu extrahieren und sich damit künstlich zu befruchten. Es gelang ihr auf diese Weise, schwanger zu werden, und sie gebar einen Sohn, Horus« (Sitchin, 1998).

Dieser von Sitchin beschriebene und aus den jahrtausendealten ägyptischen Texten abgeleitete Vorgang klingt erstaunlich nach dem, was wir heute als In-Vitro-Fertilisation bezeichnen. Die Mayo-Klinik sagt über den IVF-Prozess: »Die In-Vitro-Fertilisation (IVF) ist eine komplexe Reihe von Verfahren zur Behandlung von Fruchtbarkeits- oder genetischen Problemen und hilft bei der Empfängnis eines Kindes. Während der IVF werden reife Eier aus den Eierstöcken gesammelt und in einem Labor mit Sperma befruchtet« (»In vitro fertilization [IVF]«, 2016).

Horus, der »Rächer«

Im weiteren Verlauf der Geschichte stellt sich heraus, dass Isis alle Informationen über die Geburt und die Existenz ihres Sohnes Horus vor ihrem Bruder Seth, einer weiteren wichtigen Gestalt der ägyptischen Überlieferung, bewusst zurückhielt. Seth war eine ägyptische Gottheit der Stürme und der Wüste. Er begehrte seine Schwester Isis, und nach dem Tod von Osiris versuchte er, mit ihr Geschlechtsverkehr zu haben, um ein Kind mit ihr zu zeugen, das sein Erbe sein sollte. Glücklicherweise konnte Isis Seths Fängen entkommen und heimlich in den Sumpf zurückkehren, in dem sie zuvor den jungen Horus versteckt hatte.

Hier bahnte sich jedoch eine weitere Tragödie an: Nachdem sie den Ort erreicht hatte, an dem sie Horus sorgsam verborgen hatte, wurde Isis von großer Trauer überwältigt, als sie entdeckte, dass er dem tödlichen Stachel eines giftigen Skorpions erlegen war. Aber vielleicht gab es einen Weg, das Unglaubliche zu tun und Horus aus dem Reich der Toten zurückzuholen? Das wäre nichts Geringeres als eine echte Auferstehung. Die trauernde, verzweifelte Mutter flehte Thoth an, ihrem Sohn zu helfen. Nach den alten Texten geschah genau das:

> »Da sandte Isis einen Schrei zum Himmel empor und richtete ihren Ruf an das Boot der Millionen Jahre, und Thoth stieg herab; er war mit magischen Kräften ausgestattet und besaß die große Macht, das Wort in die Tat umzuwandeln. Und er sagte zu Isis: Ich bin heute im Boot der Himmelsscheibe von dem Ort gekommen, wo es gestern war. Wenn die Nacht beginnt, wird dieses Licht [das Gift] vertreiben und Horus heilen. Ich bin vom Himmel gekommen, um das Kind für seine Mutter zu retten.« (SITCHIN, 1998)

Ins Leben zurückgekehrt und erstaunlicherweise so gut wie neu erschaffen, machte sich Horus daran, zum Rächer zu werden. Sobald er zum Mann herangewachsen war, begann er Seth in heftige, endlose Kämpfe zu verwickeln. Ihr Streit gipfelte schließlich in einem direkten Zweikampf, bei dem Seth und seine Krieger von Horus gefangengenommen und vor Ra, den ägyptischen Sonnengott, gebracht wurden, der über ihr Schicksal entscheiden sollte. Ra drehte jedoch den Spieß um und erklärte, dass die Entscheidung allein Isis und Horus überlassen sein solle. Trotz all der Kämpfe konnte Isis sich nicht dazu überwinden, Seths Hinrichtung zu befehlen, was Horus so erzürnte, dass er ein scharfes Schwert ergriff und seine Mutter auf der Stelle mit einem mächtigen Hieb enthauptete. Den alten Legenden zufolge griff Thoth jedoch wiederum rasch ein, und es gelang ihm tatsächlich, Isis' Kopf wieder an seine Stelle zu setzen und sie ins Leben zurückzuholen – eine Vorgehensweise, die Thoth anscheinend zuvor bereits erfolgreich an einer Gans erprobt hatte!

Diese Geschichte klingt ziemlich fantastisch und unwahrscheinlich. Es sollte jedoch angemerkt werden, dass die meisten Sagen zumindest eine *gewisse* Grundlage in der Realität haben.

Und es ist eine Tatsache, dass unsere medizinische Technologie inzwischen auf einem Weg ist, der uns vielleicht bald ähnliche Kunststücke erlauben wird wie die erstaunliche und wunderbare Heilung der Isis durch Thoth.

Aufbruch in die Zukunft

Im Jahr 2016 berichtete *Newsweek* in einem sensationellen Artikel mit dem Titel »Doctor Ready to Perform First Human Head Transplant« (»Arzt bereit zur ersten Kopftransplantation beim Menschen«), dass »der italienische Neurochirurg Sergio Canavero in zwei Schritten eine Kopftransplantation bei einem Menschen durchführen wird«. *Newsweek* weiter: »Vor drei Jahren kündigte Canavero, heute 51, […] an, dass er in der Lage sein würde, eine Kopftransplantation vorzunehmen, und zwar in einem zweistufigen Verfahren, das er als Heaven (**He**ad **A**nastomosis **Ven**ture) und Gemini (die anschließende Rückenmarksfusion) bezeichnet« (Urken, 2016).

Einer derjenigen, die sich einem solchen bahnbrechenden Verfahren unterziehen wollten, war Valery Spiridonov. Der Russe hatte einen sehr gut nachvollziehbaren Grund, sich auf solch ein Wagnis einzulassen: Er litt an spinaler Muskelatrophie (Morbus Werdnig-Hoffmann), die dazu führt, dass die Muskeln des Körpers immer mehr verkümmern. Mit anderen Worten: Während der Kopf kaum beeinträchtigt ist, baut der Körper nach und nach immer mehr ab. Aus diesem Grund wäre er ein idealer Kandidat für die Übertragung eines gesunden Kopfes von einem dahinschwindenden auf einen neuen, gesunden Körper.

Der britische *Guardian* schaltete sich daraufhin mit einem kritischen Bericht in die öffentliche Diskussion um Canaveros Pläne ein: »Kopftransplantationen wurden schon früher versucht – an russischen Welpen in den 1950er Jahren, an einem amerikanischen Affen in den 1970er Jahren und an Hunderten von chinesischen Mäusen zwischen 2013 und 2014. Die Welpen lebten weniger als eine Woche, der Affe etwas länger. Die Mäuse überstanden die Operation für etwa einen Tag.«

Wie der *Guardian* auch erklärte, kam es bei der Operation an den Hunden, Mäusen und Affen nicht so sehr darauf an, dass die Tiere (kurz- oder langfristig) überlebten, sondern es ging darum, zu zeigen, dass ein solches Verfahren zumindest machbar ist – was für die Tiere, die für die Experimente ausgewählt wurden, natürlich bedauerlich war (Lamont, 2015).

Die Zeit mag zeigen, ob es Canavero gelingen wird, etwas zu erreichen, was dem sehr ähnlich ist, was Thoth vor Tausenden von Jahren im Zentrum Ägyptens höchstwahrscheinlich an Isis vollbracht hat.

Thoth und Quetzalcoatl: Ein und derselbe?

Wenn es Thoth tatsächlich gelungen sein sollte, die Köpfe sowohl einer Frau als auch einer Gans erfolgreich wieder an ihre Stelle zu setzen, muss die Frage gestellt werden: Wer genau war Thoth? War er eine übernatürliche Gottheit mit der Fähigkeit, das scheinbar Unmögliche möglich zu machen? Oder war Thoth vielleicht ein hochqualifizierter Wissenschaftler – einer, der vor Hunderttausenden von Jahren in einer anderen Welt geboren wurde und die Fähigkeit besaß, den Tod umzukehren und unglaubliche medizinische Wunderwerke zu vollbringen? Zecharia Sitchin vermutete stark, dass letzteres der Fall war. Er behauptete, Thoth als Ningišzida identifiziert zu haben, der nach der sumerischen Lehre der Sohn Enkis und damit eine der mächtigsten Gestalten in der Geschichte der Anunnaki war. Laut Sitchin war Thoth/Ningišzida der »Hüter der göttlichen Geheimnisse der exakten Wissenschaften, nicht zuletzt der Geheimnisse der Genetik und der Biomedizin, die seinem Vater Enki zur Zeit der Erschaffung des Menschen gut gedient hatten« (Sitchin, 1998). Dieses Wissen wurde zweifellos von den Anunnaki genutzt, wenn es um die Frage der Unsterblichkeit ging.

Kontrovers diskutierte Andeutungen machte Sitchin auch dahingehend, dass Thoth/Ningišzida mit Quetzalcoatl identisch gewesen sein könnte. Gemäß der mittelamerikanischen Mythologie war Quetzalcoatl ein unglaublich fortgeschrittenes Wesen, das Fähigkeiten besaß, die die Menschen jener Zeit ganz sicher als göttlich interpretierten (»Quetzalcoatl«, 2014). Diese göttlichen Befähigungen bestanden jedoch wahrscheinlich in einer Wissenschaft und einer Technologie, die auch das Vorstellungsvermögen der Menschheit des einundzwanzigsten Jahrhunderts übersteigen würden, ganz zu schweigen von den Menschen vor Jahrhunderten und Jahrtausenden.

Die aztekische Geschichte erzählt, dass Quetzalcoatl, der erstmals irgendwann zwischen 100 v. Chr. und 100 n. Chr. in jener Gegend auftauchte und Einfluss ausübte, sein Möglichstes tat, um Mittelamerika Zivilisation, Technologie und eine neue Ordnung zu bringen. Sein Name bedeutet übersetzt »gefiederte Schlange«; daher lautet der Name einer bemerkenswerten Struktur, die in Teotihuacan, nur eine kurze Fahrt von Mexiko City entfernt, zu finden ist und um 100 v. Chr. erbaut wurde, der »Tempel der gefiederten Schlange«. Zugegebenermaßen gibt es eine gewisse Kontroverse darüber, zu welchem Zeitpunkt Quetzalcoatl zum ersten

Mal auftauchte, denn lange bevor er auf der Bildfläche erschien, und zwar schon um 900 v. Chr., verehrten die Mittelamerikaner *andere* Schlangengötter, vor allem im heutigen mexikanischen Bundesstaat Tabasco.

Alessandro Demontis erklärt angesichts dieser Kontroverse, sowohl in Bezug auf Ningišzida als auch auf Quetzalcoatl, dass es »mythologische Gemeinsamkeiten gibt, wie die zentrale Rolle, die beiden Gottheiten im Prozess der Erschaffung und Unterweisung der Menschheit zugeschrieben wird. Ningišzida war ein friedfertiger Gott, der in Form zweier ineinander verschlungener Schlangen dargestellt wurde; in menschlicher Form hatte er zwei gehörnte Schlangen bei sich, die sich von seinen Schultern erhoben« (Demontis, 2009).

Bemerkenswerterweise, und wiederum mit einem Hinweis auf die Beziehungen zwischen zahlreichen berühmten Gestalten und Gottheiten früherer Zeiten, sagte Sitchin, dass es »zweifellos eine Verbindung zwischen Quetzalcoatl und den ›verschlungenen Schlangen‹/Ningišzida sowie der kupfernen Schlange gab, die Moses einsetzte, um eine Seuche abzuwehren, die zahllose Israeliten während des Exodus dahingerafft hatte« (Sitchin, 1998). Wie wir bereits gesehen haben, retteten die Anunnaki während des Exodus unzählige Israeliten, indem sie ihnen nahezu unbegrenzte Mengen an Manna zur Verfügung stellten.

Wohin führt uns das alles?

Nun, es führt uns zu einem alten Volk, den Ägyptern, die an die menschliche Unsterblichkeit glaubten – wenn auch in weitgehend vergeistigter, ätherischer Form – und die fest entschlossen waren, ihre Toten durch Mumifizierung in einem alterslosen Zustand zu erhalten, genau wie ihre Götter, die sie so sehr verehrten und fürchteten. Dass Zecharia Sitchin eine Verbindung zwischen den Anunnaki und den ägyptischen Göttern andeutete – dass sie von ihm sogar als miteinander identisch wahrgenommen wurden –, ist noch ein weiterer Hinweis darauf, dass es der Aspekt der Unsterblichkeit beziehungsweise der ausgedehnten Lebensspanne der Anunnaki war, der die Ägypter veranlasste, sich so intensiv darum zu bemühen, den Göttern nachzueifern und eine Art von unendlichem Dasein zu erreichen.

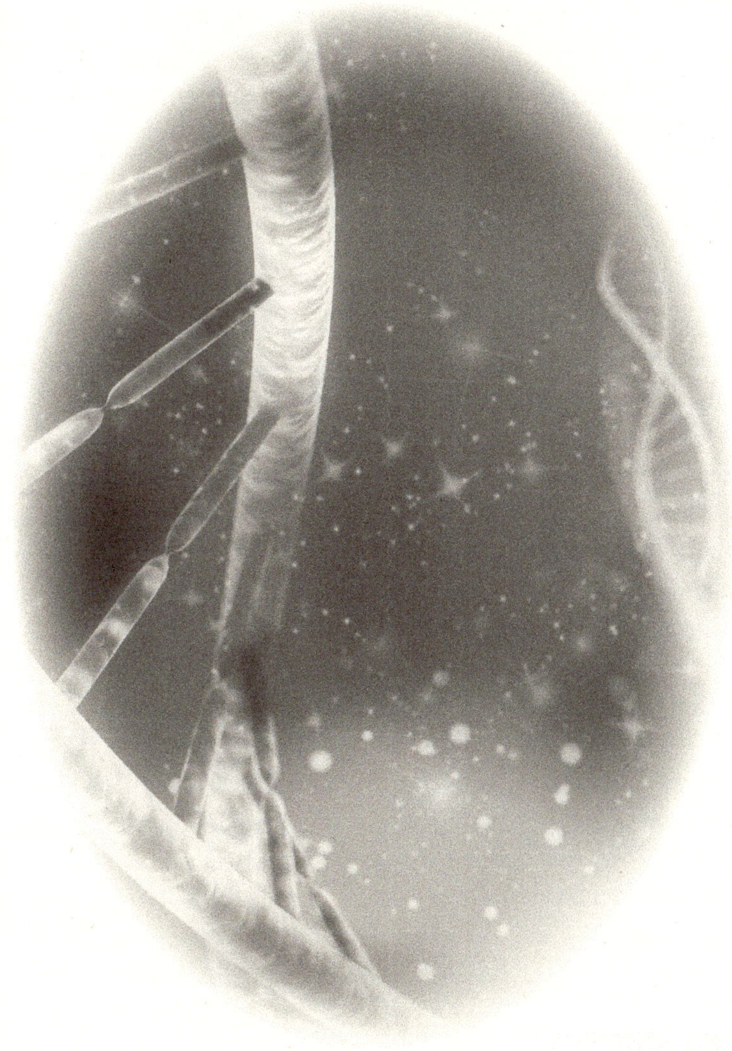

NEUN

Irlands unsterblicher »Gott«

Im Zusammenhang mit prähistorischen Außerirdischen und ewigem Leben gibt es eine weitere faszinierende Figur, einen legendären und mächtigen irischen Herrscher namens Manannán mac Lir. Er war eine berühmte Gestalt, die einer geheimnisvollen Rasse von übernatürlichen Wesen entstammte, die als Túatha Dé Danann bezeichnet wurden. Während der Hochphase der Bronzezeit, die in Europa von 3200 bis 600 v. Chr. dauerte, herrschte er über das Land. Für die Menschen jener besonderen Zeit war mac Lir eine mächtige, möglicherweise sogar magische Gottheit. Aufgrund dessen, was wir über Außerirdische und Unsterblichkeit wissen, kann allerdings angenommen werden, dass mac Lir ein außerirdisches Wesen war.

Im Übrigen gibt es Parallelen zwischen Manannán mac Lir und der sagenumwobenen skandinavischen Gottheit Odin: Beide waren eindrucksvolle Gestalten und vollkommen gnadenlos auf dem Schlachtfeld. Sie konnten aus der irdischen Realität in das Reich der Götter und wieder zurück reisen. Und beide hatten neben ihrer Gemahlin zahlreiche Geliebte. Auf einer mehr fantastischen Ebene gibt es ebenfalls Übereinstimmungen, denn beide besitzen

»Pferde, die über Land und See zu galoppieren vermögen, und einen Eber sowie Schweine, die *sich selbst erneuern* [Hervorhebung von mir], nachdem sie gegessen wurden« (»Manannán mac Lir [and some Norse Connections]«, 2015).

In der frühen Geschichte und den Volkslegenden Irlands gab es jeweils Götter, die über das Land regierten, über die himmlischen Sphären oder über eine finstere Unterwelt, die der christlichen Hölle nicht unähnlich war. Daneben gab es aber auch Götter der Meere. Und die Gruppe von Göttern, die über die Wasser geboten, wurde von Manannán mac Lir angeführt, dem Sohn eines anderen sagenhaften Meeresgottes, Ler. Er wurde von den frühen Bewohnern Irlands sowohl verehrt als auch gefürchtet, wie es bei den meisten Göttern im Großen und Ganzen der Fall war, unabhängig vom jeweiligen Ort.

Mary Jones, eine Expertin für diese alte mythologische Gestalt, erklärt, dass bislang »niemand eine nachvollziehbare Etymologie des Namens ›Manannán‹ vorgelegt hat, abgesehen davon, dass es ›Der von der Isle of Man‹ bedeuten könnte.

Entweder wurde der Gott nach der Isle of Man benannt oder umgekehrt. Sein Beiname ›mac Lir‹ zeigt allerdings an, dass er der Sohn des Meeres ist« (Jones, 2003).

Manannán mac Lir ist eine seltsame und fast magische Gestalt. Er herrscht über ein mythisches Reich, Mag Mell, das auch als Ebene der Freude bekannt ist und stark an den biblischen Garten Eden erinnert. Außerdem besitzt er zahlreiche magische Gegenstände, unter anderem einen Speer – *Crann Buide*, um dessen besonderen Namen zu nennen –, der übernatürliche Eigenschaften aufweist; so kann er etwa durch den Himmel fliegen und mac Lirs Feinde augenblicklich treffen.

Hochtechnologie auf offener See

Obwohl mac Lir vor allem mit irischen Sagen und Legenden verbunden ist, wird von Historikern allgemein anerkannt, dass die Isle of Man – eine in der Irischen See liegende Insel, die nur eine kurze Schifffahrt von der Küste Großbritanniens entfernt ist – nach Manannán mac Lir benannt wurde. Unter den mehr als 80.000 Menschen, die heute auf der Isle of Man leben, sind die Sagen um mac Lir bis heute bekannt und beliebt.

Der Grund für mac Lirs tiefe Verbindung zum Meer ist sehr einfach, aber auch sehr verblüffend: Er verbrachte nämlich den größten Teil seiner Zeit mit Reisen durch die Wasserwelt unseres Planeten in einem Gefährt, das eindeutig ein äußerst hoch entwickeltes Wasserfahrzeug war und Scuabtuinne genannt wurde, was sich mit »Wellenfeger« übersetzen ließe. Angesichts des zeitlichen Hintergrunds könnte man annehmen, dass es sich dabei um eine hölzerne Galeone oder ein ähnliches Schiff der damaligen Zeit handelte. Dies entspricht jedoch nicht den Tatsachen, denn: Der Wellenfeger verfügte über keine Masten und Segel. Er benötigte keine Mannschaft zum Rudern. Kein Wind war nötig, um das große Fahrzeug durch das Wasser zu bewegen. Und es konnte nicht nur auf der Wasseroberfläche operieren, sondern auch in unglaubliche Tiefen hinabsteigen.

Niederstürzende Wellen und gewaltige Unwetter mit Blitz und Donner hatten keinerlei negative Auswirkungen auf den gewaltigen Wellenfeger. Die Parallelen zwischen dem Wellenfeger und einem High-Tech-U-Boot des einundzwanzigsten Jahrhunderts sind also äußerst augenfällig.

Willkommen in der Welt ewiger Jugend

Wenn er nicht gerade die rauen und tiefen Wasser rund um Irland durchmaß, verweilte mac Lir gern im Herzen seines Reichs, das man auch als Land der Jugend bezeichnete – zweifellos ein passender Name. Und obwohl mac Lir in erster Linie mit dem Meer verbunden war, spielte er auch eine Rolle, wenn es darum ging, die Seelen der kürzlich Verstorbenen in das Reich der Unterwelt und des ewigen Lebens zu geleiten – weitere Hinweise in Richtung eines unsterblichen Außerirdischen.

Das alles wird noch bemerkenswerter aufgrund der Tatsache, dass seine Gemahlin Fand eine Elfenkönigin war.

Warum ist das so bemerkenswert? Wir wollen zunächst rekapitulieren, was wir über Elfen wissen. Insbesondere ist festzuhalten, dass unser heutiges Bild von Elfen, nämlich das von bezaubernden kleinen Figürchen mit glänzenden Flügeln, sich weit von den Elfen früherer Zeiten entfernt hat, deren Natur weitaus zwiespältiger und gefährlicher war und deren Erscheinung oder Charakter durchaus nichts mit Tinkerbell gemein hatte.

Einer der wichtigsten Aspekte der irischen Elfen – und im Grunde aller Elfenvölker in aller Welt – ist, dass sie im Unterschied zu uns ewig jung bleiben. Während ihres gesamten Lebens altern sie niemals, das heißt, ihr äußeres Erscheinungsbild bleibt immer gleich. Dabei haben sie eine unglaublich hohe Lebenserwartung. Dennoch haben sie ein Problem, und zwar das der Unfruchtbarkeit. In vielen irischen Sagen und Legenden über Elfen ist davon die Rede. Zwar sind sie unglaublich langlebig, schon fast unsterblich, doch brachten weibliche Elfen sehr oft tote Kinder zur Welt. Viele starben auch schon in den ersten Tagen und Wochen nach der Geburt – ein Hinweis darauf, dass diesen seltsamen, ätherischen Kreaturen durchaus *nicht immer* Unsterblichkeit garantiert war.

Infolgedessen verfielen die Elfen darauf, die menschliche Rasse zu nutzen, um ihre Probleme im Bereich der Fortpflanzung zu lösen. Das Kleine Volk (so werden Feen in Irland häufig genannt) soll heimlich in tiefster Nacht in die Häuser eingedrungen sein und menschliche Babys von ihren schlafenden, nichtsahnenden Eltern entführt haben, um sie ins Feenreich zu bringen, wo sie dann vom Elfenvolk aufgezogen wurden. Wenn die Elfen schon keine eigenen Kinder haben konnten, waren sie entschlossen, stattdessen unsere Kinder zu übernehmen.

Zu einem ähnlichen Zweck wurden Männer in Irland regelmäßig von Elfenköniginnen und ihren Untergebenen verzaubert – gewöhnlich nach Sonnenuntergang auf einsamen, dunklen Wegen oder im Herzen dichter Wälder –, sodann entführt und in den Bereich dieser sagenumwobenen, zwergenhaften Elementarwesen verbracht. Diese gefangenen Männer wurden zum Verkehr mit den Elfenköniginnen genötigt; auf diese Weise wollten sie versuchen, der Elfenwelt neues Blut zuzuführen – in der Hoffnung, dadurch den Fortbestand der Elfenrasse zu sichern.

Elfen oder Aliens? Oder beides gleichermaßen?

Jeder, der sich für UFO-Phänomene interessiert, wird inzwischen die klaren und unbestreitbaren Parallelen erkannt haben zwischen den Sagen über das Elfenvolk – das Menschen entführte, nachts in Häuser eindrang und Babys stahl oder halb menschlichen, halb elfischen Nachwuchs zur Welt brachte – und Berichten aus heutiger Zeit von Alien-Entführungen. Die entsprechenden Erzählungen von hybriden Babys (die halb außerirdisch, halb menschlich sind), von genetischen Experimenten und der Entnahme von Eizellen, Sperma und DNA von den Entführten untermauern diesen Vergleich. Und die Tatsache, dass Manannán mac Lir mit einer der höchsten Elfenköniginnen verheiratet war, verleiht dem Leben dieser geheimnisvollen und mächtigen Gestalt noch einen weiteren Bezug zum Thema Unsterblichkeit.

In genau demselben Sinne sagt Laura Knight-Jadczyk: »Die Ähnlichkeiten zwischen Entführungen durch Elfen und durch UFOs sind bemerkenswert. Menschen, die behaupten, Kontakt mit Elfen gehabt zu haben, berichten im Allgemeinen von Zeichen auf ihrem Körper, wie sie auch in Berichten von Entführungen durch Außerirdische auftauchen. Entführungen durch Elfen und UFOs zeigen außerdem Gemeinsamkeiten mit den Aktivitäten von Incubi und Succubi« (Knight-Jadczyk, 2016).

Knight-Jadczyk hat außerdem noch weitere Parallelen ausgemacht, wie zum Beispiel, dass dem Entführten häufig ein merkwürdiges Gebräu verabreicht wird – eine Vorgehensweise, die eine sehr lange Geschichte hat. Weiterhin bemerkt sie, dass sich das kleine Volk vor Jahrhunderten in ätherischen Lichtkugeln fortbewegte – eindeutig altertümliche Entsprechungen heutiger UFOs. Schließlich hebt Knight-Jadczyk die Tatsache hervor, dass es bei der Interaktion zwischen der menschlichen Rasse und diesen fremden Wesen – die einander unheimlich ähneln, obwohl sie durch Jahrhunderte oder sogar Jahrtausende voneinander getrennt sind –, meist um sexuelle Begegnungen oder die Manipulation der betreffenden Person geht. Oft führt dies zu psychischen Problemen (bis hin zum Wahnsinn) und zu Unheil bei denjenigen, die von Elfen oder Außerirdischen entführt und manipuliert worden waren.

Manannán mac Lirs erstaunliche Kriegswaffen

Manannán mac Lir verfügte außerdem über ein Arsenal unglaublicher, ziemlich futuristischer Waffen. Dazu zählte ein Schwert, das als Fragarach bekannt war. Es war allerdings anders als gewöhnliche Schwerter. Dieses Schwert – falls es tatsächlich ein Schwert war – wurde auch »der Rächer« genannt und konnte nicht nur den Körper eines Menschen durchbohren, sondern auch Metall, Mauern und Holz durchdringen. Aus seiner Spitze flammte loderndes Feuer hervor, wodurch jeder, der seinen Weg kreuzte, einen qualvollen Flammentod erlitt. Nicht ohne Grund wurden daher Parallelen zwischen dem Fragarach und der heutigen Laser- und Todesstrahlentechnologie gezogen.

Manannán besaß außerdem ein übernatürliches Pferd, Enbarr mit der wallenden Mähne, das auch einem anderen irischen Gott – Lugh – zur Verfügung stand. Das Tier verfügte über die Fähigkeit, einen großen, schimmernden Streitwagen nicht nur über Land, sondern auch über das Meer zu ziehen. Was Enbarr in heutiger Zeit am nächsten kommt, ist ein Luftkissenboot, das problemlos über Land und Wasser fahren kann. Wir sollten daher die Möglichkeit nicht ausschließen, dass Enbarr genau dies war – wobei die Vorstellung eines Pferdes eine Verfälschung ist, die auf kulturelle Konditionierung und mythologische Ausschmückung zurückzuführen ist.

Dann gab es noch den geheimnisvollen Zaubernebel Féth Fiada, der sich am besten als eine Art übernatürlicher Nebel oder Wolke beschreiben lässt. Kurz gesagt, verlieh er die Macht und die Geheimnisse der Unsichtbarkeit. Jeder, der von dem Nebel oder der Wolke eingehüllt wurde, war für das menschliche Auge unsichtbar. Falls Sie nun der Ansicht sind, dass Unsichtbarkeit oder Verhüllung in der Art, wie sie von mac Lir eingesetzt wurde, nur fantastische Science-Fiction sind, wird es Zeit, das zu überdenken. Im Oktober 2006 wurde Folgendes in den amerikanischen Medien gemeldet: »Einen Schalter umlegen und damit etwas verschwinden lassen? Das ist seit Jahrzehnten gängiger Science-fiction-Stoff. Nun haben zwei Wissenschaftler der Duke University zusammen mit weiteren Kollegen das erste Gerät der

Welt gebaut, das in der Lage ist, ein Objekt unsichtbar zu machen« (Markey, 2006).

Bislang kann diese Technologie Objekte nur für Mikrowellen unsichtbar machen, doch glaubt das Forscherteam an der Duke University, dass sie mit der Zeit in der Lage sein werden, Objekte auch für Echolot, Radar, Bewegungsmelder, Kameras und ähnliches unsichtbar zu machen. Das Geheimnis dahinter sind Metamaterialien, die die Fähigkeit haben, Dinge zu verhüllen, und das vielleicht auf genau dieselbe Weise, wie mac Lir seinen Zaubernebel einsetzte. Mit anderen Worten: Das, was wir in Bezug auf das Thema Unsichtbarkeit nun langsam verstehen und begreifen, könnte für Manannán mac Lir bereits eine Selbstverständlichkeit gewesen sein.

Die Bekämpfung des Alterns und ein mysteriöser »Kessel«

Der faszinierendste Teil dieser Geschichte ist zweifellos derjenige, der mac Lirs Fähigkeit betrifft, niemals zu altern. Dies hing mit seinem sogenannten »Kessel der Wiedergeburt« zusammen. In einigen Versionen der Geschichte besaß der Kessel die Fähigkeit, die menschlichen Zellen zu verjüngen, oder möglicherweise auch den Teil der Zellen, den wir heute als DNA bezeichnen würden. Wenn eine Person regelmäßig korrekten Gebrauch von dem Kessel machte, dann konnte sie jung bleiben, und zwar theoretisch für immer. Nach einer anderen Version »vermochte der Kessel Tote wieder aufzuerwecken, auch wenn sie anschließend über dieses Erlebnis nicht sprechen konnten ... Des Weiteren wurde behauptet, dass der Kessel zerstört werden könnte, wenn ein lebendiges Wesen anstelle eines Leichnams darin Platz nähme« (»Cauldron-born«, 2016).

Es ist sehr erhellend, dass ein beinahe identischer mysteriöser Kessel noch in einer weiteren irischen Sage auftaucht. Diese erzählt von einer Ehrfurcht gebietenden, fast dreieinhalb Meter großen Göttin namens Cymidei Cymeinfoll. Genauso wie mac Lir war auch diese besondere Gottheit in der Lage, das Altern gänzlich zu vermeiden, indem sie in ihren Kessel eintauchte, und dadurch im Prinzip ihre Unsterblichkeit sicherzustellen. Ihr außerordentlicher Kessel hatte jedoch noch einen weiteren Trick auf Lager. Er konnte die Toten wiederaufleben lassen und wurde häufig dafür verwendet, auf dem Schlachtfeld gefallene Krieger wieder auferstehen zu lassen. Damit ähnelt er vielleicht der heutigen Defibrillationstechnologie, die das Herz durch einen kraftvollen elektrischen Stromstoß wieder »ankurbelt«.

Sabrina von www.Goddessaday.com identifiziert die imposante Cymidei Cymeinfoll als eine walisische Schlachtgöttin, die gemeinsam mit ihrem Gatten Llasar Llaesgyfnewid tief in einem irischen See hauste. Zumindest so lange, bis der damalige Herrscher Irlands, ein gewisser Matholwch, den Versuch unternahm, das Paar zu ermorden. Die beiden konnten jedoch den tödlichen Fängen von Matholwch entkommen und nach Wales fliehen, »wobei sie den Kessel der Wiedergeburt, den sie hüteten, mitnahmen. Fiel ein Krieger in der Schlacht, wurde er in diesen Kessel geworfen und kam dann lebendig wieder daraus hervor, allerdings ohne die Fähigkeit zu sprechen. Sie schenkten den Kessel Bendigeidfran, dem König von Wales, der auch als Bran bekannt war« (Sabrina, 2008).

Die Webseite Goddessaday verfügt über weitere wichtige Informationen zu dieser besonderen Thematik: »Als Brans Schwester Branwen sich anschickte, Matholwch zu heiraten, begann ihr Halbbruder Efnisien zu toben und verstümmelte dabei einige von Matholwchs Pferden. Um den Frieden wiederherzustellen, gab Bran Matholwch den Kessel als Friedensgabe, so dass er wieder zurück nach Irland gelangte« (Sabrina, 2008).

Leider war die Verbindung der beiden nicht von Liebe geprägt. Als Bran erfuhr, dass seine Schwester von Matholwch misshandelt wurde, startete er zusammen mit seinem Halbbruder einen massiven Angriff auf Matholwch, um Branwen aus seinen bösen Fängen zu befreien. Laut der Erzählung lief die Sache aber zunächst gar nicht gut für Bran und Efnisien, vor allem, da der Kessel der Wiedergeburt alle getöteten irischen Soldaten wieder zurück ins Leben brachte. Schließlich wendete sich das Blatt, als Efnisien den geheimnisvollen Kessel zerstörte, wodurch die irischen Krieger nicht mehr von den Toten auferweckt werden konnten. Dies geschah freilich um einen hohen Preis: Der einzige Weg, auf dem Efnisien den Kessel zerstören konnte, war, sich kopfüber in ihn hineinzustürzen, worauf der Mechanismus ratternd zum Stillstand kam, was Efnisien allerdings das Leben kostete.

Das Ende von mac Lir?

Noch ein letztes Wort über mac Lir: Obwohl ihm fortgeschrittene außerirdische Technologie ewiges Leben ermöglichte, hieß das nicht, dass er nicht sterben konnte. Wie wir gesehen haben, galt das ebenso für die Anunnaki.

Das ist natürlich ein Paradox: Wie kann jemand, der unsterblich ist, sterben? Die Antwort ist sehr einfach und weist ebenfalls Parallelen zur Geschichte der Anunnaki auf. Die Möglichkeit der Verjüngung und damit das Aussetzen des Alterungsprozesses erlaubte es den Göttern ebenso wie ihrem halbmenschlichen Nachwuchs zwar in der Tat, jahrhunderte- und jahrtausendelang zu leben. Doch mussten sich diese mythischen Gestalten – wie Manannán mac Lir – ebenso wie Sterbliche vor all den unwägbaren Gefahren in Acht nehmen, die jeden das Leben kosten können, selbst die Unsterblichen. Wir sprechen hier über die Möglichkeit, niedergestochen, lebendig verbrannt oder geköpft zu werden. Nicht einmal die Götter selbst vermögen in solchen Situationen den endgültigen Tod zu verhindern.

Auch mac Lir fand schließlich, nach einem fast endlosen Leben, seinen Meister in der Schlacht von Magh Cuilenn. Er wurde vom Schwert eines gewissen Uillenn Faebarderg tödlich verwundet, und es heißt, dass er aufrecht stehend in einem irischen Torfmoor begraben wurde. Oder lebte mac Lir in Wahrheit doch noch weiter? Im Jahr 1904 erklärte eine gewisse Lady Augusta Gregory in ihrem Werk *Gods and Fighting Men* (»Götter und Kämpfer«), dass mac Lir trotz der Geschichten seines Todes »noch an vielen Orten lebte und dass in Irland auch später noch oft von ihm gehört wurde« (Gregory, 1905).

Vielleicht triumphierte Manannán mac Lir tatsächlich über den Sensenmann. Womöglich tut er das noch heute, aber in neuer Gestalt und mit neuer Identität. Genau dieses Thema neuer Identitäten und Gestalten wollen wir nun umfassender in den Blick nehmen und vertiefen.

ZEHN

Der Mann, der niemals stirbt

Nun ist es an der Zeit, unsere Aufmerksamkeit auf die seltsame und zweifellos umstrittene Geschichte eines Mannes zu richten, von dem nicht nur behauptet wird, dass er Unsterblichkeit erlangt habe, sondern dessen Lebensgeschichte auch alle möglichen spannenden Themen berührt, vom sagenhaften Atlantis über außerirdische Wesenheiten bis hin zum geheimen Wissen der Alchemie. Es passt zu dieser rätselhaften Gestalt, dass die Geschichte definitiv noch andauert. Sein Name lautet Graf von Saint Germain.

Wer dieser Graf genau war, ist noch immer Gegenstand hitziger Debatten unter jenen, die das außerordentliche Leben dieses höchst geheimnisvollen Mannes erforscht haben. Kein Zweifel besteht aber daran, dass er tatsächlich existiert hat. Soweit heute nachvollziehbar ist, trat der Graf von Saint Germain in den frühen Jahren des achtzehnten Jahrhunderts – ungefähr zwischen 1705 und 1715 – zum ersten Mal an die Öffentlichkeit und machte sich schnell und mit großer Leichtigkeit einen Namen in der damaligen Welt der Reichen und Mächtigen Europas. Diejenigen, die ihm zu jener Zeit begegneten, schätzten ihn auf Ende Dreißig oder allerhöchstens Anfang Vierzig. Der Graf zog es anscheinend vor, sein wahres Alter und seine Herkunft für sich zu behalten, was dazu führte, dass ihn bald ein Hauch von Geheimnis und Mysterium umgab. Und dieser blieb ihm bis heute erhalten, wie die nachfolgende Geschichte zeigt.

Bald begannen Gerüchte umzugehen, dass der Graf von Saint Germain möglicherweise einer herrschaftlichen oder königlichen Blutlinie entstamme und vielleicht sogar der geächtete Sohn einer mächtigen und alten europäischen Familie sei. Der Graf bewahrte gegenüber solchen Behauptungen eine geheimnisvolle Verschwiegenheit, die sein Charisma noch verstärkte. Persönlichkeiten der vornehmen Gesellschaft scharten sich um ihn, Frauen waren augenblicklich von ihm hingerissen, Männer beneideten ihn, und überall wurde er rasch zu einem Gegenstand großen Interesses. Auch scheint es unbestreitbar, dass er über unerschöpfliche Geldmittel verfügte, die es ihm erlaubten, unbegrenzt durch die Welt zu reisen. Er war offenkundig sehr belesen, besaß eine teure und luxuriöse Garderobe und erzählte gern von seinen Abenteuern in Persien (dem heutigen Iran), wo er die Geheimnisse der Alchemie kennengelernt hatte, jener antiken Kunst, bei der es darum ging, unedle Metalle wie Zinn in kostbares Gold zu verwandeln. Weitere Gerüchte kamen auf, die andeuteten, dass sein Eindringen in das geheimnisvolle Reich der Alchemie es dem Grafen ermöglicht habe, auch in das Reich der Unsterblichkeit vorzudringen.

Auch wenn ein solches Szenario gewiss umstritten ist, schien sich der Graf von Saint Germain während der folgenden Jahrzehnte sein jugendliches Aussehen zu bewahren, während alle um ihn herum alterten, welkten und schließlich starben. Tatsächlich bereiste der Graf in den 1740er Jahren weite Teile Schottlands, Englands und Frankreichs. Diejenigen, die ihm bereits drei Jahrzehnte zuvor begegnet waren, behaupteten, dass er sich bis zur Mitte des achtzehnten Jahrhunderts nicht verändert hatte. Ob er nun erfolgreich dem Alter trotzte oder einfach von altersloser Erscheinung war, sein Ruf war inzwischen legendär. Und er blieb auch weiterhin jung, kraftstrotzend, reich und gut vernetzt in der europäischen Elite.

1755 unternahm der Graf eine ausgedehnte Reise nach Indien, und anschließend widmete er sich offenbar einer wachsenden Freundschaft mit dem damaligen französischen König, Ludwig XV. Offiziell starb der Graf am 27. Februar 1784 – wobei er angeblich immer noch genauso aussah aus wie 1705. Einige, die sein Leben erforscht haben, deuten allerdings an, dass sein Tod einfach ein bequemer und raffinierter Weg für ihn gewesen sein könnte, eine neue Identität anzunehmen – etwas, was er vielleicht routinemäßig tat, um sicherzustellen, dass niemand seinen Geheimnissen und seinem unsterblichen Leben auf die Spur kommen würde – jedenfalls nicht, solange er selbst nicht bereit war, seine Geschichte jemandem zu erzählen. Wie wir bald sehen werden, kann es gut sein, dass genau dies geschah – und vielleicht sogar bei mehr als nur einer Gelegenheit.

Ein Mann mit vielen Identitäten

Maxamillien de Lafayette erklärt in Bezug auf die wechselnden Identitäten des Grafen: »Es wird vermutet, dass er in früheren Leben St. Alban war, ein englischer Heiliger des dritten oder vierten Jahrhunderts n. Chr., ebenso Proklos, ein neuplatonischer Philosoph, der im fünften Jahrhundert n. Chr. lebte, Roger Bacon, ein englischer Philosoph des dreizehnten Jahrhunderts, und Sir Francis Bacon, ein Philosoph, Schriftsteller und Staatsmann, der im sechzehnten Jahrhundert lebte« (de Lafayette, 2010).

Lafayette schreibt weiterhin: »Einige gehen sogar so weit, ihn mit alten Zivilisationen wie Atlantis und biblischen Gestalten wie dem Propheten Samuel in Verbindung zu bringen. Die

Theosophen erkennen ihn als einen ihrer Aufgestiegenen Meister an« (de Lafayette, 2010).

Über den Zusammenhang zwischen dem Grafen und Sir Francis Bacon heißt es: »Laut Elizabeth Clare Prophet stieg Saint Germain am 1. Mai 1684 auf. Obwohl angenommen wird, dass Sir Francis Bacon 1626 starb, behauptet Prophet, dass der Leichnam im Sarg bei der Beerdigung nicht dessen eigener gewesen sei und dass er seiner eigenen Bestattung beiwohnte. Angeblich lebte er weiter bis zu seinem Aufstieg in 1684. Nach Prophets Aussagen war der historische Saint Germain also bereits ein Aufgestiegener Meister« (»Count Saint Germain«, 2016).

Eine geheimnisvolle Flüssigkeit

Es gibt aber noch eine andere Theorie – eine, die darauf hindeuten könnte, dass der Graf nicht ganz menschlich und vielleicht sogar überhaupt nicht menschlich war – abgesehen natürlich von seiner körperlichen Erscheinung. Es wurde nämlich behauptet, dass der Graf kaum Nahrung zu sich nahm; stattdessen lebte er fast ausschließlich von einem geheimnisvollen Getränk, angeblich einer Art Tee, so unglaubwürdig das auch klingen mag. Könnte dieses Getränk vielleicht so etwas wie der geheimnisvolle Nektar der Götter gewesen sein, der eine beständige Erneuerung des Körpers, seiner Zellen und der DNA gewährleistet? War es womöglich weißes Pulvergold oder Amrita?

Diese Fragen führen uns zum Werk von David Pratt. Dieser erklärt, dass dem Prinzen Karl von Hessen-Kassel, einem Enkel des englischen Königs George II., im Jahre 1762, während der Regierungszeit des Zaren Peter III. – als russische Truppen auszogen, um eine Invasion in Dänemark zu beginnen – »das Kommando unter dem Feldmarschall Graf (Claude-Louis) de Saint-Germain übergeben wurde und dass er mit ihm durch Pommern ritt« (Pratt, 2012).

Prinz Karl selbst hatte damals einige bemerkenswerte und aufschlussreiche Dinge über den Grafen von Saint Germain mitzuteilen:

> »Er war vielleicht einer der größten Philosophen, die jemals gelebt haben. Ein Philanthrop, der nur nach Geld strebte, um es den Armen zu geben, und ebenso ein Freund der Tiere. Ihm ging es immer nur darum, anderen Gutes zu tun. Er versuchte die Welt glücklicher zu machen, indem er ihr neue Freuden verschaffte, die schönsten Stoffe, die leuchtendsten Farben, und alles sehr viel günstiger als zuvor. Seine wunderbaren Farbstoffe verkaufte er beinahe für umsonst. Ich bin niemals einem Mann von klarerer Intelligenz begegnet, und diese war gepaart mit einer Belesenheit (vor allem auf dem Gebiet der antiken Geschichte), wie ich sie selten angetroffen habe.« (Tingley, 1914)

Und dann lesen wir bei dem Prinzen noch Folgendes in Bezug auf den mysteriösen »Tee«, der dem Grafen offenbar zu ewiger Jugendlichkeit verhalf:

> »Er wusste gründlich über Kräuter und Pflanzen Bescheid und hatte besondere Arzneien entdeckt, die er kontinuierlich nutzte, um seine Gesundheit zu stärken und sein Leben zu verlängern. Ich habe noch einige seiner Rezepte, doch die Mediziner wiesen seine Wissenschaft nach seinem [angeblichen] Tod entschieden zurück. Es gab einen Arzt namens Lossau, der ebenso Apotheker war und dem ich pro Jahr zwölfhundert Kronen bezahlte, damit er mit den Arzneimitteln arbeitete, die ihm der Graf von Saint-Germain gegeben hatte; vor allem aber mit seinem Tee, den die Reichen von ihm kauften und die Armen umsonst erhielten. Der Doktor behandelte damit

erfolgreich eine ganze Reihe von Menschen, von denen meines Wissens niemand starb. Nach dem Tod dieses Arztes habe ich mir jedoch, angewidert von den Vorschlägen, die mir von allen Seiten gemacht wurden, sämtliche Rezepte wieder zurückgeholt und Lossau nicht ersetzt.« (TINGLEY, 1914)

Der Graf und die Sekte

Der kontroverseste und umstrittenste Aspekt der Legende von Saint Germain bezieht sich zweifellos auf gewisse Ereignisse, die sich angeblich an den Hängen des Mount Shasta in Kalifornien im ersten Teil des zwanzigsten Jahrhunderts abspielten. Es geschah 1930, so heißt es, dass der mysteriöse, ewig lebende Graf geheimnisvollerweise auf diesem Berg erschien – der mehr als 4.000 Meter hoch und ein Teil der riesigen und sich weithin erstreckenden Kaskadenkette ist.

Diese außergewöhnliche Geschichte geht auf Guy W. Ballard zurück, der selbst eine überaus umstrittene Figur war. Bevor wir der Verbindung zwischen Ballard und Saint Germain nachgehen, sind jedoch einige Informationen nötig, um zu verstehen, wer Ballard eigentlich war.

In den frühen 1930er Jahren initiierte Ballard eine Bewegung – im Prinzip nichts anderes als eine Sekte –, die unter der Bezeichnung I AM, also ICH BIN, bekannt wurde. Wie es bei den meisten Sekten der Fall ist, wurde sie von einem dominanten und manipulativen Guru geleitet – natürlich von Ballard selbst. Und wie es bei den meisten Sektenführern der Fall ist, war Ballard äußerst charismatisch, so dass die Bewegung an ihrem Zenit über nicht weniger als zwölf Millionen Anhänger weltweit verfügte.

Ein Autor, der das Leben und die Welt Ballards genauestens erforscht hat, ist John Gordon Melton. Melton erzählt Folgendes über die sonderbare Persönlichkeit des Guy Ballard, der unter dem Pseudonym Godfré Ray King auch selbst ein Buch über seine Geschichte veröffentlicht hat:

> »Ballard publizierte seine Erlebnisse in einem Buch mit dem Titel *Enthüllte Geheimnisse*, das [im Original] 1934 erschien, und behauptete, regelmäßig Botschaften, ›Vorträge‹ genannt, von Saint Germain und anderen Meistern zu erhalten. Da Jesus einer der Meister war, von denen Ballard Diktate erhielt, betrachteten sich die Mitglieder der Bewegung I AM selbst als Christen.« (Melton, 2016)

Auch wenn I AM erst 1932 in Fahrt kam und Ballards Buch *Enthüllte Geheimnisse* zwei Jahre danach veröffentlicht wurde, müssen wir unsere Aufmerksamkeit vor allem dem Jahr 1930 zuwenden. Das ist das Jahr, in dem Ballard, wie er selbst berichtet, einen Mann traf, der ewig lebte: den unsterblichen und immer wieder seine Identität wechselnden Grafen von Saint Germain.

Begegnung auf einem magischen Berg

Es ist wichtig festzuhalten, dass Ballards angebliche Begegnung mit dem Grafen nicht unbedingt das rein zufällige Ereignis gewesen sein könnte, als das es oft dargestellt wird. Ballard war sich sicherlich bewusste, schon bevor er den Grafen traf, dass Mount Shasta von einer zutiefst geheimnisvollen und spirituellen Aura umgeben ist. Ballard gibt dies selbst zu, denn er erklärte beispielsweise – unter seinem Pseudonym Godfré Ray King –, dass sein Buch in der »Umarmung« des großen Berges verfasst wurde, dessen hoch aufragender, majestätischer Gipfel, wie er schreibt, beständig »mit reinem, glänzendem Weiß bekleidet ist, dem Symbol des ›Lichtes der Ewigkeit‹« (King, 2011).

Laut Ballard war er zur fraglichen Zeit wegen einer ziemlich geheimnisvollen und nie näher beschriebenen Regierungsangelegenheit in eine kleine Stadt nahe Mount Shasta geschickt worden. Angesichts des eindrucksvollen, schneebedeckten Berges entschied sich Ballard – der bereits ein Anhänger okkulter Bewegungen war –, seine freie Zeit zu nutzen, um gewissen faszinierenden Gerüchten nachzugehen. Es gab nämlich Geschichten, die besagten, dass ein bestimmter elitärer und geheimer Orden von Aufgestiegenen Meistern im Herzen dieses Berges seine Wohnstätte eingerichtet hatte – in seinen angeblich unzähligen Tunneln, tiefen Durchgängen und Höhlen.

Ballard entwickelte schnell eine Begeisterung für Mount Shasta und die mit ihm verbundenen Rätsel, die ihn niemals mehr losließ:

> »Ich verliebte mich in Mount Shasta und grüßte jeden Morgen, fast unwillkürlich, den Geist des Berges und die Mitglieder des Ordens … Lange Wanderungen auf dem Berg wurden mir zur Gewohnheit, wann immer ich über Dinge alleine nachdenken oder wichtige Entscheidungen treffen wollte. Hier, auf diesem Giganten der Natur, fand ich Erholung, Inspiration und Frieden, der meine Seele beruhigte und Geist und Körper belebte.« (King, 2011)

Ballard fügte außerdem hinzu, dass man aufgrund der Erscheinung und magischen Natur des Mount Shasta sich fast schon so fühlen konnte, als wäre man in einer völlig anderen Welt gelandet. Angesichts dieser Beschreibung ist es recht passend, dass nun plötzlich der Graf von Saint Germain auf der Bildfläche erschien.

Ballard erinnert sich, dass dieser spezielle Tag auch auf eine angemessen spirituelle Weise startete:

> »Am fraglichen Morgen brach ich bei Tagesanbruch auf und beschloss, mich von meiner Intuition führen zu lassen, und auf eine vage Weise bat ich Gott, meinen Pfad zu lenken … Im Laufe des Tages wurde es immer wärmer, und ich machte häufig Halt, um mich auszuruhen und die bemerkenswerte Landschaft rund um den McCloud River, das Tal und die Stadt ausgiebig zu genießen. Als es Zeit zum Mittagessen wurde, suchte und fand ich eine Gebirgsquelle mit klarem, kaltem Wasser. Einen Becher in der Hand, beugte ich mich hinunter, um ihn zu füllen, als ein plötzlicher elektrischer Strom meinen Körper vom Kopf bis zu den Füßen durchfuhr.«
>
> (King, 2011)

Der unsterbliche Graf war offenbar aufgetaucht.

Wie aus heiterem Himmel wurde Ballard von einem Gefühl ergriffen, das wir alle von Zeit zu Zeit erleben: das Gefühl, von einem anderen Wesen aufmerksam beobachtet zu werden. Während er eine Pause am Ufer des McCloud River machte, fuhr Ballard irgendwann herum, im plötzlichen Bewusstsein, nicht mehr allein zu sein. Tatsächlich stand, nur ein paar Meter von Ballard entfernt, eine mysteriöse Gestalt. Der Mann sah wie jeder gewöhnliche Mensch aus, und doch hatte Ballard den vagen Eindruck, dass er *alles andere* als gewöhnlich war. Womit er nicht wirklich falsch lag.

Der Graf tat daraufhin etwas, das ein typischer, ganz besonderer Bestandteil vieler Begegnungen mit Außerirdischen ist, wie wir bereits gesehen haben: Er bot Ballard ein köstliches und bewusstseinsveränderndes Getränk an. Angeblich sagte der Graf: »Mein Bruder, wenn du mir deinen Becher gibst, werde ich dir ein Getränk reichen, das weitaus erfrischender ist als Quellwasser« (King, 2011).

Ballard erzählt, dass er das Angebot des Grafen annahm und die cremige Flüssigkeit trank, die eine tiefgründige Wirkung auf seinen Geist ausübte und ihn zuletzt in einen veränderten Bewusstseinszustand versetzte. Man könnte den Eindruck bekommen, dass diese mysteriöse, verjüngende Flüssigkeit offenbar etwas Ähnliches gewesen sein könnte wie das geheimnisvolle Manna der Bibel, das weiße Pulvergold oder das indische Amrita.

Tatsächlich deuten die nachfolgenden Worte des Grafen an, dass dies sehr wahrscheinlich der Fall war:

> »Das, was du getrunken hast, stammt unmittelbar aus der Universellen Quelle; es ist rein und belebend wie das Leben selbst. Es ist in der Tat Leben – allgegenwärtiges Leben –, das überall um uns herum existiert. Es ist unserer bewussten Kontrolle und Lenkung unterworfen und gehorcht freiwillig, wenn wir genügend lieben, denn das gesamte Universum gehorcht dem Gebot der Liebe. Was auch immer ich wünsche, manifestiert sich, wenn ich in Liebe gebiete. Ich habe einfach nur die Tasse ausgestreckt, und das, was ich für dich wünschte, erschien. Sieh, ich brauche nur meine Hand auszustrecken, *und wenn ich Gold haben möchte, dann ist Gold da* [Hervorhebung von mir].« (KING, 2011)

Wieder einmal wird auf Gold Bezug genommen. Und dieser Aspekt ist damit noch nicht abgeschlossen, denn der Graf demonstrierte sodann seine offensichtlich unglaublichen alchemistischen Fähigkeiten, indem er auf seiner Handfläche eine kleine Goldscheibe erscheinen ließ. Saint Germain erklärte außerdem, er wisse, dass sich Ballard auf einer tiefen inneren Suche befand, um das zu verstehen, was man das Große Gesetz nennt, auch wenn ihm, Ballard, noch nicht völlig bewusst gewesen sei, wie tief er in diese Suche tatsächlich eingetaucht war. Es war, wie der Graf erläuterte, dieses Fehlen vollständigen Bewusstseins, das Ballard daran hinderte, alles, was er bekommen könnte, von der »allgegenwärtigen universellen Quelle« zu erhalten (King, 2011).

Ebenso wurde Ballard mitgeteilt, dass seine Wanderung im Gebirge, die ihn direkt zu dem Grafen geführt hatte, kein zufälliges, ungeplantes Ereignis war. Es war ein Treffen der Geister; eines, das hauptsächlich von dem bestimmt war, was vom Grafen als Ballards innere Göttlichkeit bezeichnet wurde. Mit anderen Worten: Obwohl er dies nicht bewusst realisiert hatte, war es Ballard selbst, der die Begegnung initiiert hatte.

An diesem Punkt gebot die geheimnisvolle Gestalt Ballard, eine Zeitlang vollkommen still zu sein; anschließend wolle er ihm seine wahre Identität enthüllen.

Transformation auf Mount Shasta

Innerhalb von rund sechzig Sekunden, so sagte Ballard, verwandelte sich der scheinbar gewöhnliche Mann in ein Wesen, das Ballard als einen ›Meister‹ beschreibt. Von einer geradezu religiösen Ekstase ergriffen, starrte Ballard voller Ehrfurcht auf den Mann, der nun als eine gottähnliche Gestalt vor Ballard stand. Er war in ein wallendes, mit Edelsteinen bedecktes Gewand gehüllt, und seine Augen strahlten hell. Im nächsten Augenblick war die Begegnung zu Ende und die Gestalt verschwunden. Saint Germain tauchte allerdings bald darauf wieder auf. Nur ein paar Tage später gab es eine zweite Begegnung.

George Hunt Williamson, der von einem UFO kontaktiert worden war, inzwischen aber verstorben ist, erbte einen großen Teil von Ballards persönlicher Korrespondenz, vieles davon über Kontakte zur I-AM-Sekte. Darunter fand sich auch die Kopie eines Briefes vom März 1931, der an einen Mann namens Stanley Carter gerichtet war und enthüllt, was nach Ballards Aussage nur zwei Tage nach dem ersten Treffen mit dem Grafen geschah, wiederum an den Hängen von Mount Shasta.

Eine potenziell tödliche Begegnung

Ballard erzählt in diesem Brief, der in Williamsons Nachlass gefunden wurde:

> »Während ich noch über die wundersame Begegnung und den Segen nachsann, dass er zu mir gekommen war, hörte ich einen Zweig brechen und drehte mich um, in der Erwartung, ihn zu sehen. Man stelle sich meine Überraschung vor, als ich, keine fünfzehn Meter entfernt, einen Panther erblickte, der sich langsam näherte. Mir müssen sich die Nackenhaare gesträubt haben. Ich wollte weglaufen, schreien – irgendetwas –, so verzweifelt war das Gefühl der Angst in mir. Doch es wäre sinnlos gewesen, sich zu bewegen, da schon ein einziger Sprung des Panthers mein Ende bedeutet hätte.«
>
> (Ballard, 1931)

Ballard schrieb weiter, dass er sich zunächst in einem Zustand vollkommenen Schreckens befand und wie angewurzelt stehen blieb. Doch dann geschah etwas äußerst Merkwürdiges – etwas, das Ballards Leben gerettet haben mag. Denn plötzlich fühlte er sich von einer mächtigen Kraft überwältigt, von einer Energie, aus der sowohl Licht als auch Liebe strömten. Diese Energie schien auch den potenziell todbringenden Panther zu erreichen.

Dazu schrieb Ballard das Folgende an Carter:

> »Die schleichende Bewegung [des Panthers] hörte auf, und ich bewegte mich langsam auf ihn zu und fühlte dabei, dass Gottes Liebe uns beide erfüllte. Das grausame Glitzern in seinen Augen ließ nach, das Tier streckte sich, kam langsam auf mich zu und rieb schließlich seine Schulter an meinem Bein. Ich fasste hinunter und streichelte seinen weichen Kopf. Er sah mir für einen Moment in die Augen, legte sich dann hin und rollte sich herum wie ein verspieltes Kätzchen. Das Fell

> war von einem schönen dunklen, rötlichen Braun, der Körper langgestreckt, geschmeidig und kraftvoll. Ich spielte noch eine Weile mit ihm, und als ich wieder aufsah, stand Saint Germain neben mir.« (BALLARD, 1931)

Die Geschichte wurde noch merkwürdiger, als der Graf behauptete, dass die Anwesenheit des Panthers kein Zufall sei. Sie war vielmehr, wie das angeblich unsterbliche Wesen sagte, »ein Test«, der entwickelt worden war, um Ballards persönliche innere Stärke angesichts einer tödlichen Gefahr zu bestimmen und um sicherzustellen, dass Ballard sein »äußeres Selbst« besiegen könne. Der Test stammte allerdings nicht, wie Ballard Carter erklärte, von dem Grafen selbst. Saint Germain sagte vielmehr:

> »Ich habe nicht das Geringste damit zu tun, dass der Panther hier war. Es entspricht einfach der inneren Logik des Großen Gesetzes, wie du sehen wirst, bevor die Verbindung mit deinem neu gefundenen Freund sich wieder auflöst. Da du nun diese Mutprobe bestanden hast, ist es mir möglich, dir eine weitaus größere Hilfe zu gewähren. Jeden Tag wirst du stärker und glücklicher werden und eine größere Freiheit zum Ausdruck bringen.« (BALLARD, 1931)

Die Speise der Götter

An diesem Punkt überreichte der Graf Ballard etwas, das auf frappierende Weise an das Manna der Bibel erinnert. Es handelte sich, wie Ballard beschreibt, um »vier kleine Kekse von goldbrauner Farbe, von denen jeder einen Durchmesser von rund fünf Zentimetern hatte.« Als Ballard die Kekse aß, bemerkte er etwas, das auf die potenziell verjüngende Natur der geheimnisvollen Substanz, aus der die Kekse gebacken waren, hindeutete:

»Unverzüglich verspürte ich ein belebendes, prickelndes Gefühl in meinem ganzen Körper – *ein neues Gefühl von Gesundheit* [Hervorhebung von mir] und Klarheit des Geistes. Saint Germain setzte sich neben mich, und meine Unterweisungen begannen« (Ballard, 1931).

Diese Unterweisungen wurden zur weltanschaulichen Grundlage der I-AM-Bewegung. Ballards Lebenszeit war jedoch begrenzt und nicht von langer Dauer. Als er 1939 starb, übernahm seine Frau Edna die Führung der Bewegung, wobei sie behauptete, dass sie ebenfalls mit dem sagenumwobenen Grafen von Saint Germain in Kontakt gestanden habe. Wie ihr verstorbener Ehemann, soll auch sie tiefgründige philosophische Botschaften von diesem Aufgestiegenen Meister erhalten haben. Edna lebte noch bis 1971 und blieb bis zu ihrem Ende bei ihren Behauptungen.

Nach ihrem Ableben leiteten die bisherigen Direktoren der I-AM-Bewegung die Organisation weiter. Es sollte angemerkt werden, dass nach dem Tod von Edna Ballard keine einzige Botschaft des Grafen – oder eines anderen Meisters – mehr empfangen wurde. Skeptiker sagen natürlich, dass dies daran lag, dass die Ballards alles erfunden hatten. Dagegen vertreten die Anhänger der Bewegung die Ansicht, dass nach Ednas Tod eben niemand mehr in der Lage war, solche Botschaften zu empfangen, was zu dem langfristigen Schweigen führte.

Außerirdische Elixiere und aus dem Weltraum stammende Substanzen

Nach all dem Gesagten ist es nun an der Zeit, die mannaartige Substanz und die verjüngend wirkende Flüssigkeit, die der Graf Ballard zu essen und zu trinken gab, ein wenig genauer in den Blick zu nehmen.

Joshua Cutchin, der Autor des Buches *A Trojan Feast* (»Ein trojanisches Festmahl«), hat sich zweifellos mehr als jeder andere mit der Welt der Außerirdischen und ihrer unleugbaren Neigung beschäftigt, Menschen seltsame Cocktails aus unbekannten Flüssigkeiten und merkwürdige Speisen anzubieten. Im Laufe der Jahre und Jahrzehnte wurde bereits eine große Menge Unsinn über die Verbindung von Aliens und Nahrungsmitteln publiziert, darunter etwa die absurde Behauptung, die Greys oder »Grauen« hätten eine besondere Vorliebe für unbegrenzte Mengen an Erdbeereis. Zumindest kann man mit ziemlicher Sicherheit davon ausgehen, dass das absurd ist! Gleichwohl hat das Thema Speisen eine lange Tradition im Zusammenhang mit Außerirdischen und Unsterblichen.

Cutchin merkt an, dass die Gaben »der Anderen« fast immer in einer der drei folgenden Formen angeboten werden: als feste Speise (meist geschmacklos), als Flüssigkeit (häufig bitter) oder als Pille. Manchmal ist es auch eine Kombination aus allen drei Formen. Die »Speise« ist dabei allerdings oft nicht das, wonach sie zunächst aussieht. Und es ist nicht einfach so, dass »die Aliens« uns Nahrung anbieten, weil sie besonders großzügig sind oder weil sie denken, wir müssten ein wenig an Muskelmasse zulegen. Es ist weniger simpel als das. Der Akt (und »Akt« ist wohl der passendste Ausdruck dafür) des Anbietens von Nahrung scheint eher eine Art Ritual zu sein, um eine Begegnung einzuleiten oder, häufiger noch, zu beenden (Cutchin, 2015).

Jacques Vallée hat in seinem Buch *Passport to Magonia* (»Reisepass nach Magonien«) ausführlich die Parallelen aufgezeigt zwischen heutigen Begegnungen mit Außerirdischen und den vor Jahrhunderten stattgefundenen Interaktionen mit den Elfen, dem Kleinen Volk längst vergangener Zeiten, das bemerkenswerterweise niemals alterte. Cutchins Arbeit hat die Dinge freilich auf ein neues Niveau gehoben, indem er zusätzlich die unglaublichen Gemeinsamkeiten zwischen dem Anbieten und Darreichen von Speisen damals und heute hervorhebt. Die Verbindung zwischen diesen beiden Arten von Wesenheiten, die nach landläufiger Meinung eigentlich nichts miteinander zu tun haben, wird dadurch offensichtlich.

Die meist geschmacksneutralen Speisen, die heute von Außerirdischen angeboten werden, haben ihre Parallele in der Nahrung der Elfen, die zwar so zubereitet war, dass sie nahrhaft und köstlich aussah und schmeckte, aber in Wahrheit nichts davon war: Es war alles nur Täuschung. Die Frage, wozu solche Spielchen dienen sollen, führt uns zum Kern des Rätsels. Cutchin legt die Deutung nahe, dass Essensangebote deshalb zu einem Teil solcher Begegnungen wurden, weil bei diesem Phänomen – das derart seltsam, fremdartig und fast schon außerhalb des Fassbaren liegt – »symbolische und mythische Handlungen die Konversation ersetzen« (Cutchin, 2015). Dies ist eine sehr bedeutsame Interpretation und absolut zentral für die gesamte Geschichte.

Als Cutchin weiter nachforschte, stieß er auf eine reiche Ader an Informationen, die bislang übersehen oder missachtet worden war, darunter die bemerkenswerte Tatsache, dass all diese Nahrungsangebote sehr eng mit einer Sattva-Diät korrespondieren. Dabei handelt es sich um eine Ernährungsform, die in fernöstlichen, ayurvedischen Traditionen und vor allem bei Hindus sehr populär ist. Interessanterweise wird die Sattva-Diät mit der Erweckung und Verfeinerung hellsichtiger Fähigkeiten in Verbindung gebracht – also mit etwas, das eventuell eine stärkere Verbindung zu Außerirdischen ermöglicht. Mit anderen Worten: Eine Ernährung nach Sattva-Prinzipien kann möglicherweise die Barriere zwischen »hier« und »dort« verringern, wo immer »dort« auch liegen mag.

Auch das Thema »Schlafparalyse« spielte bei Cutchins Suche nach der Wahrheit eine große Rolle. Er hebt hervor, dass eine

Unausgewogenheit von Elektrolyten im menschlichen Körper Schlafstörungen auslösen kann, wie zum Beispiel Nachtangst oder Schlaflähmung. Diese Phänomene treten gewöhnlich zwischen ein und drei Uhr nachts auf und versetzen die Betreffenden in einen kurzzeitigen Lähmungszustand, wobei ein bedrohliches und furchterregendes Wesen über dem Bett oder in dessen unmittelbarer Nähe zu schweben scheint. Wie Cutchin weiterhin anmerkt, ist Natrium einer der häufigsten Elektrolyte in unserer Nahrung. Je weniger Salz man zu sich nimmt, desto weniger wahrscheinlich ist es, dass der Körper in einen solch angsterfüllten Lähmungszustand verfällt. Er stellt sich daher die Frage: »Könnte die volkstümliche Überlieferung, dass Elfen den Gebrauch von Salz vermeiden, darauf hindeuten, dass sie eine überaus pragmatische Methode gefunden haben, eine Schlafparalyse zu vermeiden?« (Cutchin, 2015).

Weiterhin stellt Cutchin einige wohldurchdachte Spekulationen dazu an, wie diese Wesen sich tatsächlich ernährt haben könnten: möglicherweise durch die *Kraft* oder die *Energie* der Nahrung. Die Möglichkeit, dass bei der Nahrungsaufnahme magischer Wesenheiten die Absorption über die Haut eine bedeutende Rolle spielen könnte, wurde von Cutchin ebenfalls angedeutet. Außerdem legt er nahe, dass das ganze Theater um das Anbieten von Nahrung eventuell nur dazu dienen soll, den Schock der Begegnung mit dem Unbekannten abzumildern. Soll heißen, dass uns als Menschen etwas angeboten wird, worauf wir uns beziehen können, etwas, das uns besänftigt und beruhigt: nämlich Nahrung. Das Angebot einer Speise ist in diesem Sinne also ein »symbolisches Mittel, um die Interaktion zu erleichtern« (Cutchin, 2015).

Die Nahrungsmittel dieser Wesenheiten könnten, wie Cutchin vorschlägt, auch nichts anderes gewesen sein als Entheogene – also halluzinogene Substanzen, die eine Einheitserfahrung hervorrufen und häufig bei schamanischen Ritualen verwendet werden, wie zum Beispiel DMT (Ayahuasca). Das wiederum führt zu der Frage, inwiefern Erlebnisse, die von Skeptikern für lebhafte Halluzinationen gehalten werden, in Wirklichkeit Einblicke in andere Realitäten darstellen. Es ist gut möglich, dass es sich dabei um genau jene Realitäten handelt, in denen unsere zahlreichen und vielfältigen Besucher nichtmenschlicher Art ihren Ursprung haben. Die von ihnen angebotenen Speisen könnten auch Bewusstseinsveränderungen lediglich infolge suggestiver Kraft hervorrufen – ähnlich dem Placebo-Effekt.

Natürlich heißt das nicht, dass Speisen von Außerirdischen *immer* als eine Art Scharade angeboten werden, auch wenn die Geschichte von Guy Ballard und dem Grafen von Saint Germain zugegebenermaßen eine unleugbar inszenierte Qualität hat. Doch offenbar haben unsere außerirdischen Besucher – von den uralten Tagen des himmlischen Mannas, weißen Pulvergolds und Amritas bis in die 1930er Jahre am Mount Shasta – eine tiefe, aber derzeit von uns noch nicht vollkommen verstandene Verbindung dazu, wie die Ernährung des menschlichen Körpers ihn zu verjüngen, neu zu beleben und sogar den Tod zu besiegen vermag.

ELF

Ein Unsterblicher im Pentagon

Es ist nun an der Zeit, unsere Aufmerksamkeit auf eine unter Umständen noch stärker umstrittene Gestalt zu richten. Dabei geht es um einen von Aliens Kontaktierten aus den 1950er Jahren und einen sich niemals verändernden Außerirdischen, der unter dem Namen Valiant Thor bekannt ist.

Am 21. November 2008 schrieb der UFO-Forscher und Autor Greg Bishop:

> »Der Geistliche Frank Stranges, Autor solcher Klassiker wie *Stranger at the Pentagon* (»Ein Fremder im Pentagon«), und *Flying Saucerama* (»Fliegende Untertassenama«), ist laut einer heutigen eMail von Tim ›Mr. UFO‹ Beckley in seine dauerhafte Heimstatt bei seinen Space Brothers zurückgekehrt. Stranges gründete 1967 das National Investigations Committee on Unidentified Flying Objects (NICUFO).«
>
> (Bishop, 2008)

Stranges' Organisation war stark vom deutlich größeren und weitaus wahrnehmbareren National Investigations Committee on Aerial Phenomena (NICAP) inspiriert, das 1956 gegründet worden war. Das NICAP konzentrierte sich größtenteils darauf, Berichte über UFO-Sichtungen am Himmel zu studieren, Fotos zu analysieren und Informationen über sogenannte Fliegende Untertassen von militärischem Personal sowie aus der Öffentlichkeit zu sammeln.

Stranges freilich verbreitete eine wesentlich stärker umstrittene Aussage. Er behauptete, dass er seit 1959 einen intensiven Kontakt zu einem äußerst menschlich aussehenden Außerirdischen namens Valiant Thor gepflegt habe – einer seltsamen und mysteriösen Figur, die sich, wie berichtet wird, mit mehreren US-Präsidenten und zahlreichen hochrangigen Militärvertretern getroffen haben soll. Thor war daher angeblich in der Lage, sich mühelos innerhalb des inneren Kreises des Pentagon zu bewegen.

Die Tatsache, dass Valiant Thor in Stranges' Berichten so klang und so aussah wie der von Schauspieler Michael Rennie verkörperte Alien Klaatu in dem Science-fiction-Filmklassiker *Der Tag, an dem die Erde stillstand* aus dem Jahr 1951, führte Skeptiker zu der Annahme, dass Stranges die ganze umstrittene Geschichte einfach nur erfunden habe. Wie wir gleich sehen werden, war das vermutlich nicht der Fall. Und es gibt, wie wir ebenfalls bemerken werden, eine direkte Verbindung von der Geschichte um Valiant Thor zur Unsterblichkeit der Außerirdischen.

»Nur wenige Menschen in Washington wissen von seiner Existenz«

Bezüglich seines angeblichen Treffens mit Thor im Pentagon 1959 gab Stranges das Folgende an:

> »Als ein Verkünder des Evangeliums Jesu Christi und langjähriger Erforscher der Bibel, in Verbindung mit meinen Er-

Das Pentagon, Hauptsitz des Verteidigungsministeriums der USA.
Quelle: U.S. Government (1998, Wikimedia Commons)

fahrungen als Sonderermittler, war es mir immer so vorgekommen, als würden meine Sinne gut funktionieren und als wüsste ich genau, was ich zu tun habe. Ich war auf der Hut vor Betrügern und Schwindlern.

Da trat ein Mann ein, rund einen Meter achtzig groß und vielleicht neunzig Kilogramm schwer, mit braunem gewellten Haar und braunen Augen. Seine Hautfarbe war normal und leicht gebräunt. Als ich mich ihm näherte und er mich ansah, war es, als würde er direkt durch mich hindurchsehen. Mit einem warmen Lächeln und ausgestreckter Hand begrüßte er mich namentlich. Als ich seine Hand ergriff, war ich ein wenig überrascht, dass sich seine Haut so weich wie die eines

Babys anfühlte, aber eine männliche Festigkeit hatte, die von Kraft und Stärke zeugte.« (STRANGES, 1991)

Zu der Frage, warum Thor die Aufgabe auf sich genommen hat, die Erde zu besuchen, macht Stranges folgende Aussagen:

»Er sagte mir, dass der Sinn seines Kommens darin bestünde, der Menschheit zu helfen, zum Herrn zurückzukehren. Er verwendete positive Begriffe … immer mit einem Lächeln im Gesicht. Er sagte, dass der Mensch weiter von Gott entfernt sei als jemals zuvor, aber es gebe noch Hoffnung, wenn die Menschheit sich in die richtige Richtung wende. Er teilte mir mit, dass er nun seit bald drei Jahren hier sei und schon in wenigen Monaten abreisen werde.« (STRANGES, 1991)

»Er erklärte, dass er keinen Druck anwenden würde, um mit den verantwortlichen Männern in Amerika zu sprechen, vielmehr würde er sie gern auf ihre Einladung hin konsultieren. Weiterhin sagte er, dass folglich nur wenige Menschen in Washington von seiner Existenz im Pentagon wüssten.« (STRANGES, 1968)

»Nur wenige Führer hätten in diesen vergangenen drei Jahren von seinem Rat Gebrauch gemacht. Es gäbe noch so viel zu tun, doch die Zeit seiner Abreise rücke näher. Er erklärte mir, dass Jesus Christus die Menschen nicht zur Erlösung zwinge, auch wenn er der Menschheit durch sein vergossenes Blut einen Weg zur Erlösung ermöglicht habe.

Als ich ihn fragte, woher er komme, antwortete er: ›Ich stamme von dem Planeten, der von euch Venus genannt wird.‹

Ich fragte ihn, wie viele Besucher von der Venus gegenwärtig auf der Erde seien, und er sagte: ›Derzeit sind siebenundsiebzig von uns unter euch in den Vereinigten Staaten. Wir kommen und gehen fortwährend‹.« (STRANGES, 1968)

Was aber hat all das mit dem Thema Unsterblichkeit zu tun? Nun, das werden wir gleich sehen.

Der langlebige Thor

Die Popularität der Geschichte um Valiant Thor und Frank Stranges und ihre öffentliche Wahrnehmung hatten ihren Höhepunkt zweifellos in den 1960er Jahren. Von den meisten der aktuell an Ufologie Interessierten werden die Themen Kontaktaufnahme, Space Brothers und menschenähnlich aussehende Aliens eher als historische Erscheinung und weniger als aktuelles Phänomen wahrgenommen. Doch liegt diese Mehrheit damit falsch. Tatsache ist, dass Berichte über diese Art von Wesen – wie die, denen Menschen wie George van Tassel, George Hunt Williamson und natürlich Frank Stranges begegnet sind – auch heute, Jahrzehnte später, noch immer regelmäßig auftauchen. Das Problem ist jedoch, dass die Ufologen als Gruppe solche unbestreitbar sensationellen Fälle häufig missachten oder sogar leugnen, weil sie diese im Gegensatz zu ihrem ureigenen Thema als peinlich betrachten. Das ist bedauerlich, vor allem, wenn man die große Zahl solcher Berichte bedenkt. Aber das ist noch nicht alles. Manche dieser auch heute noch auftauchenden Berichte von Begegnungen mit Space Brothers beschreiben aktuelle Begegnungen mit Valiant Thor. Laut Aussage dieser Zeugen hat er sich seit der Hochphase von Frank Stranges Geschichte physisch nicht verändert, ist nicht gealtert. Das erinnert sehr an die Legende vom Grafen von Saint Germain.

Dieser Punkt ist ebenfalls auf der Webseite www.ItsAStrangeWorld.com zu finden, wo es heißt: »Thor arbeitet seit 1937 mit der Regierung zusammen. Zu seinen physischen Merkmalen gehören sechs Finger, ein überdimensionales Herz, eine gewaltige

Lunge und kupferhaltiges Blut wie das eines Tintenfisches. Er weist einen unfassbar hohen IQ auf, der bei 1200 liegt, *und hat eine Lebensspanne von annähernd 490 Jahren* [Hervorhebung von mir].« (StrangeWorld, 2014)

Ein Sternenmann in einem Starbucks-Café

Eine derjenigen, die behaupten, Kontakt zum langlebigen Thor zu haben, ist eine kalifornische Frau, die ich Sandy Mason nennen möchte. Die Enddreißigerin hat seit ihrer Kindheit eine tiefe Beziehung zum UFO-Phänomen. Bis in ihre frühen Dreißiger bestanden Masons Begegnungen ausschließlich aus mehrfachen Entführungen durch Außerirdische. Sie hatte einerseits Erinnerungslücken, andererseits aber auch Erinnerungen an die Entnahme von Eizellen, DNA und anderem genetischen Material aus ihrem Körper – immer in tiefer Nacht. All dies änderte sich jedoch, als Mason das Alter von 34 Jahren erreichte. Die Entführungen kamen zu einem plötzlichen Ende und wurden durch etwas anderes oder vielmehr *jemand anderen* ersetzt.

Laut Mason hatte sie im Februar 2012 eine sehr merkwürdige Erfahrung, als sie im kalifornischen Simi Valley lebte, das im Ventura County liegt. Es war ein warmer, freundlicher Morgen, und Mason saß in einem der Starbucks-Cafés, die in dem Tal zu finden sind. Während sie dasaß, Zeitung las und an ihrem Kaffee nippte, trat wie aus heiterem Himmel ein Mann an sie heran und fragte sie, ob sie wisse, wer er sei.

Sandy war dem Fremden gegenüber verständlicherweise ziemlich zurückhaltend, zumal sie definitiv *nicht* wusste, wer der gutgekleidete, dunkelhaarige Mann war, der vor ihr stand. Sie fand es jedoch bald heraus. Der Mann setzte sich, nahm einen Schluck aus der Tasse, die er in der Hand hielt, und sagte, sein Name sei

Val, er wisse von ihren UFO-Erlebnissen und er sei hier, um ihr zu helfen. Da Sandy ihre UFO-Erfahrungen bisher nicht publik gemacht hatte (sie hatte niemals über ihre Begegnungen geschrieben, gebloggt oder öffentlich gesprochen), wunderte sie sich, woher ihr Gegenüber davon wissen konnte. Die Antwort darauf sollte sie bald erfahren.

Val erzählte ihr eine kurze, aber ziemlich erstaunliche Geschichte. Masons verstorbener Vater hatte in den 1980er Jahren im Pentagon auf dem Gebiet der Spionageabwehr gearbeitet, war laut Val behutsam gefördert worden und infolge seiner Arbeit in die tiefsten UFO-Geheimnisse der US-Regierung eingedrungen, darunter auch die Geschichte des menschlichen Zusammenwirkens mit Außerirdischen. Dies führte laut Val dazu, dass ihr Vater 1987 irgendwo in den Tiefen Nevadas eine persönliche Begegnung mit einem Außerirdischen hatte. Er traf dabei aber nicht auf einen der schwarzäugigen, winzigen Greys, sondern auf ein Wesen, das vollkommen menschlich aussah. Dieses Wesen war, wie Sandy Mason von ihrem Gefährten beim Kaffeetrinken erfuhr, ein gewisser Valiant Thor. Val erzählte weiter, dass es kein Zufall sei, dass sowohl Sandy als auch ihr Vater tiefe Verbindungen zum UFO-Phänomen hatten. Es sei eine genetisch bedingte Sache, behauptete Val geheimnisvoll und ohne jede weitere Erklärung.

Sandy Mason kannte tatsächlich die Geschichte von Stranges und Thor, da sie *Stranger at the Pentagon* vor rund zwei Jahrzehnten, in ihren späten Teenagerjahren, gelesen hatte. Als Mason ihr Gegenüber darauf hinwies, dass er allerhöchstens ein paar Jahre älter als sie selbst wirkte und daher nicht vor dreißig Jahren mit ihrem Vater zusammengearbeitet haben konnte, öffnete Val eine Ledermappe, die er bei sich trug, und zog ein stark zerlesenes Exemplar von *Stranger at the Pentagon* heraus. Schweigend blätterte er eine Seite auf, die ein Foto von Valiant Thor zeigte, wies auf das Bild und schob das Buch zu Mason hinüber. Sie saß da und war sprachlos und wie erstarrt angesichts der Tatsache, dass das Gesicht, das ihr aus den Seiten von Frank Stranges Buch entgegenblickte, vollkommen identisch war mit dem des Fremden, der ihr unmittelbar gegenübersaß. Die Kleidung war natürlich unterschiedlich: In Stranges' Buch trug Thor einen dunklen Anzug und eine Krawatte. In 2012 war er dagegen mit einem schwarzen T-Shirt, schwarzen Jeans und schwarzen Militärstiefeln bekleidet. Auch das zurückgestrichene Haar der 1950er Jahre war verschwunden und durch einen leichten Igelschnitt ersetzt worden. Dennoch war es eindeutig dieselbe Person oder – genauer gesagt – derselbe Außerirdische.

Mason war dadurch verständlicherweise etwas geschockt – bis hin zu einem leichten Gefühl von Schwindel und Benommenheit – und konnte Thor bloß schweigend zuhören, während er ihr eine atemberaubende Geschichte erzählte. Thor erklärte Mason, dass er und seinesgleichen seit den 1950er Jahren mit hochrangigen Vertretern des US-Militärs, der Regierung und der Geheimdienste zusammenarbeiteten. Dieses Bündnis war aktuell etwas angespannt, wie Thor ihr erläuterte. Thors Leute wollten, dass wir, die menschliche Rasse, uns entwickeln, waren aber etwas in Sorge, da wir eine äußerst gewalttätige und gefährliche Art sind. Daher wählten sie sorgfältig diejenigen Menschen aus, die daran mitwirken sollten, uns in die richtige Richtung zu lenken. Sowohl Mason als auch ihr Vater waren, wie Thor sagte, Teil dieses Prozesses, obgleich Thor – zu Masons Enttäuschung – nicht näher darauf einging, wie dieser Lenkungsprozess vonstattengehen sollte.

Valiant Thor und die Unsterblichkeit

Thor war allerdings bereit, Fragen zu einem anderen Thema zu beantworten, und zwar zu einem, das fast unweigerlich aufkommen musste. Mason wollte natürlich wissen, warum Thor noch immer genauso aussah wie in den 1950er und 1960er Jahren. Der menschlich wirkende Außerirdische antwortete darauf zunächst mit einem – wie Mason es beschrieb – merkwürdigen und beunruhigenden Grinsen und sagte dann etwas Bemerkenswertes, das einen wesentlichen Stein des Anstoßes zwischen den Space Brothers und der US-Regierung betraf.

Seit den frühen 1970er Jahren gab es, wie Thor sagte, ein als streng geheim eingestuftes Programm innerhalb der U.S. Army, in dem intensiv daran gearbeitet wurde, die Geheimnisse rund um die Unsterblichkeit der Außerirdischen zu entschlüsseln – bisher erfolglos. Thor und seine Leute wussten alles über das Projekt, waren aber nicht gewillt, ihre Geheimnisse preiszugeben, da es sehr wahrscheinlich erschien, dass diese Geheimnisse von einer Elite missbraucht würden. Thors Rasse wollte, dass alle von diesen Geheimnissen profitieren sollten, aber erst, wenn die Zeit dafür gekommen war. Thor machte deutlich, dass diese Zeit noch keineswegs nahe war – zum Pech aller, die in der ersten Hälfte des einundzwanzigsten Jahrhunderts leben.

Jedoch machte Thor eine seltsame Andeutung, die mehr enthüllt haben könnte, als er eigentlich beabsichtigt hatte. Aber vielleicht wusste er auch *ganz genau*, was er da sagte. Er sagte jedenfalls zu Mason: »Eines Tages wird dein Volk aus demselben Becher trinken wie wir, und euer Leben wird nicht mehr enden« (Redfern, 2015).

Der Hinweis auf denselben Becher beschwört natürlich sofort die mysteriöse Flüssigkeit herauf, die den Grafen von Saint Germain jung erhielt, außerdem das Amrita der indischen Devas und die Ambrosia der griechischen Götter. Man könnte dabei auch an die merkwürdigen Substanzen denken, die zahlreiche von Außerirdischen Kontaktierte und Entführte von diesen erhielten, wie Joshua Cutchin ausführlich dokumentiert hat.

Nachdem er das Thema der Unsterblichkeit damit rasch zu Ende gebracht hatte, stand Thor auf und verabschiedete sich. Als hätte er genau gewusst, dass Mason mit ihm im Gespräch bleiben wollte, versicherte Thor ihr, dass sie von ihm noch einmal hören werde.

Der nächtliche Anrufer

»Von ihm hören« sollte sich als korrekte Formulierung erweisen. Ungefähr acht oder neun Tage später erhielt Mason nach Mitternacht einen Anruf auf ihrem Festnetz. Die Identität des Anrufers wurde als »anonym« angegeben. Ein wenig beunruhigt über einen Anruf zu so später Stunde nahm sie den Hörer ab und sagte »Hallo?«. »Hallo, Sandy«, sagte eine bekannte Stimme. »Hier ist Val; Val Thor«, fügte er hinzu, nach der Art von »Bond, James Bond« (Redfern, 2015).

Mason hatte eigentlich gehofft, weitaus mehr zu erfahren. Doch das Gespräch, so kurz es war, war dennoch sehr aufschlussreich. Thor erklärte ihr, dass er sich im Lauf der vergangenen Woche mit vierzehn weiteren Entführten in Kalifornien getroffen hatte, und zwar merkwürdigerweise immer in den Räumen von Starbucks-Cafés. Er hatte alle in ähnlicher Weise über ihre Rolle in dem vor ihnen liegenden Prozess informiert. Erneut nippte Thor an seiner Tasse, was Mason später zu der Spekulation veranlasste, dass dieser Ort möglicherweise aufgrund der offensichtlichen Symbolik gewählt worden war: Man sitzt bei einem sehr populären Getränk zusammen, während man gleichzeitig über einen mysteriösen Cocktail spricht, den viele gern in Händen halten würden. Vielleicht handelte es sich dabei ja genau um die Art von Symbolik, die Joshua Cutchin gemeint hatte.

Obwohl Sandy Mason danach nie mehr etwas von Valiant Thor sah oder hörte, ist sie immer noch davon überzeugt, dass es eines Tages zu einem nächsten Schritt in ihrer Interaktion mit unsterblichen Außerirdischen kommen wird und ihre Fragen dann beantwortet werden.

Hinter verschlossenen Türen

Hier noch ein letzter Punkt zu diesem Thema: Die Geschichte, die Mason von Thor erzählt wurde, erinnert an eine sehr ähnliche Geschichte, von der ich 2012 erfuhr – also in genau dem Jahr, in dem auch Mason ihre Begegnung hatte. Alles drehte sich um ein streng geheimes Programm, das angeblich von einer besonderen Anlage in Utah aus geleitet wurde, möglicherweise dem Dugway Proving Ground, einer der chemischen und biologischen Kriegsführung dienenden Basis der U.S. Army, die in tiefste Verschwiegenheit gehüllt ist. Es handelte sich dabei um ein Programm, das mutmaßlich 2003 begann und von der Entdeckung gewisser, nicht näher beschriebener antiker Artefakte in Bagdad nach dem Beginn der Invasion im Irak angetrieben wurde – ein Punkt, der in Kapitel 12 wesentlich ausführlicher behandelt wird.

Im Zentrum des Projektes standen Versuche, den menschlichen Alterungsprozess zu stoppen und vielleicht sogar *umzukehren*. Allerdings war es ein äußerst ungewöhnliches Programm in dem Sinne, dass nicht einfach aktuelle medizinische Technologien und Erkenntnisse verwendet werden sollten. Das klingt vielleicht etwas sonderbar, doch haben Sie etwas Geduld, denn ich werde gleich erklären, was ich damit meine.

In dem Programm war eine Reihe hervorragender Wissenschaftler vertreten, doch tummelten sich darin auch Bibelexperten, Historiker und Archäologen mit strengen Geheimverträgen, die den Ausschluss der Öffentlichkeit garantieren sollten. Die Suche nach der Unsterblichkeit orientierte sich zu einem sehr hohen Grad nicht an der Gegenwart oder Zukunft, sondern an der *entfernten Vergangenheit.* Es wurde viel Zeit damit verbracht, in alten Dokumenten nach Berichten über himmlisches Manna, Schaubrote, weißes Pulvergold und Amrita zu suchen.

All diese Dinge haben folgende Eigenschaften gemeinsam: (a) Sie haben sehr alte Ursprünge; (b) sie müssen eingenommen werden; (c) sie besitzen das Potenzial, vollkommene Gesundheit zu verleihen; und (d) sie versprechen ein niemals endendes Leben. Das ist natürlich etwas, was uns viele Legenden, Mythen und alte religiöse Texte versprechen. Es ist jedoch sehr schwierig, tatsächlich *zu beweisen*, dass diese geheimnisvollen »Dinge« existieren, und dann auch noch herauszufinden, ob sie tatsächlich das leisten können, was von ihnen berichtet wird. Ich tat also das, was ich in solchen Situationen immer mache, nämlich sehr genau zuzuhören, was die relevante Person zu sagen hat. Wahr oder nicht, die Geschichte klang ziemlich unglaublich.

Tief im Untergrund sitzen hier angeblich Wissenschaftler, die einen Großteil ihres Arbeitslebens mit der Erforschung des Alterungsprozesses verbracht haben, neben Bibelexperten, die alte Texte über die besagten lebensverlängernden Substanzen entschlüsseln und interpretieren. Militärisches Personal, das pflichtbewusst dafür sorgt, dass das Programm auf der striktesten Ebene der Geheimhaltung abläuft, mischt sich mit modernen Alchemisten, die danach streben, das Rätsel des weißen Pulvergoldes zu entschlüsseln. Und Gelehrte auf dem Gebiet der Prä-Astronautik, der sagenhaften Riesen der Bibel und der Anunnaki kreuzen ihre Wege mit Dämonologen.

Mindestens bis 2010 war kein substanzieller Fortschritt gemacht worden, der mehr gewesen wäre, als weitere Überlieferungen und Legenden rund um die Unsterblichkeit und die langen Lebensspannen in längst vergangenen Zeiten auszugraben. Ironischerweise verlieh die Tatsache, dass mir von dem Projekt als

Fehlschlag berichtet wurde, der Geschichte Glaubwürdigkeit – jedenfalls für mich. Für mich hörte es sich nämlich nach *genau* der Art von unorthodoxem Programm an, für das große Summen freigegeben werden, für den unwahrscheinlichen Fall, dass eines Tages doch etwas Sensationelles und Umwälzendes dabei herauskommen sollte. Dass meine Quelle definitiv *keine* umstrittene und konspirative Geschichte über eine geheime, ewig lebende Elite verbreitete, ließ mich vermuten, dass tatsächlich etwas an all dem dran gewesen sein könnte – und vielleicht immer noch ist. Es ist jedenfalls verblüffend, dass Sandy Masons Begegnung und ihre Geschichte im selben Zeitraum stattfanden. Eines Tages wird sich das Ganze vielleicht doch noch als lebens- und weltverändernd herausstellen.

»Auserwählt von Außerirdischen«

Diese spezielle Geschichte ist damit aber noch nicht zu Ende. Wenn sie das Folgende gelesen haben, werden Sie vielleicht sogar sagen, dass sie gerade erst angefangen hat.

Im Jahr 2015 schrieb ein Mann namens William Mills Tompkins ein Buch mit dem Titel *Selected by Extraterrestrials*, also *Auserwählt von Außerirdischen*. Wenn Sie diesen Titel für kontrovers halten, dann sollten Sie erst mal den Untertitel lesen: »My Life in the Top Secret World of UFOs, Think-Tanks, and Nordic Secretaries« (»Mein Leben in der streng geheimen Welt der UFOs, Think-Tanks und nordischen Sekretärinnen«). Tompkins' Geschichte ist jedenfalls ziemlich bizarr. Sie betrifft sein Wissen über streng geheime UFO-Forschungsprogramme, die seit den 1940er Jahren durchgeführt wurden, über heimliche Projekte im Weltraum und sogar eine verdeckte Unterstützung des US-Militärs und der Regierung durch »nordisch« aussehende Außerirdische, die wie Valiant Thor kaum von Menschen zu unterscheiden sind. Daher der seltsame Ausdruck »nordische Sekretärinnen« im Untertitel von Tompkins' Buch. Wie Sie diesen beiden Worten wohl schon entnommen haben, behauptet Tompkins, von den 1950er Jahren an mit einer Gruppe schöner außerirdischer Frauen zusammengearbeitet zu haben, die auf subtile und manchmal nicht so subtile Weise Informationen, Daten und Konzepte lieferten, die das Weltraumprogramm der Vereinigten Staaten dabei unterstützten, weitaus schneller voranzukommen, als es ohne ihre Hilfe möglich gewesen wäre (Tompkins, 2015).

Viele werden Tompkins' unleugbar absonderliche Behauptungen ohne weiteres Nachforschen für die Fantastereien eines alten Mannes halten. Vielleicht liegen sie damit ja auch richtig. Tompkins verfügt jedoch über einen äußerst glaubwürdigen Hintergrund und besaß bis zu seinem Tod einen messerscharfen Verstand. Er verbrachte viele Jahre bei dem Technologie-Konzern TRW Inc. mit der Arbeit an geheimen Weltraumprojekten und traf sich häufig mit den Machern im Pentagon, im Weißen Haus und in der Welt der US-Geheimdienste. Infolgedessen hat Tompkins Unterstützer in hohen Positionen. Einer von ihnen ist sein jetziger Nachlassverwalter Robert M. Wood, der dreiundvierzig Jahre lang in einer führenden Stellung bei Douglas Aircraft und den Nachfolgefirmen tätig war. Wood sagt:

> »Ich traf Bill zum ersten Mal am 24. November 2009, wobei er in unserem Gespräch kurz sein Leben zusammenfasste. Was mich aufhorchen ließ, war, dass er von 1950 bis 1963 bei der Douglas Aircraft Company gearbeitet hat, während ich dort jeweils im Sommer 1949, 1950, 1953 bis April 1954 und dann seit Januar 1956 arbeitete, bis ich 1993 in den Ruhestand ging. Wir sind uns in den sechs Jahren der gemeinsamen Zeit dort nicht begegnet, da er anfänglich als technischer Zeichner bei Ground Support Electronics tätig war, wozu ich

> kaum Kontakt hatte, da ich mit aerodynamischen und thermodynamischen Dingen befasst war. Doch hatten wir beide für dieselben Vorgesetzten gearbeitet, und ich kannte fast alle Leute, auf die er sich bezog, oder hatte sie wenigstens einmal getroffen.« (Tompkins, 2015)

2015 beauftragte mich Robert Wood damit, Tompkins' Aussagen und das Material in seinem damals noch unveröffentlichten Manuskript zu überprüfen; ich tat dies etwa drei Monate lang. [Und es hat Eingang gefunden in die deutsche Ausgabe von Tompkins' Buch, die 2022 im AMRA Verlag erscheinen wird.] Eine der Enthüllungen, die mir auffielen, war besonders verblüffend. In den letzten Monaten des Jahres 2010 hatte Tompkins eine äußerst bizarre Begegnung in einem Walmart in Oceanside, Kalifornien. Sie spiegelt auf unheimliche Weise das Starbucks-Erlebnis von Sandy Mason in Simi Valley zwei Jahre später wider.

Laut Tompkins war es ungefähr 13 Uhr, als er, in seinen eigenen Worten, »eine teuer gekleidete, große, blonde Erscheinung« erblickte, die ihn unverzüglich an den ersten Tag erinnerte, an dem er Jessica, seiner Sekretärin bei Douglas, vor fast sechzig Jahren begegnet war. Jessica war eine der Außerirdischen, von denen Tompkins behauptete, dass sie ihm halfen, das amerikanische Weltraumprogramm voranzubringen, als es noch in den Kinderschuhen steckte. Tompkins fuhr fort, dass »sie innehielt, sich umdrehte und mich ansah. Mit einem herzlichen, tiefen und eindringlichen Blick sagte die Erscheinung: ›Mein Vater hat einen hohen Grad bei den Freimaurern, und ich werde Ihnen bei Ihrem Buch behilflich sein‹« (Tompkins, 2015).

Sie sprachen rund zehn Minuten lang miteinander, woraufhin die Frau Tompkins vorschlug, sich am nächsten Nachmittag »in der Coffee Lounge« zu treffen – wiederum eine Parallele zu Sandy Masons Erlebnis mit Valiant Thor. Das Treffen ging vonstatten, doch irgendetwas lief eindeutig schief, denn die Frau entschied sich nach alldem, doch nicht zu helfen. »Es ist derzeit nicht möglich«, erklärte sie dem verdutzten Tompkins. Schnell verschwand sie und wurde nie mehr gesehen (Tompkins, 2015).

Später grübelte Tompkins: »Ich bin völlig ratlos in Bezug auf diese Begegnung. Aber diese junge Dame schien eine nordische Navy-Kommandeurin gewesen zu sein und sprach auch mit deren Autorität. Sie könnte mit Jessica verwandt gewesen sein, dem nordischen Mädchen, das bei dem *Apollo*-Programm bei Douglas Missile & Space Systems in Santa Monica, Kalifornien, meine Sekretärin war« (Tompkins, 2015).

Viele Menschen würden wahrscheinlich über eine solche Geschichte nur spotten. Doch gibt es zahlreiche Berichte wie die von Bill Tompkins und Sandy Mason. Und es gibt ein faszinierendes Nachspiel zu all dem: Im Kielwasser der Veröffentlichung der amerikanischen Originalausgabe von *Auserwählt von Außerirdischen* traten drei Leser – alle Freunde und Kollegen von Tompkins – in Erscheinung und gaben an, Jessica sowohl im Pentagon als auch in der Zentrale des Ministeriums für Heimatschutz begegnet zu sein, und zwar nicht in den 1950er Jahren, sondern erst 2011. Alle drei versicherten aufgrund von Tompkins' Beschreibung in seinem Buch, dass sie seit jener Zeit in den frühen 1950ern, als sie an Tompkins' Seite arbeitete, bis 2011 nicht gealtert war. *Sie war unveränderlich*, ähnlich wie Valiant Thor, über den ebenfalls gemunkelt wurde, dass er eine bedeutende Position im innersten Heiligtum des Pentagon innegehabt habe.

ZWÖLF

Auf der Suche nach den Geheimnissen ewiger Jugend

Am 19. März 2003 trat Präsident George Bush im Fernsehen vor das amerikanische Volk und die Weltöffentlichkeit, um bekanntzugeben, dass der Krieg gegen den Irak soeben begonnen hatte. Der Präsident sagte:

> »Meine lieben Mitbürger! Zu dieser Stunde befinden sich amerikanische und verbündete Streitkräfte in der ersten Phase militärischer Operationen, um den Irak zu entwaffnen, sein Volk zu befreien und die Welt gegen eine große Gefahr zu verteidigen. Auf meine Befehle hin haben Truppen der Koalition angefangen, ausgewählte Ziele von militärischer Bedeutung zu bekämpfen, um Saddam Husseins Fähigkeit zur Kriegsführung zu schwächen. Dies sind die einleitenden Maßnahmen eines breit angelegten, konzertierten Vorgehens. Mehr als fünfunddreißig Länder leisten entscheidende Unterstützung, von der Erlaubnis, ihre Navy- und Air-Force-Basen zu nutzen, über geheimdienstlichen und logistischen

Beistand bis hin zum Einsatz von Kampfeinheiten. Jede Nation in dieser Koalition hat sich entschlossen, ihre Pflicht zu erfüllen und die Ehre zu teilen, unserer gemeinsamen Verteidigung zu dienen.« (Bush, 2003)

Präsident Bush fuhr mit den folgenden Worten fort:

»Ich sage zu allen Männern und Frauen der bewaffneten Streitkräfte der Vereinigten Staaten, die sich jetzt im Nahen Osten befinden: Der Frieden in einer unruhigen Welt und die Hoffnungen eines unterdrückten Volkes liegen nun in Ihren Händen. Dieses Vertrauen ist wohlbegründet. Die Feinde, die Ihnen begegnen, werden Ihre Fähigkeiten und Ihre Tapferkeit kennenlernen. Die Menschen, die Sie befreien, werden den ehrenhaften und anständigen Geist des amerikanischen Militärs bezeugen. In diesem Konflikt steht Amerika ein Feind gegenüber, der keine Rücksicht auf Regeln der Kriegsführung oder der Moral nimmt.« (Bush, 2003)

Saddam Hussein hat, wie Bush ausführte …

»… irakische Truppen und ihre Ausrüstung in zivilen Gebieten stationiert, um zu versuchen, unschuldige Männer, Frauen und Kinder als Schilde für sein eigenes Militär zu nutzen. Das ist eine letzte Grausamkeit gegenüber seinem Volk. Ich möchte, dass die Amerikaner und die Welt wissen, dass die Streitkräfte der Koalition jeden Versuch unternehmen werden, um unschuldigen Zivilisten Leid zu ersparen. Ein Feldzug im rauen Gebiet eines Landes von der Größe Kaliforniens könnte länger dauern und schwieriger werden, als manche vorhergesagt haben, und es wird unseren nachhaltigen Einsatz erfordern, die Iraker dabei zu unterstützen, ein einiges, stabiles und freies Land aufzubauen. Wir kommen in den Irak mit Respekt vor seinen Bürgern, vor ihrer großen Zivilisation und vor den religiösen Glaubenslehren, die sie praktizieren.« (Bush, 2003)

Präsident Bush stellte heraus, dass …

»… wir keine anderen Ziele im Irak haben, als eine Bedrohung zu beseitigen und die Kontrolle über dieses Land seinem eigenen Volk zurückzugeben. Ich weiß, dass die Familien unserer Soldaten darum beten, dass alle, die ihren Dienst

Der Krieg im Irak beginnt. Quelle: U.S. Government (2003, Wikimedia Commons)

> leisten, sicher und baldmöglichst zurückkehren. Millionen von Amerikanern beten mit Ihnen für die Sicherheit derer, die Sie lieben, und für den Schutz der Unschuldigen. Sie haben für Ihr Opfer die Dankbarkeit und den Respekt des amerikanischen Volkes, und Sie können versichert sein, dass unsere Streitkräfte nach Hause kommen werden, sobald ihre Arbeit verrichtet ist.« (BUSH, 2003)

Und der Präsident schloss seine Rede mit den Worten:

> »Unsere Nation tritt ungern in diesen Konflikt ein, aber unser Ziel ist gewiss. Das Volk der Vereinigten Staaten und unsere Freunde und Alliierten wollen nicht von der Gnade eines verbrecherischen Regimes abhängig sein, das den Frieden mit Massenvernichtungswaffen bedroht. Wir werden dieser Bedrohung nun mit unserer Army, Air Force, Navy, Küstenwache und den Marines entgegentreten, damit wir ihr später nicht mit Armeen von Feuerwehrleuten, Polizisten und Ärzten auf den Straßen unserer Städte begegnen müssen.
>
> Da der Konflikt nun eingetreten ist, besteht der einzige Weg zur Begrenzung seiner Dauer darin, entschiedene Gewalt einzusetzen, und ich versichere Ihnen, dass dies kein halbherziger Einsatz sein wird und dass wir kein anderes Ergebnis als den Sieg akzeptieren. Meine lieben Mitbürger, die Gefahren für unser Land und die Welt werden überwunden. Wir werden diese Zeit der Gefahr durchschreiten und das Friedenswerk fortsetzen. Wir werden unsere Freiheit verteidigen. Wir werden anderen Freiheit bringen, und wir werden obsiegen. Möge Gott unser Land segnen und alle, die es verteidigen.« (BUSH, 2003)

Eine alternative Agenda

Auch wenn es zum Irakkrieg zweifellos äußerst unterschiedliche Meinungen auf Seiten des amerikanischen Volkes gab – wobei viele ihn unterstützten und ebenso viele heftig dagegen waren –, kann niemand leugnen, dass er zu einem sehr positiven Ergebnis führte: zum Ende des Regimes des Tyrannen Saddam Hussein. Und, wie die Geschichte gezeigt hat, war es auch das Ende von Saddam Hussein selbst. Doch die Tatsache, dass Saddam Hussein, wie sich herausstellte, überhaupt keine Rolle bei 9/11 gespielt hatte, ließ viele Beobachter und Kommentatoren darüber grübeln, warum dieser Krieg überhaupt geführt worden war. Gewiss, ein gnadenloser Diktator war tot, aber ebenso auch Tausende amerikanischer Soldaten und weitaus mehr irakische Zivilisten. Und die eigentlichen Drahtzieher hinter den schrecklichen Ereignissen vom 11. September 2001 – die Saudis – waren unbehelligt geblieben. Es ist daher kein Wunder, dass der Krieg schwere Auseinandersetzungen und große öffentliche Demonstrationen auf der ganzen Welt auslöste.

Es gibt aber noch eine andere Kontroverse um den Irakkrieg, die unsere Aufmerksamkeit verdient. Es handelt sich dabei um eine Kontroverse, die andeutet, dass es noch andere Gründe gab – abgesehen von der Beseitigung eines unbestreitbar mörderischen Diktators –, warum die US-Regierung sich entschloss, ausgerechnet in den Irak einzumarschieren, anstatt die Saudis zu bekämpfen, von denen allgemein angenommen wird, dass sie eine Hauptrolle bei 9/11 gespielt haben.

Einer dieser Gründe steht in direktem Zusammenhang mit dem Hauptthema dieses Buches. Es heißt, dass inmitten all des Chaos und des Gemetzels des Krieges im Irak eine spezielle, geheime Einheit entsandt wurde, um bestimmte antike Artefakte von unschätzbarem Wert ausfindig zu machen, die von unmittelbarer Bedeutung für zwei Themen waren: (a) die Anwesenheit von Außerirdischen im Irak vor Tausenden von Jahren und (b) die Geheimnisse der Langlebigkeit und Unsterblichkeit.

Gab es eine geheime Agenda hinter dem Irakkrieg? Vielleicht sogar eine Agenda mit dem Ziel, dafür zu sorgen, dass eine mächtige Elite ewiges Leben erlangt? Dies könnte tatsächlich der erstaunliche Sachverhalt gewesen sein.

Ein Versuch, die Vergangenheit zu schützen

Zu dieser besonderen Angelegenheit – nämlich einem verdeckten, von einem streng geheimen Teil der Bush-Administration geleiteten Programm mit dem Ziel, die Geheimnisse der Unsterblichkeit aufzuspüren – passt die Plünderung des Irakischen Nationalmuseums, das sich in der Stadt Bagdad befindet. Schon bei den Planungen für den Krieg wurde der Frage, was mit der großen Zahl kostbarer archäologischer Artefakte in diesem Museum geschehen sollte, viel Aufmerksamkeit gewidmet. Beispielsweise schrieb Andrew Lawler 2003, genau zwei Monate vor Kriegsbeginn, in der Zeitschrift *Science*, dass »bereits eine Schlacht darüber im Gange ist, wie das große kulturelle Erbe des Landes am besten bewahrt werden kann. Im Zentrum der Kontroverse steht eine Gruppe reicher und einflussreicher amerikanischer Antiquitätensammler und Museumsdirektoren mit ausreichenden Beziehungen, um ein Treffen mit Vertretern des amerikanischen Verteidigungs- sowie des Außenministeriums letzte Woche zustande zu bringen« (Lawler, 2003).

Das Treffen sollte auf die eine oder andere Weise sicherstellen, dass diese Tausende und Abertausende antike Gegenstände nicht infolge von Bombardierungen und/oder Plünderungen zerstört oder gestohlen werden. Angesichts der massiven Kriegsvorbereitungen zweifelte niemand daran, dass es zumindest *einige* historische Verluste geben würde; das war schließlich eine der bedauerlichen Gefahren des Krieges. Doch die wenigsten sahen das unglaubliche Ausmaß dessen voraus, was tatsächlich geschehen sollte, insbesondere den systematischen Zugriff auf bestimmte Bereiche des Irakischen Nationalmuseums durch Unbekannte – eine spezielle Gruppe von Leuten, die eindeutig darauf aus waren, gewisse Gegenstände von, sagen wir, interessanter Natur, in ihre Hände zu bekommen.

Nippur: Die Gilgamesch-Connection

Jim Marrs, bis zu seinem überraschenden Tod durch einen Herzinfarkt am 2. August 2017 eine der weltweit führenden Personen in der Erforschung konspirativer Themen, bemerkte ebenso rasch wie scharfsinnig, dass der Krieg im Irak vielfältige Zielsetzungen verfolgte und mit allerlei Geheimnissen verbunden war. Eines dieser Ziele bestand offenbar in dem Bestreben, antike Gegenstände sicherzustellen, die sich bis zu den unsterblichen Anunnaki und zu Gilgamesch, dem legendären König von Uruk, zurückverfolgen lassen.

Wir werden gleich noch auf Marrs zurückkommen. Zuvor lohnt es sich, eine selten erwähnte Tatsache festzuhalten: nämlich, dass genau ein Jahr vor der Wende zum einundzwanzigsten Jahrhundert rund 150 Kilometer außerhalb von Bagdad äußerst bemerkenswerte und faszinierende archäologische Grabungen vorgenommen wurden. Die Universität Chicago merkt dazu an: »Hundert Meilen südlich von Bagdad im Irak liegt in der Wüste ein großer, sechzig Fuß hoher und fast eine Meile langer Hügel aus menschengemachtem Schutt. Es handelt sich um Nippur, das für Tausende von Jahren das religiöse Zentrum Mesopotamiens war, wo Enlil, der oberste Gott des sumerischen Pantheons, die Menschheit erschaffen hat« (»Nippur Expedition«, 2014).

Enlil war in Wahrheit natürlich ein Anunnaki.

Die Forscher der Universität von Chicago erklärten außerdem, dass Nippur eine Stätte von großer Bedeutung war, sowohl aus politischer Perspektive als auch aufgrund der Tatsache, dass es ein Anziehungspunkt für zahlreiche antike Herrscher und Könige war, darunter Hammurabi von Babylon, ein bedeutender Kriegsherr und der sechste König der ersten babylonischen Dynastie, der von 1810 bis 1750 v. Chr. regierte. Assurbanipal von Assyrien war eine weitere mächtige Gestalt, die Nippur als bedeutsamen Ort betrachtete. Dieser Herrscher ist am bekanntesten aufgrund der eindrucksvollen, nach ihm benannten Bibliothek, die eine enorm umfangreiche Sammlung alter Keilschriften von unschätzbarem Wert enthält. Dass Nippur als zutiefst religiöser Ort galt, bedeutete – zum Glück für seine Einwohner –, dass es selten in die Art von Schlachten und Grabenkämpfe verwickelt wurde, durch die Babylon und Ninive verwüstet wurden. Und es gibt einen besonderen Grund, warum diese Gegend so großes Interesse auf sich zog, als das zwanzigste Jahrhundert endete und ein neues Jahrhundert – sowie ein neuer Krieg – begannen: Nippur hat eine enge Verbindung zu König Gilgamesch, dem Halbgott, der vergeblich versuchte, ein Unsterblicher zu werden.

Es ist beachtenswert, dass diese Gegend, die vor rund 7.000 Jahren zu blühen begann, eine wesentliche Rolle in der Geschichte unserer ältesten Kulturen spielte. Dies war keine unbedeutende Ansammlung von einfachen Häusern, sondern eine riesige Metropole mit Kultstätten, Marktplätzen und großen Verwaltungsgebäuden. Zusätzlich war es ein Ort, an dem buchstäblich Tausende uralter Geschichten auf Tontafeln niedergeschrieben wurden; eine dieser alten Sagen war die Geschichte von Gilgamesch.

Zurück zu dem König, der ewig leben wollte

Jene Ausgrabung von 1999 wurde von einem gewissen Riyadh al-Douri geleitet, einem anerkannten Experten auf dem Gebiet antiker Ausgrabungen. Die Medien der Welt zeigten großes Interesse an den Funden von Basmyiah, das weniger als eine zweistündige Fahrt von Bagdad entfernt ist. Zu diesen Funden zählten nicht nur Spielzeug und Tierfiguren, sondern auch alte Waffen sowie ein Siegel, das das Bild eines sehr großen Mannes zeigt. Viele Historiker nehmen an, dass es sich dabei um eine Darstellung von niemand anderem als Gilgamesch handelt, jenem König, der verzweifelt die Geheimnisse des ewigen Lebens zu enträtseln versuchte, aber letztlich bei seiner Suche scheiterte, und der angeblich von gigantischer Größe war.

2002, ein Jahr vor Kriegsbeginn, wurden sogar noch erstaunlichere Entdeckungen gemacht; unter anderem wurden tief im Boden von Uruk Überreste antiker Paläste, Gärten und großer Mauern gefunden. Eines der Mitglieder des Forschungsteams, Jörg Faßbinder, erklärte, dass die entdeckten Gebäude »einem Venedig in der Wüste« gleichkämen. Auch die eventuellen Überreste des Grabs von Gilgamesch wurden, wie man glaubte, am Fluss Euphrat gefunden (»Gilgamesh tomb believed found«, 2003).

Plünderung, Raub und die Suche nach den Geheimnissen der Unsterblichkeit

Wie all dies zeigt, wurden während der Vorbereitungen auf den Irakkrieg außerordentliche Entdeckungen in der näheren Umgebung von Bagdad gemacht. Viele davon hatten mit König Gilgamesch zu tun sowie mit den Legenden rund um den mächtigen sumerischen Gott Enlil. Oder vielmehr, rund um einen mächtigen Vertreter der Anunnaki. Dass so viele dieser mit Gilgamesch verbundenen Artefakte in das Irakische Nationalmuseum in Bagdad kamen, war möglicherweise der Grund dafür, dass genau dieses Museum in der Anfangsphase des Krieges so massiv geplündert wurde. Wie gründlich diese Plünderung geplant war, lässt sich anhand der Aussagen einer Reihe gut informierter Personen ermessen, die ihr Möglichstes taten, um sicherzustellen, dass dieser ungeheure Diebstahl nicht unbemerkt oder unerforscht bleiben würde. So erklärte Robert M. Poole im Smithsonian Magazine: »Die Plünderung des Irakischen Nationalmuseums in Bagdad war bereits abgeschlossen, als die US-Truppen – die damit beschäftigt waren, Saddam Hussein zu stürzen – am 16. April 2003 eintrafen, um es zu schützen« (Poole, 2008).

Tragischerweise kamen die Truppen nur wenige Tage zu spät, um die ausgedehnte Plünderung zu verhindern. Am 8. April wurde angeordnet, dass das Personal das Museum zu verlassen habe, hauptsächlich zu ihrer eigenen Sicherheit. Obwohl sie vier Tage später bereits wieder da waren, war der Schaden in der Zwischenzeit bereits angerichtet worden. Mehr als 15.000 kostbare Gegenstände waren verschwunden, gestohlen und geraubt – niemand weiß genau, von wem, denn im Chaos der Kriegshandlungen, die ganz Bagdad beherrschten, war dies nicht zu eruieren. Trotzdem gab es einen Lichtblick: Erste Schätzungen hatten vermutet, dass die Verluste im sechsstelligen Bereich liegen könnten, doch glücklicherweise war dies nicht der Fall.

Gleichwohl war es immer noch eine Katastrophe für das Museumspersonal, für Historiker und Archäologen. Dr. Donny George Youkhanna, der nach dem Irakkrieg zum Direktor des Museums wurde, machte deutlich, dass dies für das irakische Volk ein Unglück von enormem Ausmaß war.

»Das hätte nicht passieren müssen«

McGuire Gibson von der Universität Chicago sprach etwas aus, was viele dachten oder zumindest vermuteten: dass die Plünderung des Museums »eine genauestens geplante, bewusste Aktion gewesen war. Sie waren in der Lage, von irgendwoher die Schlüssel für die Gewölbe zu bekommen und das bedeutendste und beste Material mitgehen zu lassen. Ich habe den Verdacht, dass dies außerhalb des Landes organisiert worden ist. In der Tat bin ich mir ziemlich sicher, dass es so war« (Burkeman, 2003).

Dr. Donny George Youkhanna vom Museum selbst hatte ebenfalls etwas zu der Sache zu sagen. Er machte keinen Hehl aus seiner Meinung: »Ich glaube, dass es Leute waren, die wussten, was sie wollten. Sie sind an der Gipskopie des Schwarzen Obelisken vorbeigegangen. Das bedeutet, dass es sich um Spezialisten handelte. Sie haben die Kopien nicht angerührt« (Talbot, 2003).

Auch die *American Free Press* berichtete von einer bedeutsamen Beobachtung: »Im Museum gefundene Glascutter, die im Irak nicht erhältlich sind, und das Fehlen einer großen Bronzebüste, die mehrere hundert Pfund wog und deren Entfernung einen Gabelstapler erforderte, zeigen, dass gut organisierte, professionelle Kulturdiebe unter dem Mob waren« (Marrs, 2006).

Dazu kommt die folgende kurze, aber wichtige Bemerkung in der *Business Week*: »Es war beinahe so, als hätten die Täter auf den Fall Bagdads gewartet, um ihre Pläne auszuführen« (Talbot, 2003). Genau so war es wohl.

Am 18. April 2003 berichtete die britische Zeitung *Guardian* über etwas, das den Plünderern direkt – und vielleicht sogar absichtlich – bei ihren Taten geholfen haben könnte. Höhere Offiziere der amerikanischen Streitkräfte bestätigten, dass keinerlei Schritte unternommen worden waren, um die Plünderung des Museums zu unterbinden oder »um den Brand der dortigen Nationalbibliothek zu verhindern, der offenbar zum Verlust von kostbaren, jahrhundertealten Manuskripten geführt hat. Es wurden zwar Maßnahmen getroffen, um Kulturstätten davor zu schützen, von Raketen getroffen oder durch Kämpfe am Boden in Mitleidenschaft gezogen zu werden, *aber nicht, um sie vor Plünderern zu bewahren* [Hervorhebung von mir]« (Burkeman, 2003).

Der Bericht im *Guardian* war unmittelbar durch die umstrittenen Rücktritte zweier führender Persönlichkeiten der Bush-Administration ausgelöst worden. Dabei handelte es sich um Martin Sullivan, damaliger Vorsitzender des Advisory Committee on Cultural Property (dt.: Beratendes Komitee für kulturelles Eigentum), sowie um Gary Vikan, ein Mitglied desselben Ausschusses. Beide Männer waren äußerst empört über die Situation und den ausgedehnten Diebstahl unbezahlbarer, jahrtausendealter Gegenstände. Sullivan, der vor seinem Rücktritt acht Jahre lang die Position des Vorsitzenden innegehabt hatte, nahm kein Blatt vor den Mund und brachte den Sachverhalt auf den Punkt: »Das hätte nicht passieren müssen. Bei einem Präventivkrieg ist das eine Sache, auf die man hätte vorbereitet sein müssen« (Reuters, 2003).

Auch Gary Vikan, Direktor der Walters Art Gallery in Baltimore, machte seine Meinung deutlich: »Wenn uns der Wert der sumerischen Keilschrifttafeln für die Erforschung unserer Vergangenheit so bewusst wäre wie der Wert des Öls, das uns in unseren Autos irgendwohin transportiert, dann wäre das vermutlich nicht passiert« (Brown, 2003).

Die vielleicht wichtigste Figur in dieser ganzen bizarren Geschichte war Colonel Matthew Bogdanos vom U.S. Marine Corps. Es ist wesentlich sein Verdienst, dass wir über das Ausmaß der Plünderungen und die gut koordinierte Art und Weise, in der sie unternommen wurden, Bescheid wissen. Der Colonel sagte 2004: »Es gibt die öffentliche Galerie, aus der zunächst vierzig Ausstellungsstücke mitgenommen wurden. Elf davon haben wir wiedergefunden. In den Lagerräumen wurden rund 3150 Stücke entwendet, und zwar ziemlich sicher nach dem Zufallsprinzip und durch wahllose Plünderungen. Davon konnten wir 2700 zurückbekommen« (»Conversations: Building Trust in Iraq«, 2004).

So positiv dieses Ergebnis auch war, das US-Militär musste dennoch zugeben, dass zahlreiche Stücke von historischer und archäologischer Bedeutung vermisst blieben. Niemand wusste, in wessen Hände sie gefallen waren. Dennoch vermutete Colonel Bogdanos, dass hier ein Insider-Job im Gang gewesen sein musste. Er hielt es für mehr als unwahrscheinlich, dass die Raubzüge rein zufällig gewesen waren. Er war vielmehr sicher, dass die Diebe, wer immer sie waren, über persönliche und genaue Kenntnisse verfügten, wie das Museum angelegt war und wo bestimmte Dinge gelagert waren.

All dies führt uns zurück zu den bestürzenden Schlussfolgerungen von Jim Marrs.

»Die Anunnaki ließen einige hoch entwickelte Hightech-Geräte zurück«

Marrs behauptete Folgendes: »Die angebliche Suche nach Massenvernichtungswaffen, die einen derart eiligen Einmarsch in Bagdad nach sich zog, könnte auch den vielen seltenen Antiquitäten dort gegolten haben, einschließlich der antiken Technologien, die das Erbe des Irak beinhaltet« (Marrs, 2011).

Solche Aspekte werden auch von Dr. Michael E. Salla herausgestellt, dem Begründer der Exopolitik und Verfasser zahlreicher Werke über Geheime Weltraumprogramme, die in Zusammenarbeit mit Außerirdischen auf dieser Welt vorangetrieben werden. Salla sagte 2002, damals noch Honorarprofessor an der Australian National University in Canberra, dass »konkurrierende geheime Regierungsorganisationen mit Hilfe von Stellvertretern darum kämpfen, die Kontrolle über antike außerirdische Technologien zu übernehmen, die es im Irak gibt« (Salla, 2003).

Len Kasten, der zuletzt durch sein Enthüllungswerk *Die Dunkle Flotte* über das Weltraumprogramm der Reptiloiden und Nazis bekannt wurde, sagt über Salla, dieser sei der Ansicht, dass bestimmte Länder, darunter Frankreich, Deutschland, Russland und die Vereinigten Staaten, »darum wissen, dass die Anunnaki einige hoch entwickelte Hightech-Geräte und womöglich auch Waffen zurückließen, als sie ungefähr 1700 v. Chr. von der Erde verschwanden, und dass Saddam Hussein seit Jahren Unterstützung durch russische, deutsche und französische archäologische Forschungsgruppen erhalten hatte, um zu versuchen, diese Maschinen zu enträtseln und vielleicht auch nachzubauen.«

Kasten fügt hinzu, dass eine geheime Organisation – die aus Angehörigen der genannten Nationen besteht und an der Seite irakischer Experten arbeitet –, sehr wohl in der Lage sein könnte, sämtliche möglicherweise außerirdischen Artefakte, die bei der Plünderung Bagdads beiseitegeschafft wurden, zu verstehen und sogar nachzubauen. Kasten hat auch die Möglichkeit angesprochen, dass die Anunnaki eines Tages zu unserem Planeten zurückkehren könnten. Für diesen Fall könnte sicherlich irgendein Deal mit diesen alten Außerirdischen geplant sein. Weiterhin merkt Kasten an, Salla glaube, dass irgendeine unglaublich gut verborgene Gemeinschaft mächtiger Persönlichkeiten im Zentrum der Versuche stehen könnte, sich die antiken Technologien, die es in und um Bagdad geben mag, anzueignen und zu analysieren.

Diente der Irakkrieg, zumindest zum Teil, als Tarnoperation, um bestimmte streng geheime Einsätze zu ermöglichen? Erfolgten diese Einsätze aus dem Bestreben, die Geheimnisse der Unsterblichkeit und der Anunnaki zu lüften? So kontrovers solche Fragen zweifellos sind, die miteinander verbundenen Fäden dieser seltsamen Geschichte weisen stark darauf hin, dass *genau dies* im Gange war. Die größte Frage aber, die noch immer unbeantwortet ist, lautet: Hatten sie – wer auch immer *sie* sind – dabei Erfolg? Es könnte sein. Wie wir noch sehen werden, gibt es Indizien, die darauf hindeuten, dass die US-Regierung durchaus so einiges über das Thema Unsterblichkeit und die Außerirdischen weiß, die prähistorischen wie auch die aktuellen.

Die vielleicht größte Tragödie an dieser Geschichte sind die langfristigen Auswirkungen, die die Plünderung hatte. Genau zehn Jahre nach den mysteriösen Ereignissen schrieb die Zeitschrift *Archaeology*: »Eine neue Generation von Irakern ist herangewachsen, die keinen Zugang zu dem eindrucksvollen Museumsnetzwerk im ganzen Land mehr hat, das früher laufend von Schulkindern besucht wurde. Sie wissen wenig über ihre antike Vergangenheit. Viele heutige irakische Politiker haben sich dem islamischen Fundamentalismus zugewandt, der kein Freund säkularer Archäologie ist« (Lawler, 2016).

Ein weiterer Nebeneffekt ist, dass amerikanische Archäologen – die zuvor bahnbrechende Arbeit in Bagdad und seiner unmittelbaren Umgebung geleistet hatten – nun nicht mehr willkommen sind. Dies wurde von Liwaa Semeism, dem Tourismusminister, der in Bezug auf die Aktivitäten der staatlichen Antikenverwaltung das letzte Wort hat, sehr deutlich klargemacht. Er ließ keinen Zweifel daran, dass er dagegen ist, dass Ausländer ins Land kommen und Ausgrabungen vornehmen.

Bei dieser Geschichte ist eindeutig noch weit mehr im Busch. Es gibt mit Sicherheit Informationen, die unter Verschluss gehalten und den Medien, der Öffentlichkeit und der archäologischen Gemeinschaft vorenthalten werden. Dennoch glaube ich, dass wir nicht zum letzten Mal von der mysteriösen Plünderung des Irakischen Nationalmuseums gehört haben. Wenn die ganze Geschichte je ans Tageslicht kommen sollte, könnte sie enthüllen, dass der

Irakkrieg tatsächlich eine geheime Agenda hatte: nämlich eine, die darauf abzielte, antike, von den Anunnaki zurückgelassene Technologien aufzufinden, die einer mächtigen und gefährlichen Elite erlauben könnten, ewig zu leben.

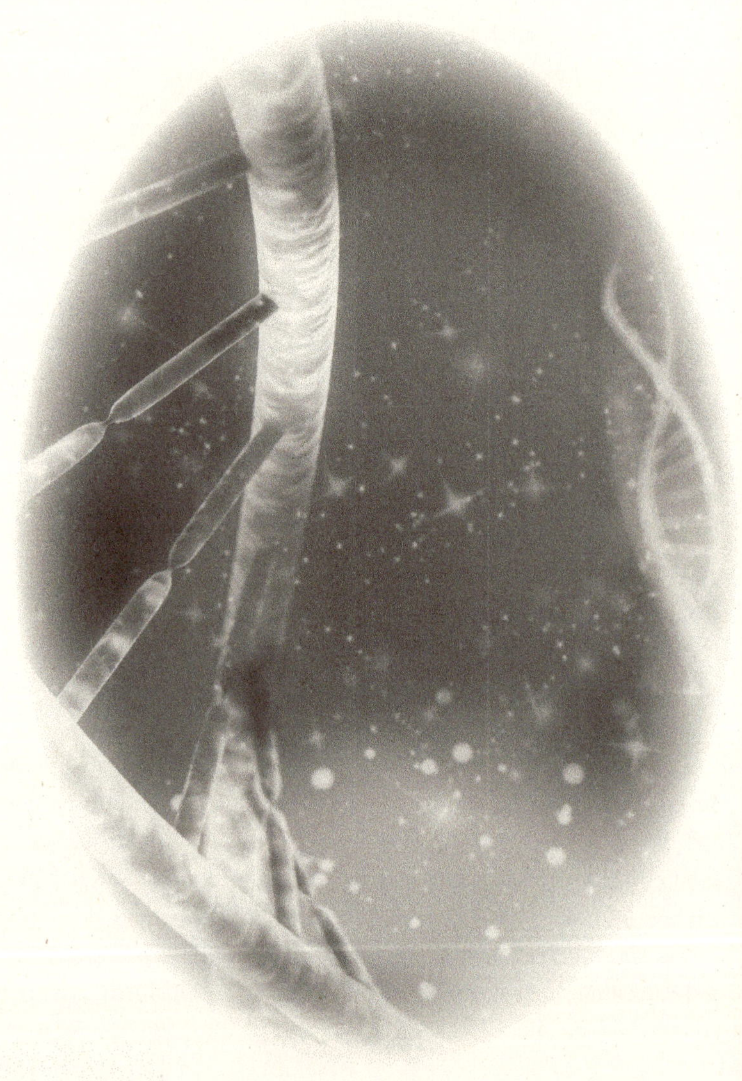

DREIZEHN

»Behälter« von Seelen

Die meisten Weltreligionen lehren, dass die menschliche Seele unsterblich ist. Dies ist ein Glauben, der bis weit in die früheste Zeit der menschlichen Zivilisation zurückreicht. Daher ist es besonders interessant, dass sich heute, in einer Zeit der Entführungen durch Außerirdische, ein so großes Maß an Aufmerksamkeit auf die menschliche Seele richtet. Nicht so sehr bei den UFO-Forschern, sondern bei den Außerirdischen selbst. Die große Frage lautet natürlich: Warum? Dies ist eine Frage, die uns schnell auf sehr kontroverse Pfade führt, wie wir gleich sehen werden.

Obwohl das UFO-Phänomen bereits im Sommer 1947 in spektakulärer Weise in Erscheinung trat, nahm das Konzept der Entführung durch Außerirdische erst in den frühen 1960er Jahren in der kollektiven UFO-Forschungsgemeinschaft Gestalt an. Sicher gab es auch ein paar frühere Fälle – die äußerst umstrittene Entführung von Antônio Vilas-Boas in São Francisco de Sales in Brasilien am 16. Oktober 1957 ist das bemerkenswerteste Beispiel. Doch die bizarre Art seiner Erfahrung, zu der wilder Sex mit einer menschlich aussehenden außerirdischen Frau gehörte, führte dazu, dass viele eher konservative UFO-Forscher der damaligen Zeit den Fall ignorierten, und sei es nur aus Scham oder mangelnder geistiger Offenheit. Was aber nicht geleugnet oder verschwiegen werden konnte, war die Begegnung von Betty und Barney Hill am 19. September 1961. Die Geschichte ist so bekannt, dass ich hier nur eine ganz kurze Zusammenfassung gebe.

In der fraglichen Nacht fuhren dic Hills nach einem Urlaub bei den Niagarafällen wieder nach Hause nach Portsmouth in New Hampshire. Es war ungefähr um halb elf Uhr abends, als Betty und Barney ein seltsames Licht am Himmel sahen, das offenbar nicht von einem Flugzeug stammte, jedenfalls von keinem bekannten Typ eines normalen Flugzeugs. Die Hills hatten ein Fernglas dabei, und als das Licht anfing, ungewöhnliche Manöver zu vollziehen, bemerkten sie rasch, dass es sich um ein maschinelles Fortbewegungsmittel handeln musste. Als sie durch die White Mountains von New Hampshire fuhren, wo zu dieser Zeit keine weiteren Fahrzeuge unterwegs waren, näherte sich das Objekt unmittelbar vor ihnen dem Boden, so dass Barney, der am Lenker saß, gezwungen war, das Auto schnell zu bremsen. Das Objekt war derart nahe, sagte Barney, dass er etwa ein Dutzend humanoider Wesen sehen konnte, die durch eine Reihe von Bullaugen spähten, die das UFO umgaben. Was dann angeblich als Nächstes geschah, ist äußerst umstritten.

Die Hills erlebten etwas, das in der Ufologie seitdem als »fehlende Zeit« bezeichnet wird – eine zeitliche Lücke in ihrem Gedächtnis. In den Tagen und Wochen danach hatte das Ehepaar vage Erinnerungen und Albträume, die darauf hindeuteten, dass sie an Bord des Fluggerätes mitgenommen und einer Reihe invasiver medizinischer Experimente unterworfen worden waren, von denen einige – wie sie vermuteten – mit der menschlichen Fortpflanzung zu tun hatten. So wurde Barney beispielsweise zur Ejakulation gebracht, um eine Spermaprobe zu entnehmen. Die Geschichte erregte so viel Aufmerksamkeit in den Medien und sogar beim US-Militär, dass sich der Autor John Fuller veranlasst fühlte, ein ganzes Buch über den Fall zu schreiben, *The Inter-*

rupted Journey (»Die unterbrochene Reise«), das im Jahre 1966 denn auch publiziert wurde.

Die Entführungsepidemie beginnt

In den folgenden Jahren wurden immer mehr spektakuläre Entführungen bekannt, darunter das Erlebnis des Polizisten Herbert Schirmer vom 3. Dezember 1967. Er wurde in Ashland, Nebraska, in den frühen Morgenstunden an Bord eines UFOs geholt und machte ebenfalls die Erfahrung einer Erinnerungslücke. Sechs Jahre später berichteten die amerikanischen Medien ausführlich über die Entführung von Charles Hickson und Calvin Parker durch nichtmenschliche Wesen. Sie waren in der Nacht vom 11. Oktober 1973 am Fluss Pascagoula in Mississippi angeln, konnten sich anschließend aber ebenfalls an einen gewissen Zeitraum nicht mehr erinnern und erlitten eine tiefe Traumatisierung. Das Szenario war typisch: Wesen, die als Außerirdische wahrgenommen wurden, führten invasive Verfahren an ihnen durch. Dann wurde im November 1975 Travis Walton entführt, während er im Apache-Sitgreaves National Forest arbeitete. Das Interesse am Fall Walton war so groß, dass er 1993 sogar Gegenstand eines Hollywoodfilms wurde: *Feuer am Himmel*, mit D. B. Sweeney, Robert Patrick und James Garner in den Hauptrollen. Letzterer war durch die TV-Serie *Detektiv Rockford – Anruf genügt* bekannt geworden.

Es waren allerdings die 1980er Jahre, in denen sich Entführungen durch Außerirdische zu einem Massenphänomen von bislang unbekanntem Ausmaß entwickeln sollten. 1981 erschien Budd Hopkins' Buch zu diesem Thema mit dem Titel *Fehlende Zeit.* Sechs Jahre später wurde die Originalausgabe von Whitley Striebers *Die Besucher* zu einem solchen Verkaufsschlager, dass es Platz eins der Bestsellerliste der *New York Times* erklomm. In der Tat könnte man behaupten, dass sich *Die Besucher*, das später unter seinem Originaltitel *Communion* mit Christopher Walken in der Hauptrolle ebnfalls verfilmt wurde, schnell von einem Buch zu einem veritablen Phänomen entwickelte. Und dieses Phänomen hält bis heute an. Gerade erst erschien nach 33 Jahren unter dem Titel *Eine Neue Welt* eine aktuelle Fortsetzung von *Die Besucher*. Damals, in den frühen 1990er Jahren, verschaffte die Beteiligung des Harvard-Professors John E. Mack an der Diskussion dem Thema noch mehr Aufmerksamkeit. In der Folge wurden Alien-Entführungen zu Top-Nachrichten. Für UFO-Forscher sind sie *noch immer* Top-Nachrichten, wenngleich nicht mehr in dem Maße wie in den 1980ern und den frühen bis mittleren 1990ern.

Eine umfassende Untersuchung der Publikationen über Entführungen durch Außerirdische zeigt, dass die große Mehrheit der Beobachter, Autoren und Erforscher des Phänomens glaubt, dass es sich dabei um ein großes und geheimes Programm zur Gewinnung von menschlicher DNA in Form von Eizellen, Spermien und sonstigem genetischen Material handelt. Der Grund dafür soll sein, dass sich die sogenannten Greys in einem desaströsen physiologischen Niedergang befinden und allmählich aussterben. Im Bestreben, ihre Zivilisation zu retten, benutzen sie uns als ahnungslose und weitgehend unwissende Spender. Daneben gibt es allerdings noch einen weiteren, zutiefst unheimlichen Aspekt. Dieser betrifft das starke Interesse, das die Entführer an der unsterblichen menschlichen Seele zeigen. Viele Entführungsforscher ignorieren diesen Punkt. Ob sie das tun, weil sie das Thema für abseitig halten oder weil es ein beunruhigender und potenziell gefährlicher Aspekt ist, bleibt fraglich. Manche machen ihn allerdings auch bewusst zum Thema.

Ewiges Leben, recycelte Seelen und die »Schule«

Als Whitley Striebers Buch *Die Besucher* im Original 1987 erschien, wurde es auf Anhieb ein Bestseller. Es war nicht nur innerhalb der UFO-Gemeinde ein Erfolg, sondern erreichte die gesamte Weltöffentlichkeit. Sogar die Mainstream-Medien widmeten dem Buch sehr viel Aufmerksamkeit, teilweise weil Strieber bereits als Verfasser atmosphärischer und tiefgründiger Horrorgeschichten hervorgetreten war. Sein Roman *Wolfsbrut* von 1978 beispielsweise wurde 1980 zu dem Film *Wolven* verarbeitet, der an den Kinokassen zwar zunächst floppte, doch später im TV und auf DVD zu einem sehr erfolgreichen Geheimtipp wurde. Und es gab den Film *Begierde* über ein Vampirpaar, den der aufstrebende britische Regisseur Tony Scott mit David Bowie und Catherine Deneuve in den Hauptrollen 1983 nach Striebers Roman *Der Kuss des Todes* in die Kinos brachte. Die starke Aufmerksamkeit für *Die Besucher* war etwas, das Ufologen selten zuvor erlebt hatten, wenn überhaupt jemals. Im Allgemeinen bleibt die UFO-Gemeinde unter sich und kommuniziert kaum mit jemandem außerhalb. Durch Strieber änderte sich das, und dies praktisch über Nacht. Und durch Strieber änderte sich auch noch etwas anderes.

Die meisten Autoren von Büchern über das Thema Alien-Entführungen in den 1980er Jahren richteten ihr Augenmerk allein darauf, dass die Außerirdischen hier waren, um unsere DNA zu stehlen. Zweifellos tauchte Strieber ebenfalls tief in dieses Thema ein, doch er scheute nicht davor zurück, sich auch den strittigeren Aspekten seiner Erfahrungen mit jenen Wesen zu widmen, die er nicht als Aliens oder Außerirdische, sondern als »Besucher« bezeichnete. Diesen Begriff benutzte Strieber aus guten Gründen: Er war sich nämlich durchaus nicht sicher, ob seine Entführer wirklich Aliens im landläufigen Sinne waren. Vielleicht repräsentierten sie, wie er andeutete, etwas derart Fremdartiges, dass sie völlig außerhalb unseres gegenwärtigen Verständnisses liegen. Wie Strieber anmerkte, hatten diese Besucher ein bemerkenswertes Interesse an der menschlichen Seele; an jenem einzigartigen Teil von uns, der, wie Milliarden glauben, niemals stirbt.

Nicht lange, nachdem *Die Besucher* die Bücherregale erobert hatte, erklärte Strieber, dass er aufgrund der außerordentlichen Anzahl von Leserbriefen, die er erhalten hatte, nun definitiv behaupten könne, dass die menschliche Seele untrennbar mit dem Entführungsrätsel verbunden sei. In seinem Buch *Transformation* von 1988, dem Nachfolgeband zu *Die Besucher*, berichtete er von einer Anzahl traumatischer Begegnungen, bei denen die Entführten das Gefühl hatten, dass die Besucher die Fähigkeit besaßen, die unsterbliche menschliche Seele aus dem physischen Körper herauszulösen. Offenbar hatten sie diese Art von »Operation« in zahlreichen Fällen durchgeführt.

Strieber erhielt daraufhin eine Antwort von den Besuchern, die eine Erklärung für ihre Beziehung zur menschlichen Seele lieferte. Sie sagten ihm zwei Dinge: erstens, dass sie Seelen »recyceln«, und zweitens, dass die Erde einer Schule gleicht, in der wir lernen, wachsen und uns mit jedem Recycling entwickeln. Das ist ein Szenario, das die Vorstellung einer riesigen, bizarren Fabrik hervorruft, in der wie am Fließband unaufhörlich alte Seelen in neue Körper gepackt werden. Vielleicht läuft auch genau das ab – wenngleich in einer äußerst sonderbaren, unergründlichen Weise, die wir noch nicht wirklich begriffen haben.

Johannes Philoponos, ein im Jahre 490 n. Chr. in Alexandria geborener Theologe, war der Ansicht, dass die Seele die Erinnerungen der verstorbenen Person (oder Personen), die sie einst bewohnte, nicht behält. Vielleicht ist das tatsächlich der Fall. Wenn Striebers Besucher ihre Aktivitäten korrekt beschrieben haben, lebt die recycelte Seele womöglich in einem neugeborenen Baby weiter, doch ohne Erinnerungen an ihre Vergangenheit. In diesem

Sinne könnten wir bereits Unsterblichkeit erlangt haben, wissen das aber ironischerweise nicht, da unsere Erinnerungen alle achtzig bis neunzig Jahre gelöscht werden.

Strieber war jedoch nicht der Einzige, der realisierte, dass das Phänomen der Entführung durch Aliens weitaus unheimlicher ist, als es sich die meisten Menschen vorgestellt hatten oder vorstellen können. So erklärte der bereits erwähnte Harvard-Professor John E. Mack in einem bemerkenswerten Anklang an Striebers Worte, dass einige der zahlreichen Entführungsopfer, die er unterstützt und beraten hatte, das Gefühl hatten, die Wesen, denen sie begegnet waren, seien nichts anderes als Seelendiebe. In seinem Buch *Passport to the Cosmos* (»Reisepass für den Kosmos«) schildert Mack die Geschichte eines von Aliens entführten Mannes namens Greg. Mack schreibt dazu: »Greg erzählte, dass sein Schrecken angesichts seiner Begegnungen mit gewissen reptilienartigen Wesen so intensiv war, dass er fürchtete, von seiner Seele getrennt zu werden. ›Wenn ich von meiner Seele getrennt würde‹, erklärte er, ›dann hätte ich keinerlei Bewusstsein mehr von meiner Existenz. Mein gesamtes Bewusstsein würde dann verschwinden. Ich würde aufhören zu existieren‹« (Mack, 1999).

In mancherlei Hinsicht entsprechen diese Worte den Vorstellungen von Johannes Philoponos, dass die Seele, wenn sie neu inkarniert, das Bewusstsein und die Erinnerungen der Person, die sie zuvor bewohnte, verliert.

»Eine Schlacht um die Geister und Seelen der Menschen«

Wenn wir den Aspekt des Seelendiebstahls beim Entführungsphänomen bedenken, ist es wenig überraschend, dass einige Forscher angedeutet haben, diese Besucher seien weniger außerirdischer als vielmehr dämonischer Natur. Einer derjenigen, die sich besonders vernehmlich zu Wort meldeten und auf diesem Gebiet weithin wahrgenommen wurden, ist Tom Horn. Er meint dazu: »Dämonologie ist nicht einfach nur eine Idee von Spinnern. Sie ist eine uralte Wissenschaft von den Monstern und Dämonen, die offenbar die gesamte Geschichte hindurch parallel zur Menschheit existiert haben ... Die in der entsprechenden Literatur beschriebenen Manifestationen und Erscheinungen sind dem UFO-Phänomen ähnlich, wenn nicht gar vollkommen mit ihm identisch« (Horn, 2011).

Horn erklärt dazu außerdem, dass diejenigen, die von dämonischer Manipulation berichten, dieselben Symptome aufweisen wie Menschen mit tiefgreifenden UFO-Erfahrungen, wie zum Beispiel Entführungen durch Außerirdische oder Begegnungen mit Aliens von Angesicht zu Angesicht. Weiterhin hebt Horn hervor, dass Dämonen angeblich die Fähigkeit besitzen, sich zu verwandeln und jede beliebige Gestalt anzunehmen. Auch die unerklärliche Fähigkeit der Greys, durch Türen und Mauern zu gehen, ist im Bereich der Dämonologie ebenfalls bekannt.

Dann gibt es noch die Geschichte eines Mannes namens Howard Menger, eines wohlbekannten Mitglieds des elitären Clubs der sogenannten »Kontaktierten«. Dabei handelt es sich um Menschen, die behaupten, von wohlmeinenden »Space Brothers« aus weit entfernten Welten kontaktiert worden zu sein – teils persönlich und direkt, teils nur auf geistiger Ebene. Mitte der 1950er Jahre, so Menger, teilte ihm sein angeblicher außerirdischer Freund mit, dass hier auf der Erde nicht nur positive und negative nichtmenschliche Wesen lebten, sondern dass auf unserem Planeten tatsächlich eine »Schlacht« um nichts weniger als »*Geist und Seele der Menschen*« tobe [Hervorhebung von mir] (Menger, 1959).

Weiterhin ereignete sich im Oktober 1973 eine bedeutsame UFO-Begegnung am Nachthimmel über Mansfield, Ohio. Sie betraf die Besatzung eines Hubschraubers der amerikanischen Reservestreitkräfte, wobei die Männer kurzzeitig ganz in ihrer Nähe ein großes, graues, zylinderförmiges Objekt bemerkten. Im Anschluss an diese Begegnung geschah etwas Merkwürdiges: Die Mannschaft wurde im Geheimen von offiziellen Personen kontaktiert, die ihnen eine Reihe interessanter Fragen stellten, die mit dem Thema dieses Kapitels zu tun haben. Sgt. John Healey, ein Mitglied der Crew, sagte später: »Nachdem einige Zeit vergangen war, rief uns das Pentagon an und fragte uns: ›Ist Ihnen seit diesem Vorfall dies oder jenes passiert?‹ Und in zwei Fällen, an die ich mich genau erinnere, fragten sie mich in erster Linie, ob ich jemals von einer Trennung von meinem Körper geträumt hätte. Und das habe ich tatsächlich. Ich träumte einmal, dass ich tot im Bett lag und mein Geist – oder was auch immer – über mir schwebte und auf mich herabsah, wie ich tot in meinem Bett lag« (Zeidman, 1979).

Dann gibt es noch die faszinierende Geschichte von Reverend Paul Inglesby, dem Autor des Buches *UFOs and the Christian* (»UFOs und das Christentum«). Die UFO-Forscher Dr. David Clarke und Andy Roberts berichten Folgendes: »1938, als er unter Lord Mountbatten in der Royal Navy diente, zog er [Inglesby] sich eine Tropenkrankheit zu und war drei Monate lang schwer krank. Während dieser Zeit erlebte er eine ›umwälzende spirituelle Erfahrung‹ mit Visionen eines zukünftigen atomaren Krieges und dämonischer Mächte, die über Raumschiffe und Nuklearwaffen verfügten« (Clarke und Roberts, 2007). Wie Inglesby selbst zu diesem verstörenden Erlebnis anmerkt, »beobachtete ich nicht nur zukünftige Ereignisse auf eine geistige, telepathische Weise, sondern diese ganze Zeit hindurch *tobte eine Schlacht um den Besitz meiner Seele*« [Hervorhebung von mir] (Clarke und Roberts, 2007).

Zurück zu Strieber

Zu denen, die ein starkes Interesse an Whitley Striebers Erlebnissen und seinem Buch *Die Besucher* hatten, zählte auch ein Schriftsteller namens Ed Conroy. Conroy schrieb sogar ein eigenes Buch über Strieber und seine Begegnungen, *Report on Communion* (»Bericht über ›Die Besucher‹«), das 1989 herauskam. In diesem Buch sprach Conroy den Tod von Striebers Vater an, den Strieber in einer Vision gesehen hatte.

Conroy bemerkte dazu, dass es Erfahrungen wie diese gewesen sein könnten, die »Strieber mutmaßen ließen, dass die ›Beobachter‹ möglicherweise eine unmittelbare Beziehung zur Welt der menschlichen Seelen haben. Sie ermöglichten es ihm, seine Schuldgefühle darüber, dass er beim Tod seines Vaters nicht präsent gewesen war, zu verarbeiten.« Als Conroy Strieber in einem Interview fragte, ob er das Gefühl habe, die Besucher könnten irgendwie für das Ableben seines Vaters verantwortlich gewesen sein, antwortete Strieber: »Das ging mir durch den Kopf, und es war ein schrecklicher und zutiefst verstörender Gedanke« (Conroy, 1989).

Ishtar, die Besucher und ein Bild, das mehr sagt als tausend Worte

Im Oktober 2001 postete Whitley Strieber auf seiner Webseite *Unknown Country* eine Geschichte mit dem Titel »Temple of Ishtar Discovered« (»Ishtar-Tempel entdeckt«). Folgendes wird darin erzählt: »Archäologen haben im Irak einen Tempel entdeckt, der in der antiken Stadt Babylon stand, neunzig Kilometer südlich von Bagdad, und der Göttin Ishtar geweiht war. Ishtar war die Göttin der Liebe in Babylonien und Assyrien. Ihr Kult war in der

Die sagenumwobene Göttin Ishtar. Quelle: BabelStone (2010, Wikimedia Commons)

Antike im gesamten Nahen Osten unter verschiedenen Bezeichnungen weit verbreitet« (Strieber, 2001).

Wie Sie sich aus Kapitel 4 vielleicht erinnern, bot sich Ishtar, eine sumerische Fruchtbarkeitsgöttin, dem König Gilgamesch an, der zu jener Zeit aber weitaus mehr an Unsterblichkeit als an Sex interessiert war. Es ist daher wohl kein Zufall, dass Strieber Parallelen zwischen Ishtar und der weiblichen Besucherin zog, die in *Die Besucher* auftaucht und deren Gesicht uns vom ursprünglichen Cover seines Bestsellers aus anstarrt. Im Hinblick auf das Hauptthema dieses Buches ist vor allem Striebers Eindruck relevant, dass die weibliche Gestalt vor ihm nicht einfach nur alt, *sondern geradezu unfassbar alt war.*

Das Bild auf dem Umschlag der amerikanischen Originalausgabe *Communion*, das so viel Aufmerksamkeit auf sich zog, war die Arbeit eines Künstlers namens Ted Seth Jacobs. Er erinnert sich an den Prozess, durch den das Kunstwerk entstand. Es wurde, wie er sagt, »in meinem kleinen Apartment in New York City gemalt. Whitley setzte sich mit mir wegen dieses Gemäldes einer Außerirdischen zusammen. Während ich skizzierte, erklärte er mir, wie ich das Bild ändern sollte, damit es das von ihm Gesehene besser traf« (Crawford, 2012).

Jacobs erklärt, dass die Prozedur stark an das Vorgehen der Polizei beim Anfertigen des Phantombilds einer gesuchten Person erinnerte. Die beiden arbeiteten eng zusammen, wobei Strieber das Gesicht beschrieb und Jacobs seinen Hinweisen folgte. Interessanterweise wurde, wie Jacobs berichtet, die Frage nach dem speziellen Geschlecht des bei dieser Prozedur allmählich auftauchenden Wesens überhaupt nicht berührt. Tatsächlich deutet Jacobs an, dass die Greys vielleicht nicht einmal ein Geschlecht besitzen in dem Sinne, wie wir diesen Begriff verstehen. Nichtsdestoweniger räumt er ein, dass das fertiggestellte Werk eine definitiv weibliche Qualität zu haben scheint.

Der Künstler Michael Lombardi sagt zu der Beziehung zwischen Ishtar und Strieber: »Diese Verbindung fesselte mich sofort, da meine jüngsten Forschungen zur Antike und zu den Wurzeln der menschlichen Zivilisation stets einen Bezug zu Interventionen ›der Götter‹ zutage förderten, zu denen auch Ishtar zählte. Warum sollte dieses besondere Wesen erneut erscheinen, und noch dazu in derselben Weise einer ›göttlichen‹ Intervention?« (Lombardi, 2011).

Lombardi beantwortet seine eigene Frage mit der Bemerkung, er fände es äußerst unwahrscheinlich, dass Mythen wie die um Ishtar im Grunde nur Märchen seien. Seiner Ansicht nach sind solche Ereignisse während der Frühgeschichte der menschlichen Zivilisation tatsächlich passiert, und dazu zählen auch Besuche von Wesen wie Ishtar.

Auch wenn wir es zugegebenermaßen nicht beweisen können, verweist doch die Tatsache, dass Ishtar in der Geschichte des nach Unsterblichkeit strebenden Gilgamesch eine Rolle spielte und Whitley Strieber nach seinen Erfahrungen – Erfahrungen, die mit der unsterblichen Seele verbunden sind – einen Bezug zu Ishtar herstellte, auf zwei bemerkenswerte und unglaubliche Dinge: (a) darauf, dass die unsterblichen Wesen aus Gilgameschs Epoche noch immer unter uns weilen, und (b) darauf, dass die auf der Seele beruhende Unsterblichkeit die Erfahrungen jener Menschen beherrscht, die, damals wie heute, vom Phänomen der Entführung durch Außerirdische betroffen sind.

Verschwörungen und Unsterblichkeit

Nun kommen wir zu der Frage, was die US-Regierung – oder zumindest eine tief in der Infrastruktur der Regierung verborgene und äußerst gut getarnte Gruppe – über die Seele, die

Unsterblichkeit und den Recycling-Prozess weiß, dem Whitley Strieber so viel Aufmerksamkeit widmete. Es handelt sich hier um eine sehr umstrittene Geschichte, die auf einen ebenso umstrittenen Mann zurückgeht. Sein Name ist Robert Lazar. In der Welt der Ufologie ist er allerdings weitaus besser unter dem Namen Bob Lazar bekannt. Ende 1988 war er, wie er angibt, für kurze Zeit in einer streng geheimen und militärisch bewachten Anlage mit dem Codenamen S-4 in Nevada beschäftigt. Sie war Teil der einschlägig bekannten Area 51. Lazar behauptet, dass er während der Wochen, die er in S-4 verbrachte, eine Reihe von außerirdischen Raumschiffen zu sehen bekam, die ein unbekanntes Element der US-Regierung unter Umständen erworben hatte, in die Lazar niemals vollständig eingeweiht wurde. Er war jedenfalls direkt mit ihnen befasst und half sogar dabei, ihre Technologie zu rekonstruieren.

Weiterhin behauptete Lazar, dass er in S-4 Gelegenheit hatte, zahllose offizielle Dokumente über die lange und verwickelte Geschichte der Anwesenheit von UFOs und Außerirdischen auf unserem Planeten einzusehen. Besonders ein Dokument war ihm im Gedächtnis geblieben. Es hatte mit der frühen Geschichte der menschlichen Art zu tun und deutete an, dass Außerirdische anscheinend rund siebzig genetische Manipulationen an der menschlichen Art vorgenommen hatten, und zwar über einen Zeitraum von Tausenden von Jahren hinweg – möglicherweise sogar *Zehntausenden* und *Hunderttausenden* von Jahren. Das Personal in S-4 war in Bezug auf diesen geheimen Aspekt unserer Geschichte so sehr in Sorge, dass die überwiegende Mehrheit der relevanten Materialien mit tödlichen Waffen gesichert wurde. Die Informationen wurden allerdings nicht aus Böswilligkeit unterdrückt. Vielmehr war es so, dass niemand wusste, wie man solch verstörende Nachrichten publik machen sollte, ohne dass die Enthüllungen weltweite Panik, Schockzustände und Unruhen hervorrufen würden. Folglich wurde eine andere Maßnahme ergriffen: Die Geschichte wurde so tief vergraben, wie man sich nur vorstellen kann. Dies erinnert an die Schlussszene des Films *Indiana Jones – Jäger des verlorenen Schatzes* von 1981, in der die legendäre Bundeslade vor praktisch allen Menschen in einem großen Warenlager versteckt wird.

Wie Lazar dem in Nevada ansässigen George Knapp von KLAS-TV anvertraute, gibt es »ein streng geheimes und äußerst umfangreiches Dokument, das mit Religion zu tun hat. Warum aber sollte es überhaupt geheime Akten geben, die mit Religion zu tun haben?« (Good, 1992).

Knapp wollte Antworten hören, und dies möglichst schnell. Nach einem ziemlich langen Hin und Her stimmte Lazar zu, seine eigene Frage zu beantworten: »Wir sind Behälter. Das ist vermutlich die Art und Weise, wie die Außerirdischen uns sehen; wir sind nichts weiter als Behältnisse. *Vielleicht Behälter von Seelen* [Hervorhebung von mir]. Auf jeden Fall aber Behälter; so werden wir in den Dokumenten bezeichnet. Und Religion wurde ausschließlich zu dem Zweck geschaffen, uns gewisse Regeln und Vorschriften zu geben, damit diese Behälter nicht zerstört werden« (Good, 1992).

George Knapp war nicht der einzige, dem Bob Lazar diese Geschichte erzählte. Ein zweiter war ein Mann namens Michael Lindemann, ein UFO-Forscher, Autor und Futurist, der einen Bachelor in Psychologie von der Antioch University hat. In einem Interview mit ihm gab Lazar einen kurzen Kommentar zu demselben brisanten Punkt ab:

> »Es ging um den Bedarf an Behältern und darum, dass die Behälter nicht beschädigt werden. Die Leute spekulieren nun über Behälter. Geht es um Seelenbehältnisse, um etwas Bizarres dieser Art, oder ist das Gegenteil richtig? Ist vielleicht

> die Seele der Behälter, der den Körper enthält? Das ist mir persönlich zu fremd, als dass ich es wirklich erfassen könnte, aber es ging um den Schutz der Behälter und darum, wie einzigartig diese sind. Ganz besonders einzigartig. Und sehr schwierig zu finden.« (LINDEMANN, 1995)

Von dem Forscher Ralph Steiner befragt, gab Lazar eine ähnliche Antwort: »Ich hasse es, diese Sache wiederholen zu müssen. Ich sage das jedes Mal, wenn ich das erwähne, weil ich keinen anderen Beweis dafür habe, dass es wahr ist, keinen anderen als die Tatsache, dass ich es gelesen habe; und ich sage dazu dann immer, ja, auch das, was ich über ihr Antriebssystem gelesen habe, hat sich als Tatsache herausgestellt« (Deschamps, 2016).

Wir wollen dieses Kapitel nun mit den Worten von Ed Conroy abschließen: »Für Whitley Strieber sind die Besucher ihrem Wesen nach Agenten des Wandels, Katalysatoren der persönlichen Entwicklung, *Alchemisten der Seele* [Hervorhebung von mir]. Mit einem Wort, sie sind ›Transformer‹« (Conroy, 1989).

In Kapitel 14 werden wir einem Mann namens Nigel Kerner begegnen. Er hat eine äußerst verstörende Theorie darüber, wie und warum die Greys oder Besucher so tief mit jenem Aspekt von uns verbunden sind, der uns jetzt bereits unsterblich macht – die menschliche Seele. Es ist eine Theorie, die stark von der Striebers abweicht, aber sie ist nicht weniger provokant und bedeutet einen ebensolchen Paradigmenwechsel.

VIERZEHN

Die Greys – verzweifelt auf der Suche nach Seelen

Im Sommer 1997 erschien eines der umstrittensten Bücher zum Thema UFOs, das je geschrieben wurde. Sein Titel ist *Der Tag nach Roswell.* Verfasst von William Birnes, Herausgeber des mittlerweile eingestellten *UFO Magazine* und verantwortlich für die ehemalige Serie *UFO Hunters* des History Channels, erzählt das Buch die Geschichte des Lieutenant Colonel Philip J. Corso der U.S. Army. Corsos Geschichte ist sowohl faszinierend als auch bahnbrechend. Aber entspricht sie auch der Wahrheit? Während sie bei einigen Ufologen sehr gut ankam, wurde sie von vielen anderen abgelehnt und entweder als bewusste Desinformationskampagne der Regierung betrachtet, mit dem Ziel, die Wahrheit dessen zu verwischen, was im Sommer 1947 in Roswell in New Mexico tatsächlich geschah, oder schlicht als ausgeklügelter Schwindel, der nur dazu gedacht war, den Naiven und Leichtgläubigen das Geld aus der Tasche zu ziehen.

Corso behauptet in diesem Buch jedenfalls, er habe praktisch im Alleingang ein geheimes Programm gestartet, um angeblich außerirdische Technologien und Wrackteile – die im Juli 1947 vom 509. Bomb Wing der U.S. Luftstreitkräfte bei der Foster

Ranch nahe der Kleinstadt Roswell in New Mexico gefunden worden waren – in den privaten Sektor zu überführen. Ein Ergebnis dieser verschwiegenen Operation war laut Corso, dass die Vereinigten Staaten bald in der Lage waren, zumindest einen Teil des außerirdischen Materials zu verstehen und sogar nachzubauen. Faseroptik, Transistoren, Nachtsichtgeräte und Computerchips waren angeblich allesamt unmittelbare Folgen der ausgiebigen Untersuchungen des Roswell-Materials.

Hier wollen wir unsere Aufmerksamkeit aber nicht so sehr auf die Technologie richten, die laut diesen Berichten in Roswell entdeckt wurde, sondern auf die Leichen, die angeblich um den Ort des Absturzes herum gefunden wurden.

Außerirdische oder biotechnologisch erzeugte Lebensformen?

Im Gegensatz zu dem, was die UFO-Community behauptete oder annahm, äußerte Corso niemals explizit, dass die Leichen von Roswell außerirdischen Ursprungs waren.

Vielmehr war das, was er *tatsächlich* sagte, so ziemlich das Gegenteil davon. In Corsos Geschichte wurden die sogenannten »grauen Außerirdischen« in Wahrheit dafür geschaffen oder gebaut, bestimmte Aufgaben auszuführen. Die Schöpfer der Greys wären, wie Corso behauptete, die *wirklichen* Aliens. Weiterhin erklärte Corso, dass niemand, soweit ihm bekannt war, jemals die wirklichen Außerirdischen gesehen hatte, lediglich deren schwarzäugige, großköpfige Arbeiter-Drohnen.

Laut William Birnes beschrieb Corso die Greys als »Androiden oder biologische Roboter. Er sagte, sie hätten kein Verdauungssystem und wären elektronisch mit den Navigationskontrollsystemen des Raumschiffes verbunden gewesen« (Birnes, 2012).

Corso selbst merkte dazu Folgendes an: »Vielleicht sollten wir die EBEs [= Extraterrestrial Biological Entities, außerirdische biologische Wesen], wie sie in den medizinischen Autopsieberichten beschrieben wurden, nicht als Lebensformen, sondern eher als humanoide Roboter betrachten, die speziell für weite Reisen durch Raum oder Zeit entwickelt wurden« (Corso, 1997).

Er verbreitete sich ausführlich darüber und betonte dabei die sonderbare Natur der Greys:

> »Die Ärzte konnten zwar nicht eruieren, wie die Körperchemie dieser Wesen funktionierte, stellten aber fest, dass sie keine neuen, unbekannten Grundelemente enthielten. Doch legten die mir vorliegenden Berichte nahe, dass neue Kombinationen organischer Bestandteile gefunden worden waren, die weitaus umfangreichere Untersuchungen erfordern würden, bevor die Mediziner irgendeine Meinung äußern könnten. Von besonderem Interesse war die Flüssigkeit, die als Blut diente, offenbar aber auch körperliche Funktionen regulierte, wie es Drüsensekrete im menschlichen Körper tun. Bei diesen biologischen Entitäten scheinen das Blut- und das Lymphsystem kombiniert gewesen zu sein. Und wenn irgendein Austausch von Nährstoffen und Abfallprodukten innerhalb ihrer Systeme stattgefunden hat, dann kann dieser nur über die Haut der Wesen oder ihre äußere Schutzhülle erfolgt sein, da es keine Verdauungs- und Ausscheidungssysteme gab.«
>
> (Corso, 1997)

Ein ähnliches Szenario fand sich auf *The Hybrids Project*, das in einem Artikel auf seiner Webseite erklärte: »Diese kleinen grauen Wesen sind in Wahrheit biologische Arbeiter. Sie scheinen künstlich hergestellte Arbeitskräfte zu sein, das Ergebnis äußerst hochentwickelter genetischer Manipulation. Den Greys ist es gelungen, autonome Wesen zu schaffen, die wir als Androiden bezeichnen könnten und die alltägliche oder gefährliche Aufgaben für die großen Greys ausführen« (»Small Greys«, 2015).

»Was diese künstlichen intelligenten Wesen anstreben, ist die Fähigkeit, ewig zu überleben«

Heute, zwei Jahrzehnte nach ihrem Bekanntwerden, spaltet die seltsame Geschichte von Colonel Corso weiterhin die UFO-Forschung. Es gibt jedoch einen sehr guten Grund, warum ich sie hier wiedergebe. Die Vorstellung, dass die Greys nicht geboren, sondern künstlich herangezüchtet oder auf sonstige Weise erschaffen werden, hat die Aufmerksamkeit eines gewissen Nigel Kerner auf sich gezogen. Er entwickelte eine weitreichende und brisante Theorie, die von unmittelbarer Bedeutung für die außerirdische und menschliche Unsterblichkeit ist. Diese Theorie hat Kerner in zwei Büchern detailliert dargelegt: *The Song of the Greys* (»Der Gesang der Greys«) und *Grey Aliens and the Harvesting of Souls* (»Graue Aliens und die Ernte der Seelen«).

Danielle Silverman hat für Kerner intensive Forschungsarbeiten geleistet und mir im Jahre 2011 einen sehr einleuchtenden Bericht zur Publikation geschickt. Sie teilte mir die folgende faszinierende Theorie mit: Die unsterbliche menschliche Seele sei möglicherweise »ein abgeleitetes Informationsfeld, das einer natürlichen Kadenz entstammt, die mit dem Urknall ins Universum kam. Dieses Feld besitzt die Fähigkeit, Informationen in dem aufrechtzuerhalten, was Kerner als morphogenetisches elektrisch-räumliches Feld von ewiger Existenz in jeglicher von den Umständen erlaubten Form bezeichnet« (Redfern, 2010).

Silverman weist darauf hin, dass die Seele möglicherweise eine Art Mechanismus zur Speicherung von Daten ist. Mit diesem Modell im Hinterkopf verweist sie darauf, dass Kerner der Ansicht ist, dass, wenn die Greys wirklich so etwas wie biologische Roboter sind, die Seele dann jenen Wesen entsprechen könnte, die diese Roboter hervorgebracht haben (Redfern, 2010).

Wie Silverman mir mitteilte, nimmt Kerner an, dass die Greys ihrem Wesen nach biologische Maschinen sind, künstlich geschaffene Wesen mit hoher Intelligenz, die auf Forschungsmissionen quer durch das Universum geschickt wurden. Kerner betont jedoch, dass die Greys durchaus keine Supermänner oder Superaliens sind. Vielmehr weisen sie ihre eigenen, ganz spezifischen Verschleißerscheinungen auf, wie sie auch uns in unserem Leben betreffen. Im Endeffekt sind die Greys also nicht unverwundbar, ganz im Gegenteil. Und aufgrund ihrer Sterblichkeit besitzen sie einen inneren Antrieb, nach Möglichkeiten zu suchen, wie sie eine unsterbliche Seele erlangen können.

Silverman erklärte, dass dieser letztere Punkt voll der Agenda der Greys entspricht. Im Bewusstsein der Tatsache, dass sie gegenüber den Unbilden der Zeit nicht unverletzlich sind, suchen die Greys verzweifelt nach einem Weg, um zu überleben – und zwar für immer. Auch wenn die Greys eine gewisse DNA in sich tragen, die ihnen von den unbekannten außerirdischen Wesen einprogrammiert wurde, die sie ursprünglich geschaffen haben, erlaubt ihnen diese nicht, ewig zu leben. Aber durch genetische Manipulation und die Ausbeutung der menschlichen Art könnte es den Greys gelingen, sich gewissermaßen unendliches Leben zu verschaffen. Daher die große Zahl von Berichten über Entführungen sowie über die Entnahme von Körperzellen, DNA, Sperma und Eizellen, die von vielen Entführungsopfern berichtet wird. Silverman deutet an, dass diese Agenda der Greys nicht funktionieren kann; es ist ihnen nicht möglich, wirklich Seelen für sich selbst zu erschaffen. Anscheinend sind sie sich dieses Sachverhaltes jedoch nicht bewusst, weshalb sie endlos versuchen, genau dies zu tun.

Die vielleicht atemberaubendste Enthüllung, die Silverman mir diesbezüglich mitteilte, betraf Kerners Schlussfolgerung, dass der schnellste Weg durch den Kosmos durch die sogenannten Felder des Todes verläuft. Das ist nicht so ominös, wie es zunächst klingen mag. Im Wesentlichen kam Kerner zu dem Schluss, dass es etwas gibt, das wir als Nullpunktbereich bezeichnen könnten, nämlich den Raum zwischen den Atomen. Dieser ermöglicht es, unglaubliche Entfernungen in äußerst kurzen Zeiträumen zu überwinden – ja, er erlaubt uns sogar, in anderen Welten, anderen Sonnensystemen und vielleicht sogar in weit entfernten Galaxien zu reinkarnieren. Den Greys sind diese postmortalen Fähigkeiten, über die wir anscheinend alle verfügen, offenbar bekannt. Auf ziemlich genau dieselbe Weise, in der sie versuchen, die Seele zu kopieren, um sich am Leben zu erhalten, geben die Greys ihr Bestes, um diese postmortale Fähigkeit, das Universum in unglaublicher Geschwindigkeit zu durchqueren, zu verstehen und zu replizieren.

Kerner selbst sagt dazu das Folgende: »Ich gehe davon aus, dass die Menschheit etwas ganz Besonderes an sich hat, etwas, das virtuelle Realität niemals erfassen wird und das künstlicher Intelligenz niemals einprogrammiert werden kann. Begriffe wie Bewusstsein, Mitgefühl, Wärme, Freundlichkeit, Großzügigkeit, Spontaneität, Vorstellungskraft, Inspiration und Kreativität geben Hinweise darauf, was dieses Etwas sein könnte« (Kerner, 2010).

Hinsichtlich der spezifischen Natur dieses mysteriösen Etwas glaubt Kerner, dass es die Seele ist. Kerner gelangte außerdem zu dem Schluss, dass die Greys danach streben, die Natur der Seele zu verstehen, um so imstande zu sein, diese in sich selbst genetisch zu replizieren. Dies zu tun sei für sie die einzige Möglichkeit, eine unendliche Existenz zu erlangen, so Kerner. Zu diesem Punkt vertritt er Folgendes:

»Meine These ist, dass die Greys rein physische Schöpfungen und daher völlig den entropischen Prozessen unterworfen sind, die zum Abbau und Zerfall physischer Zustände führen. Sie haben keine Verbindung zu irgendeinem nichtphysischen Zustand, der jenseits der von physischer Masse durchdrungenen Materialität des Universums liegen mag, keine ›Seele‹. Ohne diesen Bestandteil sind die Greys vollständig den Abbauprozessen unterworfen, die in einem physikalischen Universum vorhanden sind. In meinen Büchern dokumentiere ich gentechnische Veränderungen durch Außerirdische auf der Ebene der DNA, um meine Theorie zu erhärten, dass diese Wesen versuchen, die Befähigung zu ewiger Existenz zu replizieren, die uns als Menschen zu eigen ist; daher ihre offenkundige Begeisterung für das menschliche Reproduktionssystem.« (Kerner, 2010)

Das ist etwas, was auch bei einem Alien-Entführungsopfer namens Allison Reed anklingt. Bei der Interaktion mit einem Grey erfuhr sie etwas Unglaubliches.

Angeblich behauptete der fragliche Grey …

»… dass er und sein graues Volk das Produkt einer genetischen Manipulation durch eine höhere Art seien, die offenbar Gott spielte und verschiedenes genetisches Material mischte und mixte. Er und sein Volk wurden durch eine genetische Veränderung von einer höheren Intelligenz geschaffen. Ich weiß nicht, wozu sie erschaffen worden sind. Aber meiner Auffassung nach wurden sie für einen bestimmten Zweck geschaffen, und im Laufe der Jahre waren sie nicht mehr imstande, sich selbst zu reproduzieren. Nach dem, was er mir sagte, waren sie nicht diejenigen, die das Ganze in Gang gesetzt hatten. Sie waren Hybriden, ein Produkt von anderen. Von einer höheren Intelligenz.« (Jacobs, 2000)

Nun befinden sich die unbeseelten Greys also auf einer Mission, um dafür zu sorgen, dass sie eines Tages Unsterblichkeit erlangen. Und nur wenn sie die Natur der menschlichen Seele verstehen und herausfinden, was genau uns eine unsterbliche Seele verleiht, können sie hoffen, durch die Nutzung hochentwickelter Wissenschaft und Technologie das zu erreichen, wonach sie so sehr streben: niemals endendes Leben. Wie Bob Lazar anmerkt, ist das vielleicht der Grund, warum uns die Greys nicht als Menschen, als Volk oder als Art ansehen, sondern als Behälter.

Es ist nicht unser physischer Körper, der für sie am bedeutendsten ist. Es ist jenes ätherische, fast magische Ding in uns allen, das sie haben möchten und benötigen: die menschliche Seele – der Schlüssel dazu, bis in alle Ewigkeit zu leben.

FÜNFZEHN

Die Elohim, Kloning und ewiges Leben

Für manche Menschen sind sie ein harmloser Haufen von Exzentrikern – Leute, deren Köpfe voll sind mit abwegigen Vorstellungen über außerirdisches Leben und die Ursprünge der Menschheit. Für andere sind sie definitiv Kult. Und vielen erscheinen sie aufgrund ihrer Aktionen und Aussagen geradezu gefährlich und unverantwortlich. All das hat diese Gruppierung freilich nicht davon abgehalten, unter der Bezeichnung Raelisten oder Raelianer eine große, weltweite Anhängerschaft aufzubauen – benannt nach ihrem Anführer Rael, der 1946 in Vichy in Frankreich als Claude Maurice Vorilhon geboren wurde. Nach einer ganz normalen Kindheit und einer längeren Phase jugendlicher Rebellion in den späten 1960er Jahren erlangte Rael für kurze Zeit eine gewisse Berühmtheit in der französischen Popmusikszene. Zu Beginn der 1970er Jahre fühlte er sich von der Welt der Rennwagen angezogen und gründete eine eigene Zeitschrift zum Thema mit dem Titel *Autopop*. Zwei Jahre später, genauer gesagt, im Dezember 1973, nahm Raels Leben jedoch eine überaus merkwürdige Wendung.

Am 13. Dezember fühlte sich Rael ohne rationalen Grund genötigt, eine Fahrt nach Puy de Lasollas zu unternehmen, das in der

Nähe der Hauptstadt der Auvergne liegt. In dieser Gegend befindet sich ein schlafender Vulkan. Der Ufologe Dr. Jacques Vallée beschreibt, was danach geschah: »Das Wetter war neblig und verhangen. Plötzlich sah er [Rael] ein rotes Licht blinken, und so etwas wie ein Hubschrauber kam herab und schwebte zwei Meter über dem Boden. Das Fluggerät hatte die Größe eines kleinen Busses und war oben kegelförmig. Dann erschien eine Treppe, und ein Insasse, der einem Kind ähnelte, mit einem Schimmer um seinen Körper herum, trat lächelnd heraus« (Vallée, 2008).

Der sehr menschlich aussehende Außerirdische bezeichnete sich als Jahwe – also mit dem Namen des israelitischen Gottes – und begann ein längeres Gespräch mit dem verblüfften und überraschten Vorilhon. Die schiere Menge an Informationen, die Vorilhon dabei mitgeteilt wurde, war so groß, dass er ein ganzes Buch – *Das Buch, das die Wahrheit sagt* – über diese Begegnung schrieb. Laut Vorilhons kosmischer Quelle verdankt die menschliche Art ihren Ursprung Jahwes Volk: Vor rund 25.000 Jahren besuchten Außerirdische die Erde und erschufen uns, die menschliche Rasse, durch hochentwickelte DNA-Manipulationen.

Willkommen in der Welt der Elohim

Die Außerirdischen waren, wie Rael belehrt wurde, bekannt als Elohim oder »die, die vom Himmel kamen«. Dies hat eine besondere Signifikanz, wie die folgende Definition zeigt: »Elohim lautet einer der drei göttlichen Namen; mit diesem Namen wird Gott bezeichnet, während er die Schöpfung hervorbringt. Der Schöpfungsbericht ist womöglich der schwierigste und rätselhafteste Abschnitt in der Bibel. Er beginnt mit dem Anfang und hört nicht wirklich auf. Es gibt drei Phasen, in denen sich die Schöpfung entfaltet« (»Elohim Meaning«, 2016).

Der erste Abschnitt entspricht der Periode, die in Genesis 1:1 bis 2:4 zusammengefasst ist. In diesem besonderen Zeitraum wird die Bezeichnung Elohim verwendet. Ab Genesis 2:4 lautet der Name Gottes dann Jahwe Elohim, zumindest bis zu den Zyklen von Noah und Abraham. In dieser besonderen Epoche ist die Rede von Dabar Jahwe oder »Wort Gottes«.

Die Raelianer glauben, dass die Elohim in dieser Frühzeit der menschlichen Entwicklung eine Reihe von Gesandten zu unserem Planeten schickten, um sicherzustellen, dass die frühen Menschen ein gutes und glückliches Leben führten. Unter diesen Gesandten waren solche Berühmtheiten wie Buddha, Jesus und Moses. Und diese Elohim hatten einen bestimmten Plan für Rael – einen Plan, der seitdem den Rest seines Lebens beherrscht hat.

Eines Tages, so wurde Rael mitgeteilt, würden die Elohim zur Erde zurückkehren und sich endlich offenbaren – und zwar der gesamten Menschheit. Rael war als ihr Vertreter auf Erden ausgewählt worden, um den Weg zur Rückkehr dieser außerirdischen Rasse zu bahnen. Die erste Aufgabe, mit der Rael beauftragt wurde, war die Errichtung einer Botschaft für die Aliens sowie die Schaffung einer Gemeinschaft als Anlaufstelle für weitere Gleichgesinnte. Der Name dieser Gemeinschaft war *mouvement pour l'accueil des extraterrestres, créateurs de l'humanité* oder Bewegung für den Empfang der Außerirdischen, Schöpfer der Menschheit, abgekürzt »MADECH«.

Im September 1974 kam Rael tatsächlich ziemlich groß raus. Zu dieser Zeit hielt er eine große Konferenz in Paris, wo er von seinen mittlerweile ausgedehnten Begegnungen mit den außerirdischen Elohim und von ihrer Mission auf der Erde erzählte. Die Konferenz war außerordentlich erfolgreich und zog über 2000 neugierige und begeisterte Teilnehmer an. Aus MADECH wurde bald die Rael-Bewegung, und innerhalb kürzester Zeit wurde die Gruppe weltweit tätig. Der Rest ist Geschichte, wie man so schön sagt. Die

Raelianer expandierten weiterhin und erregten auf der ganzen Welt Aufmerksamkeit – wie wir sehen werden, vor allem in Bezug auf die Themen Unsterblichkeit und Außerirdische.

Wer waren die Elohim?

Bevor wir aber zur Frage der Außerirdischen und des ewigen Lebens kommen, ist es wichtig zu verstehen, wie die Raelianer die Elohim sehen. Gleichzeitig muss betont werden, dass es divergierende Ansichten über die Natur der Elohim gibt.

Im Jahre 1908 schrieb Hiram Butler, der Verfasser von *The Goal of Life* (»Das Ziel des Lebens«):

> »Unser Herr, Jesus Christus, bezeichnete den Vater als Elohim ... Die allererste Aussage des Alten Testaments lautet: ›Im Anfang schuf Gott [Elohim] Himmel und Erde.‹ Das Nomen Elohim ist eine Pluralform, und die Übersetzung würde daher korrekterweise lauten: ›Im Anfang schufen die Götter Himmel und Erde.‹ Einige Autoritäten haben versucht, die Konsequenzen des Pluralnomens zu vermeiden, indem sie erklären, es handle sich hier um einen ›Pluralis Majestatis‹. Andere argumentieren, dass sich der Plural auf eine Vielzahl von Attributen oder Manifestationen bezieht. Doch unbestreitbare Tatsache ist, dass mit diesem Begriff durchgängig eine Mehrzahl von Individuen gemeint ist, und wenn wir zum 26. Vers kommen, lesen wir dort, dass die Elohim sagten: ›Lasst uns Menschen machen als unser Abbild, uns ähnlich‹.«
>
> (Butler, 1908)

Wir wollen nun die angeblich außerirdische Herkunft der Elohim etwas genauer unter die Lupe nehmen. In einem Interview mit Zecharia Sitchin stellt der UFO-Forscher Jordan

Maxwell 1997 eine diesbezügliche Frage: »Waren die Elohim die ›Söhne‹ der Söhne Gottes, oder waren die Elohim die ›Söhne Gottes‹?« (Maxwell, 1997).

Auf diese Frage antwortete Sitchin: »Sie waren die Anunnaki. Und es waren ihre auf der Erde geborenen Söhne, die die Töchter Adams heirateten« (Maxwell, 1997).

Mit anderen Worten, Sitchins Anunnaki und Raels Elohim sind ein und dieselben – was interessant ist, da Sitchin der Ansicht war, dass die Anunnaki unglaubliche Lebensspannen erreichten, während die Raelianer überzeugt sind, dass die Elohim den Code geknackt haben, der zur Unsterblichkeit führt.

Natürlich gibt es noch eine weitere Interpretation, und zwar eine, die die Elohim im Feld der hebräischen Lehren verankert: »Das Wort Elohim ist der Plural von El (oder möglicherweise von Eloah) und der erste Name Gottes, der im Tanach mitgeteilt wird: ›Im Anfang schuf Gott (Elohim) Himmel und Erde.‹ Der Name Elohim tritt dabei ausschließlich im Hebräischen auf« (Parsons, 2016).

Untersuchen wir nun, was die Raelianer noch über die Elohim sagen. In einem Text der Raelianer, den sie ausdrücklich als *die Botschaft* bezeichnen, heißt es: »Vor Tausenden von Jahren kamen Wissenschaftler von einem anderen Planeten auf die Erde und erschufen alle Lebensformen – einschließlich der Menschen – ›nach ihrem Ebenbild, ihnen gleich‹« (Raelian Movement, 2016). Hinweise auf diese Wissenschaftler und ihr Werk lassen sich in den antiken Texten vieler Kulturen finden.

Die Raelianer erläutern weiterhin, dass diese Außerirdischen – auch als die Elohim bekannt – sich insbesondere verschiedener Propheten bedienten, die dabei helfen sollten, die Menschen auf der Erde zu erziehen und zu bilden. Bestimmte Gesetze und Regeln sollten zu einer nachhaltigen Entwicklung der Zivilisation auf der Erde beitragen. Ganz oben auf der Liste standen Warnungen und Botschaften an die menschliche Rasse, dass sie jede

Form von Gewalt – Krieg, Mord und dergleichen mehr – vermeiden und tiefen Respekt vor ihren Mitmenschen haben sollten. In den frühen Zeiten überließen die Elohim diesen Propheten fast die gesamte Arbeit in Bezug auf ihre Botschaft.

Nachdem wir als Spezies Fortschritte gemacht hatten, entschieden sich die Elohim jedoch, sich mehr und mehr zu zeigen. Daraus entstand die Welle an UFO-Aktivitäten, die im Sommer 1947 begann und sich danach zunehmend ausbreitete. Es war, wie die Raelianer sagen, diese größere Offenheit und Sichtbarkeit, die die Elohim veranlasste, Rael in den 1970er Jahren direkt zu kontaktieren, damit er die Welt über ihre Agenda informiert und zu ihren Ehren eine Botschaft errichtet.

Ein Highway to Hell (oder in den Himmel)?

Wir haben gesehen, wie die Raelianer zu dem Glauben gelangten, dass die Elohim die Schöpfer der menschlichen Art, die Gründer nahezu aller unserer großen Religionen sowie unsterbliche Wesen von einer weit entfernten Welt sind.

Nun wollen wir eruieren, inwiefern und warum die Raelianer glauben, dass auch wir eines Tages den Elohim auf dem Weg zum ewigen Leben folgen werden. Die Geschichte ist, wie man sich vorstellen kann, höchst umstritten.

Angesichts der Tatsache, dass die meisten unserer alten Religionen die Existenz einer Seele oder Lebenskraft proklamieren, die weiterlebt, nachdem unser physischer Körper gestorben ist, mag es überraschend erscheinen, dass die Raelianer nicht an eine solche Seele glauben. Ihre Auffassung, die auf ihre behaupteten Kontakte mit den Elohim zurückgeht, ist vielmehr, dass alles, was uns zu einzigartigen Individuen mit einzigartigem Charakter macht, im Augenblick des körperlichen Todes erlischt. Für die Raelianer gibt es kein Leben nach dem Tod. Es gibt keinen Himmel. Es gibt keine Hölle. Es gibt kein Fegefeuer. Das zoroastrische Paradies ist ein reiner Mythos. Dasselbe gilt für das buddhistische Nirwana und den Bardo-Zustand, ebenso für das Moksha des Hinduismus. Was ist mit dem Hades der alten Griechen? Auch er ist nichts weiter als ein Märchen, ersonnen, um den Pöbel zu ängstigen und gefügig zu machen. Und die Liste ließe sich fortsetzen.

Für die Raelianer gilt: Wenn die Lichter für einen von uns ausgehen, dann gehen sie für immer aus. Dann ist das Spiel für uns zu Ende, denn wir sind unwiederbringlich ausgelöscht. Dies gilt jedenfalls so lange, bis wir die Methode reproduzieren können, mit der es die Elohim geschafft haben, den Tod auf Abstand zu halten. Es geht dabei nicht um die Seele, sondern um die sich allmählich entwickelnde Wissenschaft des Klonens.

Die Wissenschaft der unendlichen Vervielfältigung

Obwohl das Klonen von Tieren einen sehr komplizierten Vorgang darstellt, lässt es sich doch kurz und prägnant erklären: »Kloning bringt ein neues Individuum hervor, wobei die DNA einer einzigen Person verwendet wird. Der Prozess ist technisch schwierig, aber vom Konzept her einfach. Die Wissenschaftler entfernen das genetische Material aus einer unbefruchteten Eizelle und führen dann neue DNA aus einer Zelle des zu klonenden Tieres ein.« Als Resultat eines erfolgreichen Klonvorganges beginnt sich die Zelle »entsprechend den Vorgaben der eingesetzten DNA« zu teilen und zu entwickeln (*The Guardian*, 2002).

Das National Human Genome Research Institute der US-Regierung sagt über den Kloningprozess, dass es drei Arten des Klonens gibt, die sich als machbar erwiesen haben, mit jeweils unterschiedlichem Erfolg. Obwohl sie alle unter den Begriff des

Klonens fallen, unterscheiden sie sich in der Sache doch erheblich voneinander. Beispielsweise ist das sogenannte Gen-Kloning dazu entwickelt worden, um Duplikate von DNA- oder Gen-Abschnitten herzustellen. Dann gibt es das reproduktive Kloning. Anders als beim Gen-Kloning besteht sein Ziel darin, vollständige und identische Kopien eines tierischen Lebewesens zu produzieren. Und schließlich gibt es noch das therapeutische Klonen, das zu neuem Gewebe führt, das den Platz von (infolge einer ernsthaften Erkrankung oder eines sonstigen Leidens) abgestorbenem oder abgebautem Gewebe einnehmen soll.

Die Raelianer sind davon überzeugt, dass der einzige Weg, Unsterblichkeit zu erlangen, darin besteht, einen perfekten Klon von sich selbst zu erschaffen. Dabei ist ihre Devise, die Geschwindigkeit, mit der aus dem Embryo ein Baby, dann ein Kind und schließlich ein erwachsener Mensch wird, durch den Einsatz von Nanotechnologie und futuristischen genetischen Manipulationen extrem zu beschleunigen. Sobald der Klon zur Reife gelangt ist – also nicht erst nach zwanzig oder dreißig, sondern vielleicht bereits nach vier oder fünf Jahren –, werden der Geist, die Persönlichkeit und sogar die Erinnerungen der ursprünglichen Person in diesen neuen Klon transplantiert. Theoretisch könnte das dann unendlich so weitergehen. Wenn der Klon zu altern beginnt, wird ein neuer gezüchtet, und der Prozess der Übertragung der Erinnerungen und der Persönlichkeit in den nächsten, jüngeren Klon wird gestartet, und dann weiter in den nächsten, und weiter und weiter. Theoretisch würde dieser Prozess ein unendliches Leben in einer persönlich gewählten Altersspanne erlauben, und dies ohne jede Notwendigkeit einer Seele oder Existenz in einem ätherischen, übernatürlichen Leben nach dem Tod. Wenn eine Reihe von geklonten Duplikaten für die Elohim gut genug ist, dann ist dies sicherlich auch gut genug für die Raelianer.

»Das Gesetz definiert den Begriff ›menschliches Wesen‹ nicht«

Unabhängig davon, auf welcher Seite man steht, lässt sich doch kaum bestreiten, dass alles, was die Raelianer sagen und behaupten, äußerst kontrovers ist. Dazu zählt auch das Klonen des Menschen – ein Vorhaben, das von der Öffentlichkeit, dem medizinischen Mainstream und den westlichen Regierungen fast ausnahmslos als gefährlich und verantwortungslos betrachtet wird. Christopher A. Pynes von der Western Illinois University bemerkt dazu: »Das Vereinigte Königreich verbietet reproduktives Klonen beim Menschen, wobei versucht wird, die Gesetze jeweils an die technologischen Fortschritte anzupassen. Die EU fördert die Forschung mit embryonalen Stammzellen, hat das Klonen von Menschen aber geächtet« (Pynes, 2009).

Pynes fügt hinzu, dass die USA im Hinblick auf diesen besonderen Punkt »über ein komplexes Gemenge aus staatlichen und föderalen Regulierungen und Gesetzen verfügen« (Pynes, 2009). Dies ist in der Tat so, vor allem aufgrund der massiven Kontroversen rund um Abtreibung, Stammzellenforschung sowie allem, was mit dem Klonen zusammenhängt.

Die NCSL (National Conference of State Legislatures) hebt in Bezug auf die aktuelle Situation in den Vereinigten Staaten hervor, dass fünfzehn aller Bundesstaaten der USA spezifische Gesetze in Bezug auf das Klonen haben, die größtenteils sicherstellen sollen, dass Kloningverfahren nicht die Linie des – im Hinblick auf die Förderung von Wissenschaft und Medizin – ethisch Vertretbaren überschreiten, und verhindern sollen, dass wir bei der Optimierung des Kloningprozesses einen fragwürdigen Weg à la Dr. Frankenstein einschlagen.

In Anbetracht dieser Äußerungen von Seiten der NCSL sowie von Christopher Pynes ist es wenig überraschend, dass ein Entrüstungssturm losbrach, als eine raelianische Bischöfin namens Brigitte Boisselier 2002 bekanntgab, dass die Klonforschung unmittelbar zur Geburt eines geklonten Kindes geführt habe. Um die ganze Geschichte rund um dieses einzigartige Baby verstehen und bewerten zu können, müssen wir uns zunächst einmal in das Jahr 1997 zurückversetzen.

Die Bischöfin und die Klone

Im Februar 1997 gründeten die Raelianer eine Gesellschaft namens Valiant Venture Ltd. Corporation (VVLC) sowie eine Firma namens Clonaid, um die Möglichkeiten zu prüfen, menschliches Leben durch einen Kloningprozess zu erschaffen. Dank erheblicher Finanzspritzen von einer Reihe von Investoren verfügte die Firma binnen kürzester Zeit über ausreichend Mittel für einen Sitz auf den Bahamas sowie für erste Projekte, die erforscht werden sollten – darunter einige mit sehr umstrittenen Zielen. Sehr bald befassten sich die Medien aus aller Welt mit dem, was im Hause der VVLC im Gange war – ebenso hohe Regierungsbeamte auf den Bahamas, einem Inselstaat, der von der britischen Königin Elizabeth II., einem Generalgouverneur und einem Premierminister regiert wird.

Für VVLC und Clonaid war es eine ausgemachte Sache, dass sie auf den Bahamas an Kloningthemen forschen würden. Für die Regierung der Bahamas führte diese Ankündigung jedoch zu Schreckensvisionen von geheimen Laboratorien und Fabriken, die auf den mehr als 700 Inseln der Bahamas plötzlich aus dem Boden schießen und dabei albtraumhafte Verwüstungen anrichten würden. Zur selben Zeit, als den Regierungsstellen der Bahamas klar wurde, was ablief – und was sich an weiteren problematischen Dingen am Horizont abzeichnete –, wurden auch von bestimmten Teilen der Medien starke Bedenken geäußert. Verschiedene Journalisten publizierten ihre Befürchtungen in Bezug auf Klonlabore auf den Bahamas, was für die Regierung natürlich sehr besorgniserregend war.

Während all dieser Ereignisse war laut der Führungsriege von Clonaid die Anzahl »seriöser potenzieller Kunden auf über 250 Personen angewachsen. Daher entschied sich Rael im Jahr 2000, das Clonaid-Projekt an Dr. Brigitte Boisselier zu übertragen, die die Position einer Bischöfin in der Rael-Bewegung innehatte, damit sie mit einem Team gut ausgebildeter Wissenschaftler die Versuche starten konnte, das erste menschliche Wesen zu klonen« (Clonaid, 2009).

Und tatsächlich wurde damit auch begonnen, und zwar im Zentrum von Las Vegas in Nevada. Der größte Teil der Arbeit lief im Stillen und hinter den Kulissen ab. Gleichwohl war die amerikanische Bürokratie, wie Clonaid einräumt, durchaus nicht glücklich über das, was in der sogenannten »Sin City« vor sich ging. Tatsächlich haben bis Mitte 2001 allerlei US-Autoritäten Clonaid mehr als einen Besuch abgestattet. Es war klar erkennbar, dass irgendjemand in verantwortlicher Position große Befürchtungen hegte bezüglich dessen, was dort in der Welt des Klonens vor sich ging. Wir sprechen dabei über Besuche der Strafverfolgungsabteilung der Food and Drug Administration (FDA) bei der Anlage von Clonaid in Nitro, West Virginia. Die FDA-Mitarbeiter stellten überrascht fest, dass das Labor bis unter das Dach mit Hightech-Ausrüstung angefüllt war, und zwar auf Rechnung eines Mannes namens Mark Hunt, eines früheren Abgeordneten. Tragischerweise war dessen Sohn 1999 gestorben, als er noch nicht einmal ein Jahr alt war. Noch immer trauernd, entschied sich Hunt, seinen Sohn von Clonaid zurückbringen zu lassen – wenngleich fraglich war, bis zu welchem Grad der Klon Hunters Sohn charakterlich wie auch körperlich entsprechen würde. Von der FDA auf das Projekt angesprochen, stimmte Hunt zu, dass das Kloning seines Sohnes auf jeden Fall *außerhalb* der USA durchgeführt werden würde.

Die Kontroverse heizt sich auf

Im Dezember 2002 tauchte dann eine Nachricht auf, die – je nach Standpunkt – entweder Faszination oder Schrecken hervorrief. Clonaid behauptete, dass es einen Schritt gemacht hätte, von dem viele meinten, dass es ihn nicht tun *dürfe* oder nicht tun *könne.* Am 28. Dezember 2002 brachte CNN einen langen Artikel über die Kontroverse. Auch Fox News war schnell an der Geschichte dran, ebenso wie die BBC. In Windeseile berichteten die Medien der ganzen Welt über die Geburt des Kindes, das als der erste menschliche Klon angekündigt worden war.

Clonaids Bekanntmachung bezüglich des Babys Eve, die von niemand anderem als Brigitte Boisselier stammte, wurde unweigerlich mit einer großen Portion Skepsis aufgenommen, nicht zuletzt wegen Boisseliers Entscheidung, in Bezug auf große Teile der Geschichte striktes Stillschweigen zu bewahren. So weigerte sie sich kategorisch, das Geburtsland des Babys oder den Namen der Mutter zu enthüllen (selbst wenn sie einräumte, dass diese Amerikanerin war), und sagte auch äußerst wenig über den Vater, außer dass er unfruchtbar ist, weshalb Eve aus der DNA ihrer Mutter geklont worden war.

Bei einer Pressekonferenz sagte Boisselier, dass das Baby gesund sei. »Die Eltern sind glücklich. Ich hoffe, dass Sie an sie denken, wenn sie über dieses Baby sprechen – und es nicht als ein Monster bezeichnen, als wäre es das Ergebnis von etwas Abscheulichem« (Dakks, 2002).

Bedenken in Bezug auf Kloning

Es kann gut sein, dass die Eltern glücklich waren. Doch war das nicht jeder. Professor Jonathan Moreno, ein Medizinethiker, war tief besorgt. Er hob hervor, und zwar zu Recht, dass die Kloningergebnisse bei Tieren bisher meist katastrophal gewesen waren; die Tiere alterten rasch und litten an Tumoren sowie Problemen neurologischer Art. Moreno fügte hinzu, dass wir uns, soweit es diese neue Entwicklung des Klonens von Menschen betrifft, in vollkommen unbekannten Gewässern bewegen.

Der Hinweis auf das vorzeitige Altern von Klonen entbehrt nicht einer gewissen Ironie, wenn man bedenkt, dass die Raelianer doch eigentlich danach streben, durch das Klonen Unsterblichkeit zu erlangen. Tatsächlich fürchten jedoch viele Kloningexperten, dass der ganze Prozess mehr Probleme verursachen könnte, als er löst.

Doch zurück zum National Human Genome Research Institute (NHGRI), dessen Forschung ein äußerst düsteres Bild zeichnet, das von gänzlich anderen Annahmen ausgeht als die Glaubensvorstellungen und Behauptungen der Raelianer. Das NHGRI erklärt zu den mit Kloning verbundenen Risiken: »Ein weiteres mögliches Problem betrifft das relative Alter der Chromosomen der geklonten Zelle. Wenn Zellen ihre normalen Teilungsphasen durchlaufen, verkürzen sich die Enden der Chromosomen, die sogenannten Telomere. Mit der Zeit werden die Telomere so kurz, dass sich die Zelle nicht mehr teilen kann und infolgedessen stirbt« (»Cloning«, 2016). Das NHGRI merkt dazu an, dass dieser Prozess zwar dem normalen Alterungsprozess von Zellen entspricht, dass aber die Chromosomen, wenn man Zellen eines Erwachsenen zum Klonen verwendet, bereits so signifikant gealtert sein könnten, dass dadurch beim Klon ein Dominoeffekt ausgelöst werden könnte, der zu einer empfindlichen

Begrenzung seiner Lebensspanne führen würde. Das NHGRI verwies als klassisches Beispiel auf den Fall des Klonschafes Dolly, das 1996 in Schottland am Roslin Institute, einer Abteilung der Universität Edinburgh, geklont worden war. Während ein Schaf wie Dolly normalerweise ein Alter von elf oder zwölf Jahren erreichen sollte, brachte sie es lediglich auf sechs Jahre. Das lag vor allem daran, dass sie schwere Arthritis und Lungenschäden entwickelte – Degenerationserscheinungen, die man gewöhnlich eher bei einem deutlich älteren Schaf erwarten würde. Dolly wurde am 14. Februar 2003 eingeschläfert.

Steve Stice von der Universität von Georgia, eine Autorität auf dem Gebiet des Klonens, brachte die wissenschaftliche Meinung bündig auf den Punkt: »Ich hoffe, dass diese Nachricht nicht wahr ist« (Ritter, 2002).

Natürlich resultierte ein Großteil der Skepsis auch daraus, dass es fast unmöglich war, Clonaid von den Raelianern zu trennen, vor allem, weil Boisselier eine bedeutende Figur in beiden Lagern war. Als Tage und Wochen ins Land gingen, drängten die Medien auf weitere Antworten. Boisselier blieb allerdings ziemlich schweigsam, abgesehen von der Erklärung, dass Eve und ihre Mutter an Silvester 2002 nach Hause zurückgekehrt waren. Bis heute wurde Eves Identität, trotz gesetzlicher Drohungen und sogar gerichtlicher Klagen, nicht aufgedeckt. Ebensowenig haben wir die Namen der *weiteren* Klone, die angeblich existieren und denen es gut gehen soll, wie uns Clonaid versichert. Tatsächlich berichtete die Fachzeitschrift *New Scientist* am 6. Januar 2003, Boisselier habe »der BBC mitgeteilt, dass ihr medizinisches Team *einige hundert geklonte Embryonen* [Hervorhebung von mir] erzeugt habe, bevor zehn Implantationsexperimente durchgeführt wurden. Zwei von diesen hätten zu Lebendgeburten geführt, und drei weitere Geburten würden, wie sie sagt, für Ende Januar [wir reden von 2004] erwartet« (McDowell, 2003).

Clonaid beharrt weiterhin auf der Überzeugung, dass Unsterblichkeit durch Klonen eindeutig machbar ist. Die Organisation glaubt, dass es nicht mehr lange dauern wird, bis uns hoch entwickelte Kloningtechniken zur Verfügung stehen werden, um »eine verstorbene Person mit all ihren vergangenen Erlebnissen und Erinnerungen in einem neuen Körper wiederzuerschaffen, was es der Menschheit erlauben wird, ins Zeitalter der Unsterblichkeit einzutreten, wie es seine Heiligkeit Rael, der Gründer von Clonaid, 1973 nach seinem Kontakt mit den Elohim, den außerirdischen Schöpfern der Menschheit, bereits verkündet hat« (»Godsend: The Movie, Clonaid: The Reality«, 2009).

Die Zeit wird es erweisen. Vielleicht.

SECHZEHN

Die Wissenschaft von der Unsterblichkeit

Die Frage, warum wir altern und letztlich sterben, ist ziemlich komplex. Sie lässt sich allerdings mithilfe der sogenannten »Hayflick-Grenze« erklären.

Was es damit auf sich hat, wird von Zane Bartlett folgendermaßen erläutert: »Die Hayflick-Grenze ist ein Konzept, das den Mechanismus hinter der Zellalterung erklärt. Es besagt, dass sich normale menschliche Zellen nur vierzig bis sechzig Mal teilen können, bevor die Zelle durch programmierten Zelltod oder Apoptose zugrunde geht« (Bartlett, 2014).

Wenn allerdings, wie sämtliche verfügbaren Belege eindrücklich nahelegen, Außerirdische den Schlüssel zu einem endlosen Leben gefunden haben, dann lautet die größte und wichtigste Frage zweifellos: Wie ist ihnen das gelungen?

Leider ist es für uns so gut wie unmöglich, das mit absoluter Sicherheit zu sagen, da alles darauf hindeutet, dass dieser faszinierende Durchbruch vor unzähligen Jahrtausenden und auf anderen, weit entfernten Welten gelungen ist.

Wir können allerdings annehmen, dass die Tore zur Unsterblichkeit durch medizinische Fortschritte, wissenschaftliche Erkenntnisse in Bezug auf die DNA und ihre Komplexität sowie fortgeschrittene Technologien wie zum Beispiel die Verwendung von weißem Pulvergold geöffnet werden konnten. Wie aber können wir dessen sicher sein?

Einfach gesagt, indem wir nun demselben Weg folgen, den Wesen wie die Anunnaki möglicherweise vor Hunderttausenden von Jahren beschritten haben. Mit anderen Worten: Wissenschaftler, Genetiker und Mediziner untersuchen heute ernsthaft die Idee und die tatsächliche Machbarkeit einer Ausdehnung der menschlichen Lebensspanne – eventuell bis hin zu dem Punkt, an dem der Tod eines Tages eine Sache der Vergangenheit sein könnte. Indem wir uns immer mehr der Erforschung des potenziell lebensverändernden Themas der Unsterblichkeit widmen, werden wir womöglich eines Tages ein gewisses Verständnis dessen erlangen, was unsere außerirdischen Besucher in ferner Vergangenheit taten.

Die alten Völker Ägyptens, Indiens, des Nahen Ostens und Griechenlands erkannten, dass die Götter, anders als bloße Sterbliche, ewig lebten. Daher strebten sie dieselbe Unsterblichkeit an – oder zumindest eine möglichst lange Lebensspanne. In manchen Fällen mag ihnen dies auch vergönnt gewesen sein – so wie Adam, der bei seinem Tod 930 Jahre gezählt haben soll, oder Methusalem, der angeblich 969 Jahre lang lebte. Es mag auch bei König Gilgamesch so gewesen sein, dem mächtigen sumerischen Halbgott, der angeblich mehr als ein Jahrhundert lang über die babylonische Stadt Uruk herrschte.

Und auch wenn seitdem Tausende von Jahren vergangen sind, hat sich am menschlichen Streben sehr wenig verändert: So wie sich Gilgamesch vor vielen Jahrtausenden nach Unsterblichkeit sehnte, so tun auch wir heute alles für ein möglichst langes Leben. Die aktuelle Forschung dazu geht in einige ausgesprochen faszinierende Richtungen.

Vom Menschen zur Maschine

Interessanterweise meinte Whitley Strieber, der Autor des weltweiten Bestsellers *Die Besucher* von 1987, dem er mit *Eine Neue Welt* nach 33 Jahren übrigens gerade eine Fortsetzung und aktuelle Bestandsaufnahme folgen ließ, dass die Greys möglicherweise nicht das sind, was sie zunächst zu sein scheinen. Sie könnten weitaus mehr sein. Oder sie könnten paradoxerweise auch weitaus weniger sein. Strieber vermutet, dass die Greys die Fähigkeit haben, in einem nichtphysischen, ätherischen, seelisch basierten Zustand der Unsterblichkeit zu existieren. Allerdings bleibt er dabei nicht stehen. Strieber weist darauf hin, dass die zwergenhaften, langschädeligen Körper der Greys (wie sie nicht nur von ihm, sondern in zahllosen Fällen von Entführungen durch Außerirdische beschrieben wurden) in Wahrheit so etwas wie Taucheranzüge sein könnten, so wie wir sie benutzen, wenn wir unsere gewohnte Umgebung an Land verlassen und uns in die Tiefen einer völlig andersartigen Welt stürzen: in die Ozeane unseres Planeten. Mit anderen Worten: Strieber glaubt, dass die Körper der Greys tatsächlich hochkomplexe, biologische Roboter sind – Körper, die nur benutzt werden, wenn die unsterblichen Lebenskräfte der Greys zeitweise ihr eigenes ätherisches Reich verlassen und auf einer physischen, dreidimensionalen Ebene tätig werden müssen. Wie Strieber schlüssig nahelegt, könnten sie so etwas wie biologische Roboter sein, bei denen die Seele implantiert oder extrahiert werden kann, je nachdem, wie die Umstände es erfordern – wie es ja auch beim Taucheranzug der Fall ist.

Nicht mehr ganz menschlich

Mac Tonnies sagt zu diesem Thema:

»Angesichts der großen Zahl von außerkörperlichen und Nahtod-Erfahrungen finde ich es schwierig, die These eines ›nichtlokalen‹ Bewusstseins zurückzuweisen. Vielleicht kann eine hinreichend fortgeschrittene Technologie die ›Seele‹ irgendwann so ähnlich manipulieren, wie wir heute Gene spleißen oder Chemikalien in Reagenzgläsern mischen. Wenn dem so ist, könnten Begegnungen mit ›Außerirdischen‹ dazu beitragen, uns Grundkenntnisse darüber zu beschaffen, wie sich Bewusstsein modifizieren und übertragen lässt – Möglichkeiten, die von unserem gegenwärtigen Forschungsstand aus ziemlich abwegig erscheinen, die sich aber in einer Zukunft, in der Telepräsenz und virtuelle Realität für die Kommunikation wesentlich sind, als unerlässlich erweisen könnten. Schon heute erinnert das Potenzial von Gehirn-Maschine-Schnittstellen an das populäre Konzept von Telepathie – die bisher üblicherweise als etwas ›Paranormales‹ oder sogar ›Magisches‹ betrachtet wurde.« (Tonnies, 2009)

All dies führt uns nun zu einem weiteren Thema – und zwar zu dem, was als Transhumanismus bezeichnet wird. Beim Transhumanismus geht es darum, dass wir als Spezies etwas ganz Erstaunliches werden könnten: ein neuer Menschentypus. Es geht darum, *post*human und potenziell unsterblich zu werden. Und letzten Endes geht es um eine Verbindung des Menschen mit einer hoch entwickelten Technologie auf eine Art und Weise, die uns derzeit noch unfassbar erscheint.

Zoltan Istvan ist die treibende Kraft hinter der Transhumanistischen Partei der USA. Es handelt sich dabei um eine Gruppierung mit Sitz an der Westküste der Vereinigten Staaten mit knapp 10.000 Mitgliedern, die »größtenteils aus reichen Kaliforniern, Technikfreaks und Wissenschaftlern (zuweilen auch aus allem zusammen)« besteht, wie die britische Zeitung *Telegraph* berichtete (Bartlett, 2014). Im Jahr 2016 kandidierte Istvan für das Amt des US-Präsidenten. Wie die Geschichte zeigt, hat er dieses Ziel nicht erreicht. Aber das bedeutet nicht, dass er sein anderes Ziel – die Unsterblichkeit – nicht erreichen wird. Er könnte es durchaus noch schaffen.

Istvan erklärt, dass Transhumanismus »buchstäblich *jenseits des Menschen* meint. Zu den Transhumanisten zählen für mich vor allem Lebensverlängerer, Techno-Optimisten, Singularitarier, Biohacker, Robotiker, Vorkämpfer der KI [Künstlichen Intelligenz] und Futuristen, die eine radikale Wissenschaft und Technologie bejahen, um die menschliche Natur zu verbessern. Das wichtigste Ziel vieler Transhumanisten besteht darin, die menschliche Sterblichkeit zu überwinden – ein Ziel, das manche bis 2045 für erreichbar halten« (Istvan, 2014).

Es gibt wichtige Fragen, die in diesem Zusammenhang gestellt werden müssen, insbesondere diejenige, ob wir behalten werden, was jeden von uns menschlich macht, wenn sich die menschliche Art durch das Streben nach ewigem Leben radikal verändert. Oder werden wir nicht nur posthuman, sondern auch *inhuman* werden? Oder vielleicht sogar *nicht* menschlich?

Nick Bostrom, ein schwedischer Philosoph, Autor und Mitherausgeber einer Reihe von Büchern, darunter *Superintelligenz: Szenarien einer kommenden Revolution*, hat zu dieser äußerst heiklen Angelegenheit eine gute und treffende Bemerkung gemacht: »In der christlichen Theologie wird manchen Seelen von Gott erlaubt, in den Himmel zu kommen, nachdem ihre Zeit als körperliches Geschöpf abgelaufen ist. Bevor sie in den Himmel eingelassen werden, müssen sich die Seelen einem Reinigungsprozess unterziehen, bei dem sie viele ihrer früheren körperlichen Eigenschaften verlieren« (Bostrom, 2003).

Angesichts der tiefen Klüfte, die sich oftmals zwischen Wissenschaft und Religion auftun, erscheint es ironisch, dass sich die Auswirkungen des Transhumanismus – nämlich, dass wir uns in etwas radikal anderes verwandeln – im Grunde nicht so sehr von den Zuständen unterscheiden, die durch die Läuterung der Seele bewirkt werden.

Könnten Bostroms Worte auch etwas im Hinblick auf die anscheinend völlig emotionslose Natur der Greys besagen? Ja, das könnten sie. Denn die Frage ist: Haben die Greys vielleicht in ferner Vergangenheit in einem posthumanen (oder korrekter, in einem post-*außerirdischen*) Zustand Unsterblichkeit erlangt, und geschah dies eventuell auf Kosten ihres Äquivalents zu unserer Menschlichkeit? Vielleicht waren die Greys vor Tausenden von Jahren mit derselben Situation konfrontiert wie wir und führten ein Leben, das nicht wesentlich anders und nicht viel länger war als unseres. Heute dagegen sind sie andersartige, emotionslose, maschinenähnliche Wesen. Sie führen ihr ewiges Leben vielleicht teilweise in einem Zustand des postmortalen Lebens und teilweise in einer 3D-basierten physikalischen Umwelt, wie es gerade ihrer Laune entspricht oder wie die Umstände es erfordern. Und all dies erfolgt dank ihres Eintauchens in eine Welt, die stark an die des Transhumanismus erinnert. Unsterblichkeit könnte also erreichbar sein, aber sie hätte möglicherweise einen schrecklichen, irreversiblen Preis. Dieser Preis könnte das Ende der menschlichen Art sein, wie wir sie kennen, und der Beginn von etwas völlig Neuem.

Eine unsterbliche menschliche Rasse müsste freilich nichts Schlechtes sein. Zweifellos gibt es auch Leute, die glauben, dass es machbar sei, ewig zu leben, ohne das aufgeben zu müssen, was jeden von uns vollkommen einzigartig macht.

Ein Bakterium, das das Altern verhindert?

Im Oktober 2015 tauchte eine erstaunliche Geschichte auf, die von größter Tragweite ist für unser menschliches Bestreben, am

Leben zu bleiben – und zwar möglichst für immer. Es begann alles mit einem Mann namens Anatoli Brouchkow von der Staatlichen Universität Moskau. Die Sache ist ziemlich unglaublich und möglicherweise mit einem hohen Risiko für ihn verbunden, aber seit 2013 hat sich Brouchkow selbst einen bestimmten Bakterienstamm injiziert. Es handelt sich dabei jedoch nicht um eine der bekannten, gewöhnlichen Bakterien, sondern um ein besonderes, rund dreieinhalb Millionen Jahre altes Bakterium – Bacillus F –, das im sibirischen Permafrost, insbesondere auf dem Mamontova Gora, einem Berg in Jakutien, gefunden wurde.

Unglaublicherweise haben Experimente an kleinen Tieren – darunter Mäuse und Ratten – sowie an Pflanzen und menschlichen Blutzellen gezeigt, dass sich die Fruchtbarkeit erhöhte und die Lebensspanne verlängerte – und zwar signifikant –, wenn geringe Mengen dieser Bakterien injiziert wurden. In einigen Fällen machten die Bakterien Schäden an Pflanzenteilen rückgängig und führten zu einer Erhöhung der Spermienzahl bei älteren männlichen Mäusen. Es waren diese Entdeckungen und Entwicklungen, die Brouchkow dazu veranlassten, sich selbst zum Versuchskaninchen zu machen. Er war von den Möglichkeiten begeistert und nicht im Geringsten beunruhigt von den Risiken seines selbst gewählten Weges. Er sagt, er habe mehr Energie, sei offenbar immun gegen Grippe und in der Lage, deutlich länger zu arbeiten. Allerdings räumt er auch ein, dass es »noch weiterer Experimente bedarf. Wir müssen herausfinden, wie dieses Bakterium das Altern verhindert. Ich denke, das ist der Weg, den die Wissenschaft einschlagen sollte. Was erhält diesen Organismus am Leben? Und wie können wir ihn für unser eigenes Wohlergehen nutzen?« (Horton, 2015).

Zwei Überlegungen waren die Basis dafür, dass Brouchkow keine Bedenken hatte, sich selbst als Laborratte einzusetzen, und zwar erstens, dass die Menschen, die in der Gegend um den Mamontova Gora leben, durch den Kontakt mit dem dort vorhandenen Bakterium bisher offensichtlich nicht beeinträchtigt wurden, und zweitens, dass sie für ihre sehr lange Lebensspanne bekannt sind.

Alles tun, um länger zu leben

> »Es ist unsinnig und kontraintuitiv, anzunehmen, dass dieses hochkomplexe Leben nur geschaffen worden wäre, um nach einer bestimmten Zeitspanne zu enden. Ein intelligentes, komplexes Wesen sollte in der Lage sein, unbegrenzt lange zu leben, oder, um es anders zu formulieren, es sollte nicht aufgrund von Alterung sterben.«
>
> (»The ELPIs Theory«, 2016)

Dies sind die Worte von Marios Kyriazis, einem Arzt, der 1992 die British Longevity Society gründete. Auch wenn Kyriazis davon ausgeht, dass große Durchbrüche bei der Lebensverlängerung wahrscheinlich eines Tages Realität werden, glaubt er nicht daran, dass dies unmittelbar bevorsteht. Er räumt ein, dass wir aktuell ein langes Leben nur auf konventionelle Weise erreichen können, also zum Beispiel durch gesunde Ernährung, Einnahme von Nahrungsergänzungsmitteln, sportliche Betätigung und Verzicht auf Zigaretten. Er ist der Meinung, dass die Forschung auf den Gebieten der Nanotechnologie und der Stammzellen irgendwann auch Auswirkungen auf unsere Lebensdauer haben wird. Derzeit müssen wir jedoch noch abwarten, bis diese Technologien ein ausreichendes Niveau erreicht haben, um relevante und signifikante Auswirkungen auf uns zu haben. Im Augenblick sind wir, wie er hervorhebt, noch nicht an diesem Punkt angelangt. Eines Tages wird dies aber vielleicht der Fall sein.

Andere widersprechen Kyriazis, vor allem jene, die der Ansicht sind, dass die Antwort auf die Frage nach der Unsterblichkeit aus der Verbindung von Mensch und Maschine erwachsen wird, ähnlich dem *Robocop* in dem bekannten Science-fiction-Blockbusterfilm. Sie sehen sogar Möglichkeiten für eine Übertragung von Erinnerungen und Lebenserfahrungen in hoch entwickelte Computer. Dieser Prozess der Einspeisung erinnert natürlich an die Überzeugung der Raelianer, dass der einzige Weg für eine fortdauernde Existenz des Menschen in der Datenübertragung vom menschlichen Gehirn in einen Klon besteht. Die einen bevorzugen Maschinen, die anderen meinen, dass unsere Zukunft im Klonen liegt.

»Zusätzlich zur radikalen Lebensverlängerung werden wir eine radikale Lebenserweiterung erfahren«

In Bezug auf das Thema, dass sich die menschliche Art in Zukunft radikal verändert und möglicherweise sogar unsterblich wird, können nur wenige mit den umstrittenen Prognosen von Ray Kurzweil mithalten. Der Computerspezialist und technische Direktor bei Google hat einige unglaubliche Vorhersagen darüber parat, was uns vielleicht schon bis 2045 erwartet. Nach seiner Voraussage werden wir, wenn die Computertechnologie weiterhin exponentielle Fortschritte macht und auch die Nanotechnologie sich immer weiter fortentwickelt, irgendwann einen entscheidenden Wendepunkt erreichen, den Kurzweil als Singularität bezeichnet.

Dies wird der Zeitpunkt sein, an dem wir digital unsterblich werden. Der Inhalt unseres Gehirns wird in Computer hochgeladen. Wir werden möglicherweise sogar fähig sein, in einem physischen ebenso wie in einem digitalen Zustand zu leben und aus dem einen in den anderen zu springen, wie es uns gerade passt. Und in unserem physischen Zustand werden wir wahrscheinlich erleben, wie unsere Körperorgane zunehmend durch komplexe Technologien ersetzt werden, die uns *de facto* in Cyborgs verwandelt.

Auch wenn Kurzweil solche Prognosen schon seit längerer Zeit gemacht hat, rückten sie erst 2013 durch seinen Vortrag beim *Gobal Future 2045 International Congress* in New York in den Fokus der Medien sowie der Öffentlichkeit. Diese Konferenz war von dem russischen Multimillionär Dimitri Itskow finanziert und organisiert worden. Kurzweils Worte waren kraftvoll und für manche Zuhörer auch ein wenig beängstigend. Er sagte, dass der menschliche Körper aller Wahrscheinlichkeit nach in den kommenden Jahrzehnten immer weniger biologischer Natur sein wird, bis hin zu dem Punkt, »an dem der nichtbiologische Teil dominiert und der biologische nicht mehr von Bedeutung ist. Tatsächlich wird der nichtbiologische Anteil – der Maschinenanteil – so intelligent sein, dass er den biologischen vollständig nachmodellieren kann. Selbst wenn der biologische Teil verschwände, würde es dann keinen Unterschied mehr machen« (Woollaston, 2013).

Kurzweil hat sogar noch umstrittenere Vorstellungen, denn er glaubt, dass wir irgendwann auch den Tag erleben werden, an dem wir ein rein virtuelles Dasein führen, wobei wir uns in einer gänzlich virtuellen Realität aufhalten – bis hin zu dem Punkt, an dem diese virtuellen Welten die reale Welt perfekt widerspiegeln. Er betont, dass wir zwar eine Art von physischem Körper brauchen und vermutlich auch immer brauchen werden, da dies unser natürlicher Zustand ist, dass es aber mit der Zeit völlig normal für uns sein wird, uns zwischen einem physischen und einem virtuellen Zustand hin und her zu bewegen.

Und auch zum Thema der Unsterblichkeit, von der Kurzweil annimmt, dass sie immer näher rückt, liefert er einen bedeutsamen Ansatz, der für uns alle von größter Tragweite ist. Er sagt berechtigterweise, dass eine bloße Verlängerung des Lebens nicht ausreichend sein wird, vielmehr müssten wir uns ein erweitertes Leben verschaffen. Schließlich wäre Unsterblichkeit ziemlich bedeutungslos, wenn wir nichts mit all den zusätzlichen, unendlichen Lebensjahren anzufangen wüssten.

All das könnte bedeuten, dass wir möglicherweise – falls uns keine große globale Katastrophe dazwischenkommt – in weniger als einem halben Jahrhundert in einer Welt leben, in der niemand mehr stirbt. Selbst Methusalem – der möglicherweise von den Anunnaki genetisch optimiert wurde – würde uns dann um das Leben beneiden, das bald für jeden von uns möglich wäre.

Entwicklung einer Jugendlichkeitspille

Entsprechende Forschungen gehen in zügigem Tempo voran. So schrieb Nancy Loyan Schuemann in einem Artikel mit dem Titel »A ›Fountain of Youth‹ Pill May Be Available Soon« (»Eine Jugendlichkeitspille ist möglicherweise bald verfügbar«) vom 8. Juni 2016, ein Forscherteam habe entdeckt, dass eine »Kombination aus dreißig Nahrungsergänzungsmitteln, darunter die Vitamine B, C und D, Folsäure, Lebertran, Grüntee-Extrakt, die Auswirkungen des Alterns umkehren und den Verlust von Gehirnzellen aufhalten könne. Über einen Zeitraum von fünfzehn Jahren wurden Studien mit Mäusen durchgeführt, die zu erstaunlichen Ergebnissen geführt haben« (Schuemann, 2016).

Verblüffenderweise begannen Mäuse, die bereits ein Alter von zwei Jahren erreicht hatten – was für eine Maus ziemlich alt ist –, ihre Jugendlichkeit wiederzuerlangen. Arthritis ging zurück, geistige Fähigkeiten steigerten sich auf ein Niveau, das man nur bei jüngeren Mäusen erwarten würde, und sogar Rückenverkrümmungen, wie sie bei Mäusen im Alter auftreten können, wurden merklich geringer.

Außerdem erklärte Schuemann, dass die Ergebnisse der Studien Professor Jennifer Lemon von der McMaster University in Hamilton, Ontario (Kanada), eine Schlüsselfigur innerhalb des Programms, zu der Aussage veranlassten, dass diese Entdeckungen weitreichend seien und unseren Umgang mit menschlichem Leiden in der Zukunft beeinflussen könnten. Lemon, deren Großmutter an Demenz erkrankt und mit 84 Jahren verstorben war, erläuterte, dass dieser Durchbruch besonders für Menschen mit neurologischen Erkrankungen einen Hoffnungsschimmer darstellen könnte. Es gibt gewichtige Gründe für diese Annahme, denn obwohl wir uns in vielerlei Hinsicht von Mäusen stark unterscheiden, ist unser Organismus doch auf ganz ähnliche Weise von neurologischen Krankheiten betroffen. Was bei Mäusen funktioniert, könnte daher bald auch bei uns funktionieren.

Wenn alles gut geht, werden kontrollierte und gut überwachte Versuche an Menschen demnächst beginnen und hoffentlich zu positiven Auswirkungen auf Leiden wie Amyotrophe Lateralsklerose oder ALS, Parkinson und Alzheimer führen.

Schlusswort

Im Gegensatz zum Leben jener geheimnisvollen Wesen, von denen dieses Buch handelt, ist unsere Geschichte nicht unendlich. Es ist nun also an der Zeit für einige abschließende Bemerkungen zu den Aliens der Vergangenheit sowie der Moderne und für eine abschließende Antwort auf die spannende Frage: Was genau können wir über das merkwürdige Phänomen außerirdischer Unsterblichkeit sagen? Betrachten wir also noch einmal kurz dieses komplexe Thema, in dem viele Stränge zusammenlaufen.

Zunächst einmal können wir hervorheben, dass niemand bestreiten kann – gleichgültig, auf welcher Seite er oder sie in Bezug auf Aliens, Götter, Halbgötter und die Langlebigkeit von Menschen steht –, dass es unzählige solcher Berichte gibt, und zwar seit Jahrtausenden auf der ganzen Welt. Wie wir außerdem gesehen haben, beschränken sich solche Berichte keinesfalls auf die ferne Vergangenheit. Das Thema Unsterblichkeit ist auch in unserer Gegenwart aktuell – insbesondere im Zusammenhang mit der Kontroverse rund um Entführungen durch Außerirdische – und hat ganz klar auch für die nationale Sicherheit eine große Bedeutung. Lassen Sie uns aber nichts überstürzen!

Gehen wir die Dinge lieber schrittweise an, um zu prüfen, zu welchen Schlussfolgerungen wir gelangen können.

Nach allem, was wir in den vorangegangenen Kapiteln gesehen haben, lässt sich argumentieren, dass es zwei unterschiedliche Arten von Unsterblichkeit gibt: eine, die durch hoch entwickelte Technologien, Wissenschaft, Klonen und medizinische Fortschritte erreicht wird, und eine, die von natürlicher Art, aber von geheimnisvollem Dunkel umgeben ist, nämlich dem Dunkel, das die Seele oder Lebenskraft aller lebendigen Wesen auf unserem Planeten umhüllt.

In welchem Maße die Anunnaki an die Existenz einer unsterblichen Seele glaubten, ist in vielerlei Hinsicht eine rein akademische Frage. Denn warum sollte man sich Gedanken um ein unsterbliches Leben als seelenhafte Wesenheit machen, wenn man doch ein unendlich langes physisches Leben in der dreidimensionalen Welt haben kann? Dasselbe könnte man auch von den Göttern – oder den Außerirdischen – des alten Ägypten, Griechenland und Indien annehmen. Aller Wahrscheinlichkeit nach war – und ist – physisches Leben für sie ebenso wertvoll wie für uns. Und Wege zu finden, um dieses Leben vor dem Verlöschen zu bewahren, hätte für die Anunnaki ebenso wie für alle anderen Außerirdischen, die die Erde vor Jahrtausenden besucht haben mögen, natürlich höchste Priorität gehabt.

Was die menschliche Komponente all dessen betrifft, ist es wenig verwunderlich, dass die kurzlebigen Menschen jener Epoche, in der die Anunnaki den Planeten beherrschten, diese mächtige Weltraumrasse als Götter betrachteten. Schließlich schwebten sie in seltsamen Maschinen durch den Himmel, vollbrachten unglaubliche Wundertaten der Ingenieurskunst, und – zweifellos der wichtigste und bedeutendste Teil der Geschichte – während die menschliche Bevölkerung alterte und starb, galt das für die Anunnaki definitiv nicht. Sie waren im Grunde genommen ewig. Im Lichte all dessen können wir annehmen, dass die Wahrnehmung der Anunnaki als paranormale Gottheiten praktisch unausweichlich war. Womöglich haben die Anunnaki diesen Glauben auch aktiv und umfassend gefördert, vor allem, um eine Kultur des Gehorsams, der Unterwürfigkeit und der Angst auf Seiten der menschlichen Spezies zu fördern – einer Spezies, die die Anunnaki als sklavenartige Wesen geschaffen, manipuliert und verwendet haben.

Doch gibt es noch eine weitere menschliche Komponente bei all dem. Wie wir gesehen haben, waren nicht nur die allmächtigen Wesen vom Planeten Nibiru mit einer enormen Lebensspanne gesegnet, vielmehr gab es auch eine gewisse auserwählte Gruppe von Menschen, für die dies ebenso galt. Zu ihnen gehörten, wie wir dargestellt haben, unter anderem Methusalem, Seth, Adam, Kenan und Mahalalel. Viele aus dieser besonderen Elite erreichten nach irdischer Zeitrechnung ein Alter von beinahe tausend Jahren. Daneben gab es auch Menschen, die nach Unsterblichkeit strebten, bei ihrer Suche jedoch scheiterten – das berühmteste Beispiel ist König Gilgamesch, der Halbgott, der nach weitaus Höherem verlangte, es aber nicht erreichte. Das alles zeigt uns, dass Menschen zwar nicht als Unsterbliche geboren werden, dass es aber dennoch Wege gab, durch die der natürliche Prozess menschlichen Alterns vermieden oder zumindest unglaublich stark verlangsamt werden konnte, und zwar dank der unmittelbaren Einwirkung der Anunnaki.

Dieser Fall einer sich über viele Generationen hinziehenden Familie von extrem langlebigen Menschen, die mit Adam (oder eher mit den Adama) begann und sich bis zu Jesus erstreckte, beweist etwas Unglaubliches: Potenziell ist kein Mensch auf eine kurze Lebensspanne beschränkt, nicht auf siebzig, achtzig, neunzig oder auch hundert Jahre. Unser Überleben beruht auf Wissenschaft – einer Wissenschaft, die die Anunnaki mit einigen wenigen Menschen teilten, und zwar aus dem einzigen Grund, weil es ihren Zwecken im Rahmen ihrer langfristigen Agenda auf der Erde diente. Unglücklicherweise ist diese Wissenschaft in der Zwischenzeit verlorengegangen, ob sie nun absichtlich verborgen oder schlicht vergessen wurde. Damit ist sie für uns Heutige nicht mehr verfügbar – es sei denn, wir stolpern eines Tages über die alten Erkenntnisse, oder die außerirdischen Götter kehren zurück und teilen sie mit uns, wie sie es auch in biblischen Zeiten bis zu einem gewissen Grad getan haben.

Hinsichtlich der Frage, wie Unsterblichkeit und Lebensspannen von enormer Länge erreicht werden können, lässt sich feststellen, dass dies in so gut wie allen alten Legenden nichts mit dem übernatürlichen Wirken eines gleichermaßen übernatürlichen Wesens zu tun hatte. Vielmehr ging es immer um die Einnahme gewisser Substanzen, die die tickende Lebensuhr nicht nur verlangsamten, sondern im Extremfall zu einem kompletten Halt brachten.

Natürlich werden Skeptiker behaupten, dass Geschichten wie die vom weißen Pulvergold, von Manna, Amrita, dem Jungbrunnen oder den Geheimnissen der Alchemie lediglich den Welten von Mythologie, Legende und Folklore entsprungen sind. Was aber, wenn das nicht der Fall ist? Was, wenn diese mysteriösen Elixiere, angefangen bei denen der geheimnisvollen Anunnaki in der frühesten Geschichte der Menschheit bis hin zu denen der antiken Ägypter und Griechen, tatsächlich real waren? Ihre Existenz und ihr Vermögen, dem Tod ein Schnippchen zu schlagen, könnten vielleicht erklären, wie und warum bestimmten Menschen aus unserer Vorzeit ein derart langes Leben vergönnt war, wie und warum dasselbe für die sogenannten »Götter« galt, und schließlich auch, warum wir heute leider nicht mehr eingeweiht sind. Oder sind wir es doch? Zumindest bei einigen Menschen könnte das der Fall sein.

Dieser letzte Punkt führt uns zum Thema der Verschwörungen, der Vertuschungen und der geheim gehaltenen Programme, die initiiert wurden, um die Geheimnisse der Vergangenheit zu entschlüsseln. Es gibt jedenfalls definitiv Grund zu der Annahme, dass gewisse Personen innerhalb der US-Regierung, der Geheimdienste oder des Militärs (möglicherweise auch eine Gruppe von Personen aus allen drei Bereichen) sehr viel Zeit, Geld und Arbeitskraft investiert haben, um die Mysterien der Vergangenheit zu enthüllen, mit dem Ziel, die Zukunft zu diktieren und zu bestimmen, wie lange wir leben können. Oder vielmehr, wie lange eine gewisse auserwählte Elite leben kann. Die Plünderung des Museums von Bagdad, die Gerüchte um streng geheime Forschungen zum Thema Unsterblichkeit auf dem Dugway Proving Ground in Utah, die Verbindungen zwischen der Invasion im Irak 2003 und der Gilgamesch-Sage sowie die Äußerungen von Michael E. Salla und Jim Marrs sprechen insgesamt für etwas sehr Erstaunliches: Das Thema Unsterblichkeit wird offenbar von Seiten der Regierung auf einer streng geheimen Ebene sehr ernst genommen.

Dieses Interesse der Regierung am Thema des ewigen Lebens hat freilich auch sehr verstörende Aspekte. Wie wir gesehen haben, hat vor mehr als zwei Jahrzehnten der umstrittene Bob Lazar behauptet, in einer zur Area 51 in Nevada zählenden Abteilung namens S-4 einen Stoß geheimer Dokumente gelesen zu haben, in denen behauptet wurde, dass die Menschheit eine genetisch veränderte Art sei, und zwar eine, die von unseren außerirdischen Schöpfern als Behälter bezeichnet wurde. Lazar deutete an, dass wir Behältnisse von Seelen sein könnten – von Seelen, an denen die Außerirdischen ein hohes Interesse haben. Worin dieses Interesse bestehen könnte, wissen wir nicht. Immerhin wissen wir aber von Whitley Strieber, der durch sein Buch *Die Besucher* berühmt geworden ist, dass die Aliens vom Typus der sogenannten Greys seiner Ansicht nach eine vorrangige Agenda haben, nämlich das Recycling menschlicher Seelen. Die von Strieber als Besucher bezeichneten Wesen stellten ihm

Informationen zur Verfügung, die nahelegen, dass Unsterblichkeit für uns eine zwangsläufige Tatsache ist, wenn auch nur in dem Sinne, dass wir fortwährend in neue Körper versetzt werden und neue Identitäten annehmen, wenn ein Körper stirbt und ein anderer geboren wird.

Einen etwas anderen Tenor haben die Theorien von Nigel Kerner, der andeutet, dass die Greys tatsächlich Interesse an menschlichen Seelen haben könnten, dass es sich dabei aber um ein für uns gefährliches Interesse handelt, denn im Zentrum steht ein Programm, das dazu dienen soll, den Greys etwas zu verschaffen, was ihnen bisher fehlt, nämlich eine unsterbliche Seele.

Falls es innerhalb der Regierung tatsächlich eine geheime Gruppierung gibt, die mehr Informationen hat in Bezug auf menschliche und außerirdische Unsterblichkeit, dann wären die von Strieber und Kerner beschriebenen Szenarien zweifellos besorgniserregend für alle, die an einer geordneten Gesellschaft und Zivilisation interessiert sind und Zustände von Unsicherheit vermeiden möchten. Denn wenn die Wahrheit darüber, wie unsere unsterblichen Seelen benutzt und manipuliert werden, zu weitverbreitetem, öffentlichem Wissen würde, käme es sicher zu Unruhen, Terror und Anarchie. So gesehen könnte es beim Thema Unsterblichkeit und all den damit zusammenhängenden Aspekten auf ein gefährliches und tödliches Schachspiel hinauslaufen. Und wir sind die ahnungslosen Figuren in diesem Spiel.

Als Nächstes stellt sich natürlich die Frage, wie wir unsere Wissenschaft und Medizin eines Tages zu dem Punkt bringen können, der vor Hunderttausenden von Jahren für die Anunnaki offenbar selbstverständlich war. Und falls wir irgendwann den Tod überwinden – entweder aus eigener Kraft oder mit der Hilfe von Außerirdischen –, werden wir uns selbst dann als übermenschlich oder vielleicht eher als weniger als menschlich fühlen? Vielleicht wird sich unsere Geisteshaltung aufgrund der Fähigkeit, ewig zu leben, so radikal verändern, dass wir unsere Spezies als göttlich betrachten, so wie es die Menschen des Altertums von den Anunnaki dachten, als diese noch auf der Erde präsent waren.

Diese Frage, nämlich, inwieweit Unsterblichkeit uns verwandeln könnte – vielleicht ebenso, wie sie in der Vergangenheit die Anunnaki verwandelte und wie sie heute weiterhin die Greys prägt –, führt zu einigen interessanten Aspekten. Zum Beispiel: Wenn wir eines Tages in der Lage wären, den Tod endlich zu besiegen, würde das dann bedeuten, dass wir ihn tatsächlich auch besiegen *sollen*? Das klingt vielleicht nach einer seltsamen Frage. Letztlich möchte doch jeder von uns den Tod vermeiden, nicht wahr? Richtig! Bislang ist das noch nicht möglich – jedenfalls nicht nach allem, was wir wissen. Doch wie würde sich unser Leben verändern, wenn morgen bekanntgegeben würde, dass wir durch das tägliche Trinken eines bestimmten Cocktails nicht mehr altern und niemals sterben würden?

Ein Teil dessen, was uns zu dem macht, was und wer wir sind, ist das Bewusstsein, dass wir alle eine zeitliche Grenze haben und dass diese nicht besonders weit entfernt liegt. Das ist der Grund, warum wir versuchen, aus unserem Leben das Beste zu machen. Wir versuchen es möglichst gut zu nutzen, solange wir es haben, *weil wir es eines Tages nicht mehr haben werden.* Wenn wir uns aber alle in einem Zustand befinden, in dem der Tod völlig bedeutungslos für uns wird und es nicht nötig ist, sich irgendwie zu bemühen, da wir tatsächlich alle Zeit der Welt haben, werden wir uns dann nach einigen Jahrhunderten konstanten Daseins zu gelangweilten, blasierten und griesgrämigen Wesen entwickeln, die keine Ziele mehr haben, keinen Sinn für Dringlichkeit und Spannung – und ironischerweise auch nichts mehr haben, für das sie leben, außer dem Leben selbst?

Es gibt noch ein weiteres verstörendes Szenario. Auch wenn die Anunnaki unsterblich waren, wie wir gesehen haben, konnten sie doch immer noch sterben. Und sie waren sich dessen nur allzu bewusst. Der Alterungsprozess der Anunnaki mag gestoppt worden sein, aber ihre Körper waren durchaus nicht gefeit gegen die zerstörerischen Wirkungen eines Atomkriegs, brutaler physischer Gewalt oder die Verwüstungen durch interne Kämpfe, wie sie zur Auslöschung der Bevölkerung von Sumer, Sodom und Gomorrha führten.

Vor diesem Hintergrund können wir uns fragen, wie wir uns wohl verhalten würden, wenn wir zwar nicht mehr zum Altern verdammt sind, aber (genau wie die Anunnaki) immer noch durch einen schweren Autounfall, einen Flugzeugabsturz oder die Bombe eines Terroristen sterben könnten. Würden wir uns dann alle darauf beschränken, zu Hause zu bleiben, nur noch durch die Gardinen zu spähen und uns Sorgen zu machen, was uns da draußen erwarten könnte? Hätten wir Angst davor, auch nur das Geringste zu tun, was uns das Leben rauben könnte, unseren nun selbstverständlichen Besitz? Wenn man über Unsterblichkeit verfügt, wird man sie zweifellos behalten wollen. Angesichts dessen könnten wir uns womöglich kollektiv in einer Situation wiederfinden, in der die beste Strategie, unsere Unsterblichkeit zu erhalten, darin besteht, im Inneren unserer Häuser zu bleiben und nichts mehr zu tun – und das für immer und ewig.

Schließlich stellt sich noch die Frage, wer genau von der Unsterblichkeit profitieren wird. Werden es alle sein? Oder nur eine globale Elite? In letzterem Fall werden sich alle anderen Menschen wohl kaum entspannt zurücklehnen und akzeptieren, dass sie nur rund achtzig Jahre zur Verfügung haben, während eine elitäre Clique unendliches Leben für sich in Anspruch nimmt. Ein globales Chaos wäre möglicherweise die Folge, wenn Millionen von Menschen einen Aufstand gegen solch eine Elite anzetteln. Wenn aber jedem Menschen Unsterblichkeit garantiert wird, bedeutet das dann, dass es keine Kinder mehr geben wird?

Insgesamt ist nur wenig Platz auf unserem winzigen Planeten. Könnten wir in einer Welt leben, in der keine Kinder mehr existieren, weil es keinen Platz für weitere Menschen gibt, wenn niemand mehr stirbt? Würden wir wirklich so leben wollen? Wie kämen wir mit einem Leben zurecht, in dem die familiäre Gemeinschaft aus Mutter, Vater und Kindern nichts weiter als eine ferne Erinnerung ist?

Solche Fragen haben womöglich auch die Außerirdischen vor Tausenden oder sogar Millionen von Jahren beschäftigt. Mit Unsterblichkeit geht vielleicht fast unausweichlich eine Art von seelenloser, dumpfer und unbeteiligter Existenz einher. Man gewinnt zwar ein endloses Leben, doch der Preis dafür ist tragischerweise sehr hoch. Es ist durchaus möglich, dass genau dies mit den Greys geschah, die üblicherweise als weitgehend gefühllos und bindungsunfähig geschildert werden, jedoch nicht immer so gewesen sein müssen. Vielleicht haben sie heute einfach keine Erinnerungen mehr an das, wer oder was sie einmal waren.

Bevor wir uns also in übermäßige Aufregung hineinsteigern angesichts der Aussicht, niemals in einer Urne oder zwei Meter unter der Erde zu landen, sollten wir diese Fragen zur Kenntnis nehmen und die folgenden Worte des Immortality Institute bedenken. Sie verweisen auf etwas höchst Bemerkenswertes, das auf die Tage der alten Götter zurückgeht:

> »Der von Apollon begehrten Sibylle von Cumae wurde eine Lebenszeit von tausend Jahren gewährt, da sie aber die Liebe des Gottes zurückwies, versagte er ihr die ewige Jugend, und so litt sie fortan unter ihrem zunehmenden Alter. Tithonos, der Geliebte von Eos, der Göttin der Morgenröte, erhielt von ihr die Unsterblichkeit, vergaß aber, auch um ewige Jugend zu bitten, so dass er nun in ›grausamer Unsterblichkeit‹ altert, wie Tennyson ihn sagen lässt. Prometheus ist von Natur aus ein Unsterblicher, doch zur Strafe dafür, dass er für die

> Menschheit das Feuer gestohlen hat, wurde seine Unsterblichkeit zu einer Ewigkeit des Leidens.«
>
> (IMMORTALITY INSTITUTE, 2004)

Das Immortality Institute merkt dazu an, dass ein ewiges Leben »am richtigen Ort eine feine Sache sein kann, doch ironischerweise kann es tragisch werden, wenn etwas daneben geht« (Immortality Institute, 2004).

Wir täten als Spezies gut daran, diese Worte sehr ernst zu nehmen, wenn denn die Unsterblichkeit eines Tages für uns verfügbar werden sollte, wie sie es einst für unsere alten Götter von den Sternen war. Vielleicht ist es tatsächlich besser, jederzeit im Augenblick zu leben anstatt ewig.

Danksagung

Ich möchte allen Mitarbeitern von New Page Books und Career Press, vor allem Michael Pye, Laurie Kelly-Pye, Jeff Piasky, Lauren Manoy, Roger Sheety und Adam Schwartz, sowie sämtlichen Mitarbeitern von Warwick Associates für ihre hervorragenden Werbekampagnen und ihre großartige Öffentlichkeitsarbeit meinen aufrichtigen Dank und meine tiefe Wertschätzung aussprechen. Ein besonderes Dankeschön geht an meine Literaturagentin und Freundin Lisa Hagan, ohne die Sie diese Worte nicht lesen würden.

Nick Redfern ist ein hauptberuflicher Schriftsteller und Journalist, der mehr als dreißig Bücher über ungelöste Rätsel unserer Zeit geschrieben hat – wie UFOs, Entführungen durch Aliens, paranormale Phänomene, Regierungsverschwörungen, die geheimen Akten des FBI, aber auch über Hollywood-Skandale. Er forschte in Schottland und den USA über Seeungeheuer, in Puerto Rico über Vampire, in England über Werwölfe, in Mexiko über Aliens, seine Recherchen führen ihn durch die ganze Welt. Regelmäßig veröffentlicht er im London Daily Express, der Fortean Times, der Fate und dem UFO Magazine. In deutscher Übersetzung erschienen seine Bücher *Zutritt streng verboten!, Geheimsache »Monster«, Die Pyramiden und das Pentagon, Die echten Men in Black* sowie *Das Blut von Aliens*, ein Werk über die außerirdische Herkunft des Menschen. Er war in über siebzig Fernsehsendungen zu Gast, unter anderem bei Fox News, der BBC, dem SyFy Channel, dem National Geographic Channel und dem History Channel, der ihn häufig für die Doku-Reihe Ancient Aliens interviewt. Als gebürtiger Engländer lebt er heute in Texas, am Stadtrand von Dallas. *Der Schlüssel zum Ewigen Leben* ist seine neueste Veröffentlichung im AMRA Verlag.

Wer des Englischen mächtig ist,
kann ihn über seinen Blog kontaktieren:

http://NickRedfernFortean.blogspot.com

Bibliografie

»Aetos Dios.« *www.theoi.com/Ther/AetosDios.html*. 2016.

»Albinism.« *https://medlineplus.gov/ency/article/001479.htm*. August 23, 2016.

Alford, Alan. *Gods of the New Millennium*. Southampton, UK: Eridu Books, 1996.

Allingham, William. »The Fairies.« *www.scottishpoetrylibrary.org.uk/poem/fairies/*. 2015.

Alouf, Michel M. *History of Baalbek*. San Diego, CA: Book Tree, 1999.

»Ambrosia.« *www.greekmythology.com/Myths/Elements/Ambrosia/ambrosia.html*. 2016.

»Ambrosia – Food of the Greek Gods.« *www.loggia.com/myth/ambrosia.html*. 2016 (nicht mehr online).

»Amrita ~ Ambrosia – The Nectar of Immortality.« *https://yogakinisis.wordpress.com/2013/05/14/amrita-ambrosia-the-nectar-of-immortality/*. May 14, 2013.

»Ancient Chinese Alchemists and their Search for Immortality.« *www.monkeytree.org/silkroad/gunpowder/china1.html*. 2016 (nicht mehr online).

»Anunnaki.« *www.halexandria.org/dward185.htm*. February 5, 2009.

Appel, Daniel. »5 Ancient Legends about the Secret of Immortality.« *http://ultraculture.org/blog/2014/05/05/5-ancient-legends-secret-immortality/*. May 25, 2014.

Ashliman, D. L. »The Creation of Life on Earth According to the Raelian Movement.« *www.pitt.edu/~dash/rael.html*. January 8, 2003.

Ballard, Guy. Schreiben an Stanley Carter vom 18. März 1931.

Bartlett, Jamie. »Meet the Transhumanist Party: ›Want to live forever? Vote for me.‹« *www.telegraph.co.uk/technology/11310031/Meet-the-Transhumanist-Party-Want-to-live-forever-Vote-for-me.html.* December 23, 2014.

Bartlett, Zane. »The Hayflick Limit.« *https://embryo.asu.edu/pages/hayflick-limit.* November 14, 2014.

Benedict, Tim. »The First Global Nuclear War and a Cover-up of HISTORICAL Proportions!« *http://ancientnuclearwar.com/.* 2015.

Bingham, John. »Average life expectancy heading for 100.« *www.telegraph.co.uk/news/politics/11348561/Average-life-expectancy-heading-for-100.html.* January 15, 2015.

Birnes, William J. *The Everything UFO Book.* Avon, MA: Adams Media, 2012.

Bishop, Greg. »Frank Stranges Passes Away.« *www.ufomystic.com/wake-up-down-there/frank-stranges-passes/.* November 21, 2008 (nicht mehr online).

Bishop, Kitty. *The Tao of Mermaids.* Bloomington, IN: Balboa Press, 2010.

Blum, Ralph, & Judy Blum. *Beyond Earth.* New York: Bantam Books, 1978.

Bostrom, Nick. »Human Genetic Enhancements: A Transhumanist Perspective.« *Journal of Value Inquiry* 37(4): 493-506. *www.nickbostrom.com/ethics/genetic.html.* 2003.

Boyd, Jade. »›Quadrapeutics‹ works in preclinical study of hard-to-treat tumors.« *www.eurekalert.org/news-releases/480554.* June 1, 2014.

»Brother Rael.« *www.bibliotecapleyades.net/bb/rael.htm.* 2016.

Brown, Tom. »Battle Lines.« *http://blog.seattletimes.nwsource.com/iraq/tombrown/archives/000823.html.* April 17, 2003 (nicht mehr online).

Buck, William. *Mahabharata.* New York: Meridian, 1987.

Burkeman, Oliver. »Bush's cultural aides quit over sack of Baghdad's treasures.« *www.theguardian.com/world/2003/apr/18/internationaleducationnews.education.* April 18, 2003.

Bush, George W. »President Bush Addresses the Nation.« *https://georgewbush-whitehouse.archives.gov/news/releases/2003/03/20030319-17.html.* March 19, 2003.

Butler, Hiram. *The Goal of Life.* Applegate, CA: Esoteric Publishing Company, 1908.

Caron, Matt. »Amrita: Nectar of the Gods.« http://blog.sivanaspirit.com/amrita-nectar-gods/. 2016.

»Cauldron-born.« https://sff.net/people/hsfayle/cauldron.htm. 2016 (nicht mehr online).

»Changelings and Fairy Babies.« https://myndandmist.wordpress.com/2012/06/24/changelings-and-fairy-babies/. June 24, 2012.

Charles, R. H. *The Book of Enoch*. Oxford, UK: Oxford University Press, 1912.

Childress, David Hatcher. *Technology of the Gods: The Incredible Sciences of the Ancients*. Kempton, IL: Adventures Unlimited Press, 2015.

Childress, David Hatcher. *The Anti-Gravity Handbook*. Kempton, IL: Adventures Unlimited Press, 2003. – Dt. Ausgabe: *Das Buch der Anti-Gravitation*. Michaels Verlag, Peiting 1997.

Childress, David Hatcher. *Vimana Aircraft of Ancient India & Atlantis*. Kempton, IL: Adventures Unlimited, 1988.

Clark, Gerald R. *The Anunnaki of Nibiru*. CreateSpace Independent Publishing Platform, 2013. – Dt. Ausgabe: *Die Anunnaki: Vergessene Schöpfer der Menschheit*. AMRA Verlag, Hanau 2015.

Clarke, David & Andy Roberts. *Flying Saucerers*. Loughborough, UK: Alternative Albion, 2007.

Clonaid. »History.« *www.clonaid.com/page.php?7*. 2009.

»Cloning.« *www.genome.gov/25020028/cloning-fact-sheet/*. May 11, 2016.

Colcombe, Gary & Ruth. »The Evolution of the Cauldron into a Grail in Celtic Mythology.« *https://medium.com/i-m-h-o/the-evolution-of-the-cauldron-into-a-grail-in-celtic-mythology-a96a41604e9f*. July 24, 2013.

»Comte Saint-Germain.« *www.alchemylab.com/count_saint_germain.htm*. 2016.

Conroy, Ed. *Report on Communion*. New York: Avon Books, 1989.

»Conversations: Building Trust in Iraq.« *http://archive.archaeology.org/0401/etc/conversations.html*. 2004.

Coppens, Philip. »The Rise of the Watchers.« *http://philipcoppens.com/watchers.html*. 2016.

Corso, Philip J., Birnes, William J. *The Day After Roswell*. New York: Simon & Schuster, 1997. – Dt. Ausgabe: *Der Tag nach Roswell*. Goldmann, München 1998.

»Count Saint Germain.« *www.crystalinks.com/stgermain.html*. 2016.

Crawford, Peter. »Alien Abduction.« *http://ufomysteryandmeaning.blogspot.com/2011/09/alien-abduction.html.* 2012.

Cutchin, Joshua. *A Trojan Feast.* San Antonio, TX: Anomalist Books, 2015.

d'Arc, Joan. »Are Zecharia Sitchin and Vatican Official Monsignor Balducci Really Climbing the Same Path to Ascension?« *www.bibliotecapleyades.net/sitchin/esp_sitchin_4.htm.* October 20, 2000.

Däniken, Erich von. *Odyssee of the Gods.* Element Books, Ltd., 2000. – Dt. Ausgabe: *Im Namen von Zeus.* C. Bertelsmann Verlag, München 1999 [jetzt im Kopp Verlag].

Dakks, Brian. »Eve: First Human Clone?" *http://cbsnews.com.news/eve-first-human-clone/.* December 28, 2002 (nicht mehr online).

de Lafayette, Maximillien. *The New De Lafayette Mega Encyclopedia of Anunnaki. Volume 5.* Lulu, 2010.

Demontis, Alessandro. »Ningishzidda and Ishkur.« The Anunnaki Connections Between Mesopotamia, Egypt, and Mesoamerica. *www.bibliotecapleyades.net/thot/esp_thot_11.htm.* December 2009.

Deschamps, Justin. »Bob Lazar | Secret Space Program Whistleblower from the 1990's: Element 115, ET History of the Human Race, Dr. Michael Salla Analysis.« *http://sitsshow.blogspot.com/2016/04/Bob-Lazar-Secret-Space-Program-Whistleblower-from-the-1990s-Element-115-ET-History-of-the-Human-Race-Dr-Michael-Salla-Analysis.html.* April 2, 2016 (nicht mehr online).

Diaz, Frank. *The Gospel of the Toltecs: The Life and Teachings of Quetzalcoatl.* Rochester, VT: Bear & Co., 2002.

Drake, W. R. *Alien Space Gods of Ancient Greece and Rome.* New Brunswick, NJ: Global Communications, 2011.

»Elohim Meaning.« *www.abarim-publications.com/Meaning/Elohim.html#.V4aJK6Lympo.* 2016.

»ELPIs Theory – Extreme Lifespans through Perpetual-equalising Interventions (ELPIs).« *https://mojlaboratorij.wordpress.com/2016/03/22/the-elpis-theory-extreme-lifespans-through-perpetual-equalising-interventions-elpis/.* 2016.

»Enki and Ninhursag.« *www.gatewaystobabylon.com/myths/texts/retellings/enkininhur.htm.* 2015.

»Epic of Gilgamesh – Sumerian Flood Story Myth.« w*ww.historywiz.com/primarysources/sumerianflood.html.* 2015.

»Exodus 16.« *http://biblehub.com/niv/exodus/16.htm*. 2016. – Dt. Ausgabe: *Die Bibel.* Einheitsübersetzung 2016. *www.bibleserver.com/EU/2.Mose16.*
»Exodus 32.« *http://biblehub.com/niv/exodus/32.htm*. 2016. – Dt. Ausgabe: *Die Bibel.* Einheitsübersetzung 2016. *www.bibleserver.com/EU/2.Mose32.*
»Faerie Folklore in Medieval Tales – an Introduction.« *www.academia.edu/300335/Faerie_Folklore_in_Medieval_Tales_an_Introduction*. 2015.
Farley, Peter R. »The Anunnaki Branch Grows.« *www.bibliotecapleyades.net/sociopolitica/the_experiment/experiment12.htm*. 2016.
Fessenden, Marissa. »How Doctors Are Harnessing the Power of Gold to Fight Cancer.« *www.smithsonianmag.com/innovation/how-doctors-harnessing-power-gold-fight-cancer-180949436/*. February 2014.
»First Human Clone Born, Cult Chemist Claims.« *http://foxnews.com/story/2002/12/27/first-human-clone-born-cult-chemist-claims.html*. December 27, 2002.
Fowler, Raymond E. *The Andreasson Affair*. Englewood Cliffs, N.J.: Prentice-Hall, 1979. – Dt. Ausgabe: *Der Fall Andreasson*. Reichel Verlag, Regensburg 1995.
Fowler, Raymond E. *The Andreasson Legacy*. New York: Marlowe & Co., 1997.
Frazer, Sir James George. *The Golden Bough*. London, UK: 1890. – Dt. Ausgabe: *Der goldene Zweig*. Kiepenheuer & Witsch, Köln 1968.
Freer, Neil. »Sapiens Rising: Beyond the Babel Factor.« *www.mindmined.com/public_library/nonfiction/neil_freer_sapiens_rising.html*. March 19, 2012.
Friedman, Stanton T., & Kathleen Marden. *Captured! The Betty and Barney Hill UFO Experience*. Pompton Plains, NJ: New Page Books, 2007.
Fuller, John G. *The Interrupted Journey*. New York: The Dial Press, 1965.
Gardner, Laurence. *Genesis of the Grail Kings*. New York: Bantam Press, 1999. – Dt. Ausgabe: *Das Geheimnis der Gralskönige*. Ullstein, Berlin 2006.
Gardner, Laurence. *Lost Secrets of the Sacred Ark*. Thorsons, London, 2003.
»Genesis 5.« *http://biblehub.com/niv/genesis/5.htm*. 2016. – Dt. Ausgabe: *Die Bibel.* Einheitsübersetzung 2016. *www.bibleserver.com/EU/1.Mose5.*

George, Andrew (Übers.). *The Epic of Gilgamesch*. London, UK: Penguin Classics, 2003. – Dt. Ausgabe: *Das Gilgamesch-Epos*. Übersetzt von Wolfgang Röllig. Reclam, Ditzingen 2009.

»Gilgamesh tomb believed found.« *http://news.bbc.co.uk/2/hi/science/nature/2982891.stm*. April 29, 2003.

»Godsend: The Movie, Clonaid: The Reality.« *www.clonaid.com/news.php?item.15.1*. 2009.

Gollner, Adam Leith. *Immortality*. New York: Scribner, 2013.

Good, Timothy. *Alien Liaison*. London, UK: Arrow Books Limited, 1992.

Gregory, Lady Augusta. *Gods and Fighting Men*. London, UK: John Murray, 1905.

Hall, Manly P. *The Secret Teachings of All Ages*. Mineola, NY: Dover Publications, 2010.

Hanks, Micah. »Comte de Saint Germain: Rosicrucian, Ascended Master, or Immortal?« *http://mysteriousuniverse.org/2013/11/comte-de-saint-germain-rosicrucian-ascended-master-or-immortal/*. November 27, 2013.

Hardy, Chris H. *DNA of the Gods: The Anunnaki Creation of Eve and the Alien Battle for Humanity*. Rochester, VT: Bear & Company, 2014.

Hardy, Chris H. *Wars of the Anunnaki: Nuclear Self-Destruction in Ancient Sumer*. Rochester, VT: Bear & Company, 2016.

Hayes, Anna. »Anna Hayes on Mono Atomic Gold.« *http://educate-yourself.org/cn/annahayesmonoatomicgold2000.shtml*. 2000.

Hopkins, Budd. *Intruders: The Incredible Visitations at Copley Woods*. New York: Random House, 1987.

Hopkins, Budd. *Missing Time*. New York: Ballantine Books, 1981. – Dt. Ausgabe: *Fehlende Zeit*. Heyne, München 1996.

Horn, Thomas R. »Do Alien/Human Hybrids Walk Among Us?« *www.newswithviews.com/Horn/thomas165.htm*. July 24, 2011.

Horner, I. B. »The Blessed One's City of Dhamma.« *www.accesstoinsight.org/lib/authors/horner/bl130.html*. 2016.

Horton, Helena. »Russian scientist says he is stronger and healthier after injecting himself with ›eternal life‹ bacteria.« *www.telegraph.co.uk/news/health/11901105/Russian-scientist-says-he-is-stronger-and-healthier-after-injecting-himself-with-eternal-life-bacteria.html*. September 30, 2015.

Immortality Institute. *The Scientific Conquest of Death*. Libros en Red, 2004.

»In vitro fertilization (IVF).« *www.mayoclinic.org/tests-procedures/in-vitro-fertilization/home/ovc-20206838*. 2016.

Isaacson, Betsy. »Silicon Valley is Trying to Make Humans Immortal – and Finding Some Success.« *www.newsweek.com/2015/03/13/silicon-valley-trying-make-humans-immortal-and-finding-some-success-311402.html*. March 25, 2015

Istvan, Zoltan. »A New Generation of Transhumanists is Emerging.« *www.huffingtonpost.com/zoltan-istvan/a-new-generation-of-trans_b_4921319.html*. May 10, 2014.

Jarayam, V. »Symbolism of Ksheera Sagara Manthan.« *www.hinduwebsite.com/churning.asp*. April 16, 2016.

»Johannes 6:50.« *http://biblehub.com/john/6-51.htm*. 2015. – Dt. Ausgabe: *Die Bibel*. Einheitsübersetzung 2016. *www.bibleserver.com/EU/Johannes6%2C50*.

Jones, Mary. »Manannán mac Lir.« *www.maryjones.us/jce/Manannan.html*. 2003.

Kasten, Len. *Dark Fleet*. Rochester, VT: Bear & Company, 2020. – Dt. Ausgabe: *Die Dunkle Flotte*. AMRA Verlag, Hanau 2021.

Kasten, Len. »Is There a Disturbing Hidden Agenda in Global Events?« *Atlantis Rising* 41, September/October 2003.

Kerner, Nigel. *Grey Aliens and the Harvesting of Souls*. Rochester, VT: Bear & Company, 2010.

Kerner, Nigel. *The Song of the Greys*. London, UK: Hodder and Stoughton, 1997.

Kerner, Nigel. »Visions of the Future – Sim Card Man.« *New Dawn Magazine* 119, March/April 2010. *www.newdawnmagazine.com/articles/visions-of-the-future-sim-card-man*.

King, Godfré Ray. *Unveiled Mysteries*. Chicago, IL: Saint Germain Press, 1934. – Dt. Ausgabe: *Enthüllte Geheimnisse*. Saint Germain Verlag, Höhr-Grenzhausen 2012.

Knight, Kevin. »Manna.« *www.newadvent.org/cathen/09604a.htm*. 2012.

Knight-Jadczyk, Laura. »Alien Abduction, Demonic Possession, and the Legend of the Vampire.« *www.cassiopaea.org/cass/demons.htm*. 2016.

Lamont, Tom. »I'll do the first human head transplant.« *www.theguardian.*

com/science/2015/oct/03/will-first-human-head-transplant-happen-in-2017. October 3, 2015.

Lauria, Joe. »Clonaid's Secret Attempt to Clone Human Being in West Virginia Revealed.« *Times*, August 12, 2001. *www.rense.com/general12/west.htm*.

Lawler, Andrew. »Impending War Stokes Battle Over Fate of Iraqi Antiquities.« *https://science.sciencemag.org/content/299/5607/643.abstract*. January 31, 2003.

Lawler, Andrew. »National Museum Baghdad: 10 Years Later.« *www.archaeology.org/exclusives/articles/779-national-museum-baghdad-looting-iraq*. 2016.

Lessin, Sasha Alex. »Our Secret Government Amid War Between Nibiru King Nannar and Prince Marduk.« *http://enkispeaks.com/our-secret-government-amid-war-between-anunnaki-princes-marduk-nannar-by-sasha-alex-lessin-ph-d/*. June 20, 2015.

Lindemann, Michael. *UFOs and the Alien Presence*. Blue Water Publishing, 1995.

Lombardi, Michael. »Communion – a Review.« *http://oceanopportunity.com/communion-review/*. September 26, 2011.

Mack, John E. *Abduction*. New York: Ballantine Books, 1994. – Dt. Ausgabe: *Entführt von Außerirdischen*. Bettendorf, Essen 1995.

Mack, John E. *Passport to the Cosmos*. New York: Three Rivers Press, 1999.

»Manannán mac Lir (and some Norse Connections).« *https://earthandstarryheaven.com/2015/05/19/mannan-mac-lir/*. May 19, 2015.

Marchand, Peter. »The Churning of the Ocean.« *www.sanatansociety.org/indian_epics_and_stories/the_churning_of_the_ocean.htm*. 2016.

Marden, Kathleen & Denise Stoner. *The Alien Abduction Files*. Wayne, NJ: New Page Books, 2013.

Markey, Sean. »First Invisibility Cloak Tested Successfully, Scientists Say.« *https://thelivingmoon.com/49electric_universe/03files/Cloaking_Device_007.html*. October 19, 2006.

Marrs, Jim. »Future Technology from the Past.« *http://jimmarrs.com/news_events/news/future-technology-from-the-past-2/*. September 17, 2004 (nicht mehr online).

Marrs, Jim. *Our Occulted History*. New York: Harper-Collins Publishers, 2013. – Dt. Ausgabe: *Die geheime Geschichte der Menschheit*. Kopp Verlag, Rottenburg 2015.

Marrs, Jim. *The Terror Conspiracy*. New York: Disinformation Books, 2006.

Marrs, Jim. *The Terror Conspiracy Revisited*. New York: Disinformation Books, 2011.

Maxwell, Jordan. »Encountering the Divine. Jordan Maxwell Interviews Zecharia Sitchin.« *www.bibliotecapleyades.net/sitchin/esp_sitchin_19.htm*. 1997.

McDowell, Natasha. »Dutch clone claimed – but no proof.« *www.newscientist.com/article/dn3230-dutch-clone-claimed-but-no-proof/*. January 6, 2003.

Melton, John Gordon. »I AM movement.« www.*britannica.com/topic/I-AM-movement*. 2016.

Menger, Howard. *From Outer Space To You*. Clarksburg, WV: Saucerian Books, 1959. – Dt. Ausgabe: *Aus dem Weltraum zu Euch*. Ventla-Verlag, Wiesbaden 1965.

Methuselah Foundation. »Who we are.« *www.mfoundation.org/who-we-are#about-us*. 2016.

Mills, Ted. »20 New Lines from the Epic of Gilgamesh Discovered in Iraq, Adding New Details to the Story.« *www.openculture.com/2015/10/20-new-lines-from-the-epic-of-gilgamesh-discovered-in-iraq-adding-new-dimensions-to-the-story.html*. October 5, 2015.

Mitchell, Stephen. *Gilgamesh: A New English Version*. New York: Atria Books, 2006.

»Monatomic Gold.« *www.femalefirst.co.uk/board/viewtopic.php?t=78920*. July 28, 2006.

Nagasena, Ven. *The Questions of King Milinda*. CreateSpace, 2015.

NASA Science. »10th Planet Discovered.« *http://science.nasa.gov/science-news/science-at-nasa/2005/29jul_planetx/*. July 29, 2005.

NCSL. »Embryonic and Fetal Research Laws.« *www.ncsl.org/research/health/embryonic-and-fetal-research-laws.aspx*. January 1, 2016.

»Nippur Expedition.« *https://oi.uchicago.edu/research/projects/nippur-expedition*. 2014.

»Olympian Gods.« *www.greek-gods.org/olympian-gods.php*. 2016.

»ORMUS: The Elixier of Life.« *www.ormusmanna.com/ormus-the-elixier-of-life/*. 2016 (nicht mehr online).

Osborn, David K. »Achilles and his Vulnerable Heel.« *www.greekmedicine.net/mythology/achilles.html*. 2015.

Parsons, John J. »Hebrew Names of God.« *www.hebrew4christians.com/Names_of_G-d/Elohim/elohim.html.* 2016.

Pattanaik, Devdutt. »Good deva – bad asura divide misleading.« *Times of India*, February 27, 2016. *http://timesofindia.indiatimes.com/india/Good-deva-bad-asura-divide-misleading/articleshow/51162479.cms.*

Poole, Robert M. »Looting Iraq.« *www.smithsonianmag.com/making-a-difference/looting-iraq-16813540/?no-ist.* February 2008.

Pratt, David. »The Count of Saint-Germain.« *http://davidpratt.info/st-germain2.htm.* September 2012.

»Psalm 90.« *http://biblehub.com/kjv/psalms/90.htm. 2012.* – Dt. Ausgabe: *Die Bibel.* Einheitsübersetzung 2016. *www.bibleserver.com/EU/Psalm90.*

Pye, Lloyd. *Everything You Know is Wrong*. Madeira Beach, FL: Adamu Press, 1997.

Pye, Lloyd. »What is Intervention Theory?« *www.lloydpye.com/intervention-theory/.* 2011.

Pynes, Christopher A. »Human Cloning: Legal Aspects.« *www.els.net/WileyCDA/ElsArticle/refId-a0005200.html.* December 2009.

»Quetzalcoatl.« *www.britannica.com/EBchecked/topic/487168/Quetzalcoatl.* August 26, 2014.

Quora. »Which land of modern world is the Patal-Lok the place under the sea, as it was mentioned in Old Hindu manuscripts and stories?« *www.quora.com/Which-land-of-modern-world-is-the-Patal-Lok-the-place-under-the-sea-as-it-was-mentioned-in-Old-Hindu-manuscripts-and-stories#!n=.* August 23, 2013.

»Raelian Movement.« *www.rael.org/message.* 2016. – Dt. Version: *www.rael.org/de/extraterrestrisch-geschaffenes-alles-leben-auf-der-erde/.*

Rawlinson, Sir Henry Creswicke & John Gardner Wilkinson. *History of Herodotus.* New York: Scribner, Welford & Armstrong, 1875.

Redfern, Nick. *Bloodline of the Gods.* Wayne, NJ: New Page Books, 2015. – Dt. Ausgabe: *Das Blut von Aliens.* AMRA Verlag, Hanau 2016.

Redfern, Nick. *Keep Out!* Wayne, NJ: New Page Books, 2012. – Dt. Ausgabe: *Zutritt streng verboten!* Kopp Verlag, Rottenburg 2014.

Redfern, Nick. »Nigel Kerner & Soul-Harvesting.« *http://eventsfinal.blogspot.com/2010/09/nigel-kerner-soul-harvesting.html.* September 27, 2010.

Redfern, Nick. *The Pyramids and the Pentagon.* Wayne, NJ: New Page Books, 2012. – Dt. Ausgabe: *Die Pyramiden und das Pentagon.* Kopp Verlag, Rottenburg 2017.

Redfern, Nick. »Valiant Thor: A New Sighting?« Unpublished article, 2015.

Redfern, Nick. *Weapons of the Gods.* Wayne, NJ: New Page Books, 2016.

Reuters. »Bush Cultural Advisers Quit Over Iraq Museum Theft.« The World Revolution, May 17, 2003. *www.worldrevolution.org/article/813.*

Ritter, Malcolm. »Company claims birth of human clone; experts are skeptical.« *http://journaltimes.com/news/national/company-claims-birth-of-human-clone-experts-are-skeptical/article_ff5f2e99-11f3-5e85-b2d4-db74cf8e49ac.html.* December 28, 2002.

Rose, Damon. »The people who think Noah had albinism.« *www.bbc.com/news/blogs-ouch-26870465.* April 3, 2014.

Sabrina. »Cymidei Cymeinfoll.« *www.goddessaday.com/western-european/cymidei-cymeinfoll.* June 9, 2008 (nicht mehr online).

Salla, Michael E. »An Exopolitical Perspective on the Preemptive War against Iraq.« *www.bibliotecapleyades.net/exopolitica/esp_exopolitics_A_0.htm.* February, 2003.

Salla, Michael E. *Insiders Reveal Secret Space Programs & Extraterrestrial Alliances.* Exopolitics Institute, Hawaii, 2015. – Dt. Ausgabe: *Geheime Weltraumprogramme & Allianzen mit Außerirdischen.* AMRA Verlag, Hanau 2018.

Schuemann, Nancy Loyan. »A ›Fountain of Youth‹ Pill May be Available Soon.« *mysteriousuniverse.org/2016/06/a-fountain-of-youth-pill-may-be-available-soon/.* June 8, 2016.

Sitchin, Zecharia. *Divine Encounters.* New York: Avon Books, 1995. – Dt. Ausgabe: *Gesandte des Kosmos.* Droemer Knaur, München 1998 [jetzt: *Begegnungen mit den Göttern,* Kopp Verlag].

Sitchin, Zecharia. *Genesis Revisited.* New York: Avon Books, 1990. – Dt. Ausgabe: *Am Anfang war der Fortschritt.* Droemer Knaur, München 1991 [jetzt: *Die Hochtechnologie der Götter,* Kopp Verlag].

Sitchin, Zecharia. »In the News: Baalbek. War Comes to the ›Landing Place‹.« *www.sitchin.com/landplace.htm.* 2006.

Sitchin, Zecharia. *The 12th Planet.* New York: Stein & Day, 1976. – Dt. Ausgabe: *Der zwölfte Planet.* Droemer Knaur, München 1995 [jetzt im Kopp Verlag].

Sitchin, Zecharia. *The Anunnaki Chronicles.* Rochester, VT: Bear & Company, 2015. – Dt. Ausgabe: *Die Anunnaki Chroniken.* AMRA Verlag, Hanau 2018.

Sitchin, Zecharia. »The Case of the Evil Wind: Climate Study Corroborates Sumer's Nuclear Fate.« *www.sitchin.com/evilwind.htm.* November 2001.

Sitchin, Zecharia. *The Cosmic Code.* New York: Avon Books, 1998. – Dt. Ausgabe: *Der kosmische Code.* Kopp Verlag, Rottenburg 2000.

Sitchin, Zecharia. *The King, Who Refused To Die.* Rochester, VT: Bear & Company, 2013. – Dt. Ausgabe: *Der König, der sich weigerte zu sterben.* AMRA Verlag, Hanau 2017.

Sitchin, Zecharia. *The Lost Realms.* New York: Avon Books, 1990. – Dt. Ausgabe: *Versunkene Reiche.* Droemer Knaur, München 1992 [jetzt im Kopp Verlag].

Sitchin, Zecharia. *The Wars of Gods and Men.* New York: Avon Books, 1985. – Dt. Ausgabe: *Die Kriege der Menschen und Götter.* Droemer Knaur, München 1991 [jetzt im Kopp Verlag].

Sitchin, Zecharia. *There Were Giants Upon the Earth.* Rochester, VT: Bear & Co., 2010. – Dt. Ausgabe: *Als es auf der Erde Riesen gab.* Kopp Verlag, Rottenburg 2010.

Sitchin, Zecharia. *When Time Began.* New York: Avon Books, 1993. – Dt. Ausgabe: *Das erste Zeitalter.* Droemer Knaur, München 1994 [jetzt im Kopp Verlag].

»Small Greys.« *http://thehybridsproject.objectreport.com/p/small-Greys.html.* 2015 (nicht mehr online).

Sokolov, Michael. »Michael Sokolov Briefing Paper.« *www.exopoliticssouthafrica.org/download/Michael_Sokolov_Briefing_Paper.pdf.* 2016.

Steiger, Brad. *Real Zombies.* Canton, MI: Visible Ink Press, 2010.

Strange World. »Is There Aliens working for the U.S. Government?« *www.itsastrangeworld.com/aliens-working-u-s-government/.* April 12, 2014.

Stranges, Frank. Lecture at the Edgar Cayce Foundation, 1968.

Stranges, Frank. *Stranger at the Pentagon.* New Brunswick, NJ: Inner Light Publications, 1991.

Strieber, Whitley. *A New World.* San Antonio: Walker & Collier Inc., 2019. – Dt. Ausgabe: *Eine Neue Welt.* AMRA Verlag, Hanau 2021.

Strieber, Whitley. *Communion.* New York: William Morrow & Co., 1987. – Dt. Ausgabe: *Die Besucher.* C. Bertelsmann, München 1987.

Strieber, Whitley. *Transformation*. New York: William Morrow & Co., 1988. – Dt. Ausgabe: *Transformation*. Heyne, München 1992.

Strieber, Whitley. »Temple of Ishtar Discovered.« *www.unknowncountry.com/news/temple-ishtar-discovered*. October 23, 2001 (nicht mehr online).

»Sumerian Gods and Goddesses.« *www.crystalinks.com/sumergods.html*. 2016.

Talbot, Anne. »US government implicated in planned theft of Iraqi artistic treasures.« *www.wsws.org/en/articles/2003/04/loot-a19.html*. April 19, 2005.

»Taoist Deities/Gods.« *www.taoistsecret.com/taoistgod.html*. 2006.

Tellinger, Michael. *Slave Species of the Gods*. Rochester, VT: Bear & Company, 2012. – Dt. Ausgabe: *Die Sklavenrasse der Götter*. Kopp Verlag, Rottenburg 2015.

Tellinger, Michael. *African Temples of the Anunnaki*. Rochester, VT: Bear & Company, 2013. – Dt. Ausgabe: *Die afrikanischen Tempel der Anunnaki*. Kopp Verlag, Rottenburg 2015.

The Guardian. »Group claims human cloning success.« *www.theguardian.com/science/2002/dec/27/genetics.science*. December 27, 2002.

Tingley, Katherine. *The Theosophical Path: Illustrated Monthly, Volume 7*. Point Loma, CA: New Century Corporation, 1914.

Tompkins, William Mills. *Selected by Extraterrestrials*. CreateSpace, 2015. – Dt. Ausgabe: *Auserwählt von Außerirdischen*. AMRA Verlag, Hanau 2022.

Tonnies, Mac. »Posthuman Blues.« *http://posthumanblues.blogspot.com/2006/04/of-course-cryptoterrestrials-dont.html*. April 16, 2006.

Tonnies, Mac. *The Cryptoterrestrials*. San Antonio, TX: Anomalist Books, 2010.

Urken, Ross Kenneth. »Doctor Ready To Perform First Human Head Transplant.« *www.newsweek.com/2016/05/06/first-human-head-transplant-452240.html*. April 26, 2016.

Vallée, Jacques. *Passport to Magonia*. Chicago: Contemporary Books, 1993.

Vallée, Jacques. *Messengers of Deception*. Brisbane, Australia: Daily Grail Publishing, 2008.

Wagner, Stephen. »Saint-German: The Immortal Count.« *http://paranormal.about.com/od/humanenigmas/a/saint-germain.htm*. October 23, 2015.

Walton, Travis. *Fire in the Sky*. New York: Marlowe & Co., 1993. – Dt. Ausgabe: *Feuer am Himmel.* Kopp Verlag, Rottenburg 1996.

Ward, Dan Sewell. »Are the Extraterrestrials Who First Came to Earth Still Here?« *www.halexandria.org/dward359.htm*. 2003.

Ward, Dan Sewell. »White Powder of Gold.« *www.halexandria.org/dward 469.htm*. 2003.

Wentz-Evans, W. Y. *The Fairy Faith in Celtic Countries*. Pompton Plains: New Page Books, 2004.

»Were the Anunnaki alien race, the same Hindu gods???« *www.abovetop secret.com/forum/thread556312/pg1*. March 29, 2010.

West, Michael D. »How Engineered Stem Cells May Enable Youthful Immortality.« *www.lifeextension.com/magazine/2013/2/otc/page-01*. February 2013.

»White Powder of Gold (ORME).« *www.tokenrock.com/explain-white-powder-of-gold--orme--84.html.* 2010.

Wilde, F. S. *Ancient Legends of Ireland.* New York: Sterling, 1992.

Woollaston, Victoria. »We'll be uploading our entire MINDS to computers by 2045 and our bodies will be replaced by machines within 90 years, Google expert claims.« *www.dailymail.co.uk/sciencetech/ar ticle-2344398/Google-futurist-claims-uploading-entire-MINDS-com puters-2045-bodies-replaced-machines-90-years.html.* June 19, 2013.

Zeidman, Jennie. *A Helicopter-UFO Encounter over Ohio*. Chicago, IL: Center for UFO Studies, 1979.

Register

T